Henning Tegtmeyer

Kunst

W DE G

Grundthemen Philosophie

Herausgegeben von
Dieter Birnbacher
Pirmin Stekeler-Weithofer
Holm Tetens

Walter de Gruyter · Berlin · New York

Henning Tegtmeyer

Kunst

Walter de Gruyter · Berlin · New York

∞ Gedruckt auf säurefreiem Papier,
das die US-ANSI-Norm über Haltbarkeit erfüllt.

ISBN 978-3-11-020462-9

Bibliografische Information der Deutschen Bibliothek
Die Deutsche Bibliothek verzeichnet diese Publikation in der Deutschen Nationalbibliographie; detaillierte bibliografische Daten sind im Internet über http://dnb.ddb.de abrufbar

Printed in Germany

Umschlaggestaltung: Martin Zech, Bremen

Umschlagkonzept: +malsy, Willich

Satzherstellung: Fotosatz-Service Köhler GmbH, Würzburg

Druck und buchbinderische Verarbeitung: AZ Druck und Datentechnik GmbH, Kempten/Allgäu

Für Holger

Inhalt

Einleitung

Kunst ist eine in vielerlei Hinsicht interessante Praxis. Dem Liebhaber sind Kunstwerke ein Gegenstand freier ästhetischer Kontemplation, dem Künstler das Ziel von Arbeit, Disziplin und Leidenschaft. Kunstkritiker beurteilen Kunstwerke der Gegenwart hinsichtlich ihres ästhetischen Werts und ihrer mutmaßlichen Bedeutsamkeit für die weitere Kunstentwicklung. Auf dem Kunstmarkt werden Kunstwerke hingegen in ökonomischer Perspektive, als Kapitalanlage und Spekulationsobjekt betrachtet, wobei dies für Werke der verschiedenen Künste in sehr unterschiedlichem Maße und auf sehr heterogene Weise gilt. Auf dem Markt für Werke der bildenden Kunst gelten offenkundig andere Gesetze als auf dem Buchmarkt oder bezüglich der Nachfrage nach neuer Musik.

Aber Kunst ist auch ein Thema verschiedener Wissenschaften. Die systematisch ausdifferenzierten Kunstwissenschaften bemühen sich arbeitsteilig um eine historische Perspektive auf Kunst, um eine vergleichende Geschichte der Künste. Psychologen fragen nach den mentalen Bedingungen künstlerischer Kreativität und den kognitiven Prozessen, welche die Kunstwahrnehmung konstituieren. Soziologen interessieren sich eher für die sozialen Bedingungen der Kommunikation von Künstler und Publikum, während Theologen die Darstellung von Transzendenz in sakraler und profaner Kunst untersuchen. Aber Kunst ist und war immer auch ein Thema der Philosophie. Die philosophischen Frage an die Kunst ist einfach und grundlegend: Was ist Kunst, und worum geht es in der Kunst? Diese Frage wird durch die spezielleren Bemühungen der sonstigen mit Kunst befassten Wissenschaften nicht beantwortet. Ihre Beantwortung ist ganz im Gegenteil theoretische Voraussetzung dieser Bemühungen. Denn erst sie vermag zu erhellen, warum Kunst auf so mannigfaltige und heterogene Weisen das Interesse auf sich zieht. Eben deswegen ist die Ästhetik als Philosophie der Kunst kein veraltetes Unternehmen. Allerdings auch keines, bei dem es um die Behandlung bloß vordergründig aktueller Probleme gehen kann.

Dass Kunst sogar ein Grundthema der Philosophie ist, ist zu zeigen. Dass an der Kunst etwas Philosophisches sein sollte oder dass es der philosophischen Reflexion auf Kunst bedarf, mag beim ersten Nachdenken nämlich durchaus nicht einleuchten. Ist die Kunst nicht autonom? Wozu bedarf sie der philosophischen Reflexion? Zu verschieden, ja heterogen muten außerdem künstlerische und philosophische Werke jeweils an. Hier die sinnliche Fülle der Kunst als mediale Pluralität der Künste, der Literatur, Malerei, Skulptur, von Drama, Tanz, Film etc., dort die strenge Diskursivität und Theorieförmigkeit philosophischer Texte. Zwar zeigen sich bei genauerer Betrachtung auch gewisse wechselseitige Beziehungen und Annäherungen. So haben sich Philosophen immer wieder auch künstlerischer Darstellungsmittel bedient, um neue Denkwege aufzuzeigen. Das beginnt mit dem Lehrgedicht des Parmenides.[1] Platon gebraucht die dramatische Form, um die Dialektik als Methode des agonalen Denkens, mithin der Philosophie als einer Kultur des ‚logischen', methodisch geregelten und wahrheitsorientierten Streites vorzuführen. Das setzt sich fort etwa mit Augustinus, der die Beichte als Textform für die Philosophie – und für die Literatur gleich mit – entdeckt, sowie mit René Descartes, der in den *Meditationen* vor allem die Haltung des Philosophen als eines Selbstdenkers präsentiert.[2] Diese Art des philosophischen Schreibens als des Präsentierens einer Methode oder einer Denkhaltung ist bei den genannten Texten mindestens ebenso wichtig wie die dort vorgestellten Denkresultate. Umgekehrt werden philosophische Traktate in genuin literarische Texte montiert, besonders im modernen Roman, also bei ‚denkenden' Dichtern wie Diderot, Sterne oder Musil oder in den Dramen Becketts. Diese Beobachtungen setzen aber die Differenz zwischen Kunst und Philosophie schon voraus. Andernfalls könnte weder von Beziehungen noch von Annäherungen die Rede sein.

Ebenso wenig kann man aber einfach über den Gedanken hinweggehen, dass es eine Wesens*verwandtschaft* zwischen Kunst und Philosophie gibt. Eine solche zu behaupten ist nicht Privatmeinung dieses oder jenes Denkers. Es ist ein Gemeinplatz der kunstphilosophischen Reflexion. Für Schelling z. B. ist Kunst die höchste Form des Wissens. Hegel sieht in ihr eine Gestalt des absoluten Geistes neben Religion und Philosophie. Für Schopenhauer offenbart die Kunst, vor allem die Musik, tiefere Einblicke in die Grundverfassung der Welt als die tradierte Philosophie insgesamt. Der Topos von der Tiefe und philosophischen Bedeutsamkeit der Kunst findet sich keineswegs nur im Umkreis des so genannten Deutschen Idealismus, sondern schon im antiken Denken. So steht Platons intensive Auseinandersetzung mit Homer, Hesiod, Pindar und den Tragöden seiner Zeit auf merkwürdige Weise seiner ‚Dichterschelte' gegenüber. Zeigt das nicht zumindest eine genuine Beunruhigung durch den gedanklichen Inhalt und die Sprachkraft der Dichtung?[3]

Wenn es eine solche Wesensverwandtschaft zwischen Kunst und Philosophie aber tatsächlich gibt, dann ist die Frage nach dem Grund dieser Verwandtschaft keine abseitige oder nebensächliche, sondern eine Frage, die ins Wesen der Kunst selbst hineinführt. Sie zu stellen wäre dementsprechend kein Ausdruck bloßer philosophischer Selbstbespiegelung, sondern zentral für ein hinreichendes theoretisches Verständnis davon, was Kunst ist und worum es Kunst zu tun ist.

Kunst als Gegenstand der Philosophie ergibt sich aber nicht einfach aus Respekt vor der Tradition. Andererseits kann die Tradition auch nicht übergangen werden. Denn in ihr drückt sich offenkundig eine geistige Erfahrung mit Kunst aus. Diese muss nun ihrerseits philosophierend eingeholt werden. Kunst ist dieser Erfahrung zu Folge in einem gewissen, näher zu erläuternden Sinn selbst philosophisch. Sie hat das gleiche Thema wie die Philosophie. Das Thema ist die Darstellung menschlichen Daseins. Die Philosophie erkennt in der Kunst eine alternative Ausdrucksform *generischer menschlicher Selbsterkenntnis.*

Wie der Philosophie geht es der Kunst nämlich nicht um empirische Einzelheiten, sondern um *allgemeine Formen.* Es geht um die *Form humanen Lebens.* Die Wesensverwandtschaft zwischen Philosophie und Kunst ist somit eine *thematische.* Sie ist keine Verwandtschaft der *Darstellungsmethode.* Das ist so, auch wenn Philosophen wie Nietzsche, Heidegger oder Wittgenstein sich gelegentlich literarischer Artikulationsmittel bedienen. Derartige lokale Überschneidungen zwischen Philosophie und Literatur in der Artikulationsform können von den Befürwortern einer Konzeption der Philosophie *als* Literatur (Derrida, Rorty, Cavell) nur deswegen als Argument genutzt werden, weil der dabei zu Grunde gelegte Begriff der Literatur und damit letztlich der Kunst vage und implizit bleibt.

Philosophie und Kunst haben das gleiche allgemeine Thema. Aber sie stellen es auf diametral gegensätzliche Weise dar. Philosophie ist diskursiv; Kunst ist intuitiv. Oder, anders ausgedrückt: Philosophie spricht im Modus der begrifflichen Explikation und logischen Demonstration; Kunst stellt dar im Modus der exemplarischen, anschaulichen Präsentation. Philosophie sagt aus; Kunst zeigt. Philosophie strebt nach Allgemeinheit und Strenge, Kunst nach Schönheit und Prägnanz. Kunst zeigt die Formen und Grundzüge menschlichen Seins auf deutungsoffene Weise, während Philosophie sie begrifflich benennt und theoretisch beredet. Die Begegnung mit der Kunst nötigt die Philosophie so zugleich immer zur Reflexion über sich selbst. Kunstphilosophische Unsicherheiten erweisen sich entsprechend als zumindest partielle Unsicherheiten im Philosophieverständnis.

Die Unterschiede zwischen Kunst und Philosophie können die philosophische Ästhetik andererseits dazu verleiten, eine fundamentale Wesensverschiedenheit von Philosophie und Kunst zu behaupten. Radikale Varianten des ästhetischen Formalismus und Emotivismus und der so genannten Autonomieästhetik tun eben dies. Dagegen ist Folgendes zu sagen: Die Idee der Schönheit in der Kunst kann, vielleicht überraschenderweise, nicht ohne Bezugnahme auf die Idee der Wahrheit erläutert werden. Theoretische Wahrheit und ästhetische Schönheit sind Modi von Darstellungsrichtigkeit. Formalistische, emotivistische und radikal autonomieästhetische Zweckbestimmungen der Kunst sind daher – trotz entgegengesetzt lautender Bekenntnisse ihrer Vertreter – als dramatische theoretische Depotenzierungen und Devaluierungen des Anspruchs und der Ausdruckskraft von Kunst anzusehen.

Der logisch-diskursive Charakter der Philosophie nötigt diese zu einer systematischen und nicht bloß lokalen Auseinandersetzung mit Kunst. Schematische Kontrastierungen wie die oben skizzierten reichen nicht aus, um das Verhältnis von Kunst und Philosophie theoretisch zu fassen, da die Darstellungsformen der verschiedenen Künste mannigfaltig sind und da manche Künste grundsätzlich gar nicht darstellend zu sein scheinen. Das würde aber die behauptete grundsätzliche Nähe der Künste zur Philosophie in Frage stellen. Daher kommt die philosophische Ästhetik, soll sie diesem Zweifel entgegen treten können, nicht ohne eine systematische Theorie der Künste aus. Es zeigt sich, dass nichtdarstellende Künste wie ‚reine' oder ‚absolute' Musik, gegenstandslose Malerei und Plastik ohne Bezugnahme auf die Idee ästhetischer Repräsentation gar nicht angemessen als Kunst begriffen werden können. Die Bezeichnung ‚abstrakte Kunst' ist daher ein zur formalen Kennzeichnung dieser Künste ausgesprochen geeigneter Begriff: Reine Musik und gegenstandslose Bildkunst sind abstraktiv auf ästhetische Darstellungen bezogen. Sie sind Derivate der darstellenden Künste. Damit ist keinerlei Abwertung verbunden. Es handelt sich lediglich um die Erklärung der Möglichkeit solcher Künste. Ferner ist zu klären, wie sich die behauptete Systematizität der Künste mit dem Faktum des Aufkommens neuer Künste verträgt. Diese Überlegungen zeigen, dass die Struktur des Systems der Künste nur historisch-genetisch rekonstruierbar ist. Das macht eine philosophische Auseinandersetzung mit der Geschichtlichkeit von Kunst erforderlich.

Einschlägige Überlegungen zum Begriff der Kunst und zur historisch-systematischen Theorie der Künste habe ich andernorts ausführlich vorgestellt.[4] Das erleichtert mir die Arbeit an nachfolgendem Essay, denn es erlaubt mir, mich ganz auf die komplexe Verhältnisbestimmung von Kunst und Philosophie zu konzentrieren. Dabei werde ich die Ergebnisse der früheren Überlegungen zusammenfassen und dem hier vorgestellten Gedankengang zu Grunde legen, aber nicht noch einmal dialektisch herleiten und begründen. Auch die wichtigen, aber spezielleren Probleme der Kunstphilosophie, z.B. einer differenzierten Ontologie von Werken der verschiedenen Künste, der Seinsweise von Musik oder von *Ready-mades*, der vermeintlichen oder tatsächlichen Krise des Werkbegriffs in der modernen Kunst oder der Philosophie des Films, werde ich dort streifen, wo sie die hier zu untersuchende Thematik betreffen, nicht aber gründlich behandeln. Denn diese verlangt eine allgemeinere und, wenn man so will, abstraktere Vorgehensweise. Um die Darstellung andererseits, so gut es gehen mag, gegen falsche, unvorsichtige oder missverständliche Generalisierungen zu schützen, werde ich im Lauf der Untersuchung immer wieder Beispiele aus verschiedenen Künsten wählen, wobei aus inhaltlichen Gründen, die jeweils aus dem Zusammenhang ersichtlich werden, zunächst Beispiele aus der Poesie dominieren. Später wird sich der Schwerpunkt der Beispielwahl nach und nach auf Bildkunst, Musik und Film verlagern. Dass sonstige Künste eher am Rande erwähnt werden, hängt ganz mit der hier leitenden Fragestellung zusammen.

Der Gedanke, dass die Künste ein systematisches Ganzes bilden, der von Kant bis zu Nicolai Hartmann noch selbstverständlich war, ist im 20. Jahrhundert allerdings unter Druck geraten; weniger durch die Dynamik künstlerischer Avantgarden und technischer Innovationen, wie oft gesagt wird, sondern mehr durch innerästhetische Tendenzen. Diese strahlen auch auf die Teildisziplinen der allgemeinen Kunstphilosophie aus: In der *Produktionsästhetik* wird ein radikal individualistisches Bild künstlerischer Aktivität gezeichnet, in dessen Rahmen der Gedanke der Teilhabe an tradierten und weiterzuentwickelnden Kunstformen keinen rechten Platz findet, weil stattdessen ganz auf das individuelle Ausdrucksstreben des Künstlersubjekts fokussiert wird. Diese Tradition reicht vom Geniekult bei Schopenhauer und Nietzsche über die weniger emphatische, aber dem gleichen Gedankenmodell verpflichtete psychologische Ästhetik bei Freud, Croce, Collingwood und Wollheim bis zur auf individuelle Kreativität konzentrierten pragmatistischen Ästhetik von Dewey bis Shusterman. In der *Rezeptionsästhetik* ist es der ästhetische Subjektivismus in seinen verschiedenen Spielarten, der die Idee des objektiven, richtigen oder verfehlten ästhetischen Urteils eskamotiert und damit die Idee künstlerischen Gelingens einzig an das subjektive Wohlgefallen des Rezipienten bindet. Die englischsprachige Tradition des Subjektivismus geht auf Hume zurück und reicht bis zu Monroe Beardsley, Jerome Stolnitz und Robert Stecker. Aber auch in der ganz anders orientierten deutschsprachigen Ästhetik gibt es eine starke subjektivistische Tradition in der Nachfolge Kants, die sich gerade in den kunstphilosophischen Arbeiten im Umkreis der Kritischen Theorie zeigt, und zwar maßgeblich im Umfeld Adornos und dann auch bei Martin Seel. Trotz Heideggers und Gadamers Subjektivismuskritik nehmen Hermeneutiker wie Rüdiger Bubner oder Phänomenologen wie Gernot Böhme in der Rezeptionsästhetik ebenfalls subjektivistische Positionen ein. Der Subjektivismus ist deswegen ein Gegner systematischer Kunstphilosophie, weil er den kontingenten individuellen Akt der ästhetischen Rezeption eines Kunstwerks isoliert und zum einzigen Kriterium ästhetischen Wertes macht. Das ist gerade auch bei normativen Theorien der subjektiven ästhetischen Einstellung von Beardsley und Stolnitz bis zu Bubner und Seel der Fall. Formale und inhaltliche Traditionen, in denen ein Kunstwerk steht, werden da zwangsläufig vernachlässigt, wenn nicht gar unter den Verdacht gestellt, die Reinheit des ästhetischen Urteils durch ästhetikexterne Erwägungen zu kontaminieren.

Individualistische Produktionsästhetik und subjektivistische Rezeptionsästhetik sind aber letztlich gleichermaßen inkohärent. Die Idee künstlerischen ‚Genies' bzw. artistischer Kreativität lässt sich gar nicht ohne Bezugnahme auf generische Gehalte, Formen und Traditionen der Kunst erläutern. Und gerade wer das subjektive ästhetische Urteil über Kunst ernst nimmt, benötigt eine Idee von Objektivität und Urteilsrichtigkeit, die nicht selbst subjektivistisch sein kann. Eine genaue Analyse des subjektiven ästhetischen

Urteils zeigt, dass der ästhetische Subjektivismus keinen angemessenen Begriff von ästhetischer Subjektivität hat, da er sie theoretisch nicht so ernst nimmt, wie er es vorgibt zu tun.

Eine philosophische Theorie der Kunst, die sich nicht in den theoretischen Sackgassen des Individualismus und Subjektivismus verlieren will, muss daher vom theoretischen *Primat des Kunstwerks* ausgehen. Denn nur eine hinreichende Aufklärung des Wesens und der Seinsweise des Kunstwerks kann Theorien künstlerischer Produktion und Produktivität ebenso wie Theorien ästhetischer Rezeption und Wertschätzung Maß und Kriterium sein. Am Kunstwerk selbst aber sind dargestellter Inhalt und Form der Darstellung notwendig zu unterscheiden. Das gilt, wenn der oben skizzierte Gedankengang richtig ist, auch für die abstrakten, scheinbar nichtrepräsentationalen Künste. Hinsichtlich der theoretischen Behandlung des Begriffs des Kunstwerks gilt ferner das Prinzip des Primats des Inhalts vor der Form. Denn es ist der Inhalt eines Kunstwerks, der nach der angemessenen Form verlangt, was immer auch der ästhetische Formalismus behauptet.

Entsprechend dieser ersten Übersicht gliedert sich das Buch in fünf Kapitel. *Kapitel 1* behandelt den generischen Gehalt von Kunst – und damit das Verhältnis von Kunst und Philosophie – zunächst am Beispiel der epischen und dramatischen Poesie. Da es in der Poesie wesentlich um den Menschen als ethisches Wesen zu gehen scheint, besteht hier ein zumindest lokaler begrifflicher Zusammenhang zwischen dem Kunstschönen und dem menschlich Guten. Fasst man Kunstwahrheit als Darstellungsrichtigkeit auf, so lässt sich auch der Zusammenhang zwischen Wahrheit und Schönheit in der Kunst ebenso lokal rekonstruieren. Formbezogene Fragen, sofern sie die Poesie betreffen, werden hier, sofern sie sich nicht ausblenden lassen, bereits diskutiert, allerdings zunächst ebenfalls in dem besonderen Zusammenhang, in dem sie hier thematisch werden. Wichtigste Gewährsperson bei der Behandlung dieser Fragen ist Aristoteles, nicht wegen seiner – nicht ernsthaft bestreitbaren – Autorität oder wegen des Alters seiner *Poetik*, sondern weil er in gründlicher und exemplarisch verdichteter Weise die wesentlichen begrifflichen und sachlichen Zusammenhänge erhellt. Dass seine ästhetischen Überlegungen auch über den Zeiten- und Epochenabstand hinweg ungebrochen aktuell sind, wird dabei nicht vorausgesetzt, sondern soll aus der Erörterung selbst erhellen.

Kapitel 2 behandelt dann etwas allgemeiner kunsttheoretisch bedeutsame Aspekte der Werkform, also formale Fragen nach den

Weisen der Bezugnahme verschiedener Künste auf ihren Gegenstand, wobei neben der Poesie die Bildkünste im Zentrum des Interesses stehen. Dabei sind verschiedene Formen deutungsoffener Darstellung ebenso zu unterscheiden wie verschiedene Stufen eher direkten oder eher indirekten Form- und Weltbezugs. Die Behandlung von Formfragen in der Kunst fokussiert auf das Verhältnis von Darstellung und Ausdruck und auf den Gegensatz und den Zusammenhang von sprachlicher und bildlicher Darstellung. Dieser doppelte Fokus führt von selbst u. a. zu der Frage, ob und inwiefern Musik darstellend und Bilder expressiv sein können.

Kapitel 3 behandelt Probleme der Produktionsästhetik. Es beschreibt die Tätigkeit des Künstlers und strebt nach einem theoretisch differenzierten Begriff künstlerischer Kompetenz. Dabei ist der psychologische Individualismus der Genieästhetik des mittleren und späten 19. Jahrhunderts ebenso zu vermeiden wie dessen konträre Gegenposition, die (post-) strukturalistische These vom ‚Tod des Autors'. Mit dem (Post-) Strukturalismus und gegen Genieästhetik und ästhetischen Psychologismus wird der kunsttheoretische Primat des Werks vor dem Künstler behauptet. Der Begriff eines künstlerischen oder ästhetisch-kreativen Vermögens lässt sich nämlich logisch gar nicht vor der Bestimmung dessen leisten, was seine charakteristischen Äußerungen sind, nämlich die Werke selbst. Das bedeutet aber umgekehrt nicht, wie der ästhetische Strukturalismus meint, dass der Künstler eine kunsttheoretisch entbehrliche Größe wäre. Vielmehr ist der Gedanke der Kunstentwicklung nicht ohne eine Idee der freien Fortsetzung künstlerischer Praxis zu haben und diese Idee nicht ohne einen zureichenden Begriff von künstlerischer Kreativität oder – altmodisch ausgedrückt – von ästhetischem Genie und poetischer Meisterschaft.

Kapitel 4 widmet sich der – in der philosophischen Ästhetik der letzten Jahrzehnte allzu dominanten – Rezeptionsästhetik.[5] Es setzt sich mit der Bedeutung der ästhetischen Rezeption von Kunst auseinander. Gegen den ästhetischen Subjektivismus in seinen eher emotivistischen und seinen eher kognitivistischen Spielarten wird eine Theorie ästhetischer Erfahrung und ästhetischer Beurteilung entfaltet, in der die Möglichkeit ästhetischer *Objektivität* denkbar wird. Dabei ist jegliche Vorstellung von fixfertigen ästhetischen Urteilskriterien ebenso als von vornherein verfehlt zurückzuweisen wie Bilder von einer objektiven Rangordnung der Kunstwerke. Das spricht aber keineswegs für eine subjektivistische Deutung ästhetischer Urteile als Artikulationen rein subjektiver Präferenzen.

Kapitel 5 schlägt schließlich den Bogen zur allgemeinen Frage nach dem Zusammenhang von Kunst und Schönheit. Denn die These, dass Kunst nicht philosophisch begriffen werden kann, wenn nicht der begriffliche Zusammenhang des Schönen mit dem Wahren und Guten angemessen erfasst wird, nötigt zur Verallgemeinerung der Frage nach der Seinsweise des Schönen. Kann Schönheit als eine Eigenschaft von Objekten verstanden werden? Oder liegt sie lediglich im Auge des Betrachters? Wenn die zweite Alternative im Hinblick auf Kunstschönheit als inadäquat zurückgewiesen wird, wie das in Kap. 4 geschieht, was bedeutet das für die Ontologie des Schönen überhaupt? Thematisch wird an dieser Stelle auch das Verhältnis von Kunst- und Naturschönem und damit ein zentrales Thema der Anfänge der modernen philosophischen Ästhetik bei Baumgarten und Kant. Die Untersuchung führt aber schließlich zu Fragen, welche philosophiehistorisch wesentlich älter sind, und damit zurück zu Aristoteles und seinem Lehrer Platon. Am Schluss wird dann die Eingangsthese, dass Kunst es mit dem Menschen als einem primär ethischen Wesen zu tun hat, in den größeren Zusammenhang der allgemeinen Ästhetik eingeordnet und modifiziert. Das nötigt zugleich zu einer umfassenderen Einschätzung des Verhältnisses von Kunst und Philosophie. Die philosophische Ästhetik als Philosophie der Kunst kann ohne eine solche erweiterte Perspektive nicht zu einem theoretisch hinreichenden Verständnis ihres Gegenstandes gelangen.

Noch eine Bemerkung zur Terminologie: Ich benutze den Ausdruck Poesie als Oberbegriff für alle Spielarten und Genres literarischer Kunstwerke, das zugehörige Adjektiv poetisch hingegen in einer allgemeineren Bedeutung, nämlich als Oberbegriff über die mit dem Entwurf und der Herstellung von Kunstwerken verknüpften Tätigkeiten und Kompetenzen, getreu einer Bemerkung aus Platons Symposion, dass der Ausdruck ‚Poesie' (poiesis) nicht nur die Dichtkunst bezeichne, sondern auch Künste jenseits davon.[6] Der Grund für diese auf den ersten Blick etwas verwirrende terminologische Asymmetrie liegt darin, dass einerseits ‚Poesie' genauer differenziert als ‚Literatur', dass aber andererseits das Adjektiv ‚künstlerisch' auch Eigenschaften und Relationen bezeichnet, die mit der eigentlichen kunstbezogenen Aktivität des Künstlers und den dabei aktualisierten Fähigkeiten im engeren Sinn nichts zu tun haben. Diese zusätzlichen Bedeutungsaspekte sind hier unwillkommen.

Kapitel 1: Poesie als Darstellung des Menschen

1. Poesie und Philosophie

Aristoteles wirft die Frage auf, was philosophischer sei, die Dichtkunst oder die Kunst der Geschichtsschreibung. Was die Geschichtsschreibung betrifft, so ist sie aus aristotelischer Perspektive gleich in dreierlei Hinsicht ‚philosophisch': Erstens ist da der *Wahrheitsbezug*: Wie auch der Philosophie ist es der Historiographie wesentlich, dass sie sich darauf verpflichtet, das Wahre auszusagen. Im Fall der Historiographie heißt das, dass sie von dem, was war, aussagt, dass es war, und von dem, was nicht war, aussagt, dass es nicht war.[1] Zweitens der *Bezug auf Gründe*: Nicht nur die Philosophie, sondern auch die Historiographie begnügt sich nicht mit dem Auflisten des Dass, sondern fragt nach dem Warum der Ereignisse, von denen sie berichtet. Das unterscheidet einen historiographischen Text von einer Chronik.[2] Drittens wendet sich die Geschichtsschreibung wie die Philosophie an einen *entgrenzten, nichtsituierten Adressatenkreis*. Das unterscheidet sie von der Redekunst, aber auch von der Dialektik. Jede Rede ist situations- und adressatengebunden, sei der Anlass nun ein Fest, eine Gerichtsverhandlung, eine politische Entscheidungssituation oder ein Streitgespräch. Deswegen stellt sich der gute Redner auf sein Publikum ein; er analysiert die Lage und versucht, die Stimmung seiner Zuhörer entsprechend einzuschätzen, um diese dann zu beeinflussen. Auch der Dialektiker muss vor allem versuchen, sein Gegenüber zu überzeugen; faktischer Konsens über das zuvor Strittige, also gemeinsames Für-wahr-Halten, beendet den Dialog, nicht notwendig also das gemeinsame Auffinden der Wahrheit. Nicht so die Geschichtsschreibung. Sie versucht gleichsam ‚für immer' festzuhalten, was der Fall war, und wendet sich damit an alle, die sich für die historische Wahrheit interessieren, d. h. aber: gerade nicht an ein bestimmtes Publikum. Ebenso steht es mit philosophischen Texten.[3] Zwar mag es für einen philosophischen Text wie für die mündliche Artikulation eines philosophischen Gedankens ein faktisch begrenztes Publikum geben, ja ein philosophischer Text mag, wie die überlieferten Texte des Aristoteles selbst, ausgesprochen esoterisch, d.h. für den inneren Gebrauch innerhalb der Schule bestimmt sein. Dennoch ist damit kein grundsätzlicher Ausschluss verbunden, sondern ein philosophischer Text wendet sich ganz grundsätzlich an alle Philosophen, d.h. an alle Liebhaber des Wissens. Das aber kann ganz grundsätzlich keine abschließbare Wir-Gruppe sein. Philosophische Texte wenden sich an alle, die willens und kompetent genug sind, sich gemeinsam und in kritischer Auseinandersetzung mit dem Textautor über das Thema des Textes Gedanken zu machen. Damit geht einher, dass Geschichtsschreibung im aristotelischen Sinn nicht ideologisch ist, d.h. keine Waffe im politischen Kampf sein kann. Dass dies eine generische, d.h. normative Bestimmung von Historiographie ist, versteht sich von selbst. Es bedeutet nicht, dass nationalistische oder auf die historische Legitimation bestimmter Verhältnisse ausgerichtete Geschichtsschreibung nicht möglich wäre. Es bedeutet vielmehr, dass solche Geschichtsschreibung ihr eigentliches *telos*, ihren Sinn verfehlt.[4] Gleiches gilt für Philosophie. Sie stützt keine bloße Meinung oder gedankliche Vorliebe, keine bloße Konvention oder Etikette, sondern fragt umgekehrt nach deren Berechtigung. Auf diese Weise verfährt Philosophie *skeptisch*, d.h. wahrheitssuchend.

Die Historiographie ist aber kein Teil der Philosophie, weil sie anders als diese *Einzelnes* zum Gegenstand hat und nicht Allgemeines. Die historische Wahrheit ist singulär, weil die Historie von einzelnen Gegenständen, einzelnen Handlungen und deren einzelnen, kontingenten Ursachen und Gründen handelt,[5] während die Philosophie nach Allgemeinem, nach den Arten und Gattungen des Seins, nach der Art und Form der Ursachen und Gründe fragt. Damit ist zugleich der Vergleichspunkt zwischen Historiographie und Poesie berührt. Denn auch die Poesie handelt – zumindest der sprachlichen Form nach – von Einzelnem, z.B. von Hektor und Achilles, von Ödipus oder von einem Olympioniken. Diese Beobachtung legt die Frage nahe, welche von beiden Künsten der Philosophie näher steht. Es scheint plausibel, der Geschichtsschreibung die größere Nähe zur Philosophie zuzuschreiben, und zwar wegen des für die Poesie anscheinend irrelevanten Wahrheitsbezugs. Denn die Gegenstände, von denen die Poesie handelt, sind teils fiktional, so dass Wahrheitsbedingungen gar nicht definiert sind, teils werden sie nicht oder nicht völlig zutreffend so präsentiert oder beschrieben, wie sie gewesen sind, wie z.B. der Sokrates in den *Wolken* des Aristophanes. Für die Poesie scheint der Wahrheitsbezug deswegen irrelevant zu sein, weil diejenigen poetischen Werke, die näher an der historischen Wahrheit bleiben, nicht notwendig die besseren sind. Eine platonisierende Dichtungskritik ließe sich entsprechend motivieren.

Platon selbst ging es allerdings keineswegs um eine pauschale Kritik der Poesie, wie ein genauerer Blick auf das zehnte Buch der *Politeia* zeigt.[6] Hier geht es vielmehr, anknüpfend an die vorläufigen Überlegungen zur Dichtkunst in Buch III, um den speziellen Status poetischer Texte als Quelle von Autoritätsargumenten in theologischen Disputen, den viele dieser Texte nicht verdienten, und zwar weil sie die Götter manchmal als Wesen mit schlechten menschlichen Eigenschaften zeigten, z.B. Jähzorn, Neid oder Grausamkeit. Solche Schilderungen stünden aber im Widerspruch zum Begriff des Göttlichen und könnten daher nicht richtig sein. Es handelt sich also mitnichten um eine Kritik an der Dichtkunst als solcher, sondern an mangelhaften Weisen ihrer Ausübung. Für mehr lassen weder die dialogische Form der *Politeia* noch deren Thematik Raum.

2. Darstellung des Möglichen

Erst Aristoteles behandelt die Frage nach dem Verhältnis von Poesie und Philosophie grundsätzlich. Für ihn steht die Poesie der Philosophie sehr viel näher als die Historiographie. Denn die Geschichtsschreibung habe es nur mit dem zu tun, was wirklich geschehen ist, die Poesie hingegen mit dem Möglichen, dem, „was geschehen könnte".[7] Es bedarf allerdings einiger Erläuterungen, um verständlich zu machen, wie diese These gemeint ist und was sie für die von Aristoteles aufgeworfene Frage austrägt. Aristoteles selbst fügt hinzu, dass die Poesie es in gewissem Sinne – ganz wie die Philosophie – mit dem Menschen im Allgemeinem (katholou) zu tun habe, „obwohl sie den Personen Eigennamen gibt"; die Historie hingegen teile eher das Besondere und Einzelne (hekaston) mit.[8] Offenbar sieht er die beiden Auskünfte, dass die Poesie es mit dem Möglichen und dass sie es mit dem Allgemeinen zu tun habe, als zwei einander wechselseitig beleuchtende Formulierungen desselben Gedankens an. Doch eben schien es noch, als habe die Poesie es keineswegs mit dem Allgemeinen zu tun, sondern mit Einzelnem, aber Fiktivem. Aristoteles weist nun darauf hin, dass die Komödie zwar meistens fiktive Protagonisten habe, die Tragödie aber häufig historische oder teils historische, teils fiktive.[9] Daraus erhellt, dass er Fiktionalität durchaus nicht für etwas der Poesie Wesentliches hält. Vielmehr verhält es sich Aristoteles zufolge so, dass die Poesie Mögliches oder sogar Notwendiges (kata to anankaion) darstellt,[10] indem sie entweder Personen aus der Geschichte oder fiktive Personen als Handelnde darstellt. Beides sei legitim, wobei Aristoteles noch darauf hinweist, dass die poetische Darstellung historischer Figuren und Ereignisse den Vorteil größerer Glaubwürdigkeit für sich habe, denn wir glauben „von dem, was nicht wirklich geschehen ist, nicht ohne weiteres, dass es möglich sei, während im Falle des wirklich Geschehenen offenkundig ist, dass es möglich ist."[11] Daraus ergibt sich nun, dass die Gegenstandsbereiche von Poesie und Historiographie sich sogar überschneiden; die Poesie stellt ebenfalls zumindest gelegentlich historische Personen und Ereignisse dar. Doch auch in solchen Fällen ist das Darstellungsziel bei Historiographie und historischer Tragödie jeweils ein anderes. Die Historie fragt nach dem, was geschehen ist, die historische Tragödie nach dem, was geschehen konnte, weil es ja geschehen ist. Was heißt das?

Die Poesie stellt Allgemeines dar, obwohl sie Eigennamen gebraucht, schreibt Aristoteles. Indem sie z.B. schildert, wie und warum Achilles in Streit mit Agamemnon gerät und ihm die Gefolgschaft verweigert, stellt sie auch dar, dass es möglich ist, dass Kriegsbündnisse an der Ungerechtigkeit ihres Anführers zerbrechen.[12] Formaler: Indem die Poesie Sätze der Form ‚Eine bestimmte Person X vollzieht eine bestimmte Handlung ϕ' bildet, gibt sie zumindest auch zu verstehen: ‚Es ist möglich, dass Personen Handlungen der Form Φ vollziehen'. ‚Zu verstehen geben' ist allerdings ein ziemlich unbestimmter Ausdruck. Eine modale Aussage der Form, dass es möglich ist, dass Personen auf eine bestimmte Weise handeln, folgt nämlich trivialer Weise aus Aussagen der Form, dass eine bestimmte Person auf diese Weise gehandelt hat, wie Aristoteles ausführt, wenn er schreibt, das Wirkliche wäre „ja nicht geschehen, wenn es unmöglich wäre." Eine triviale Möglichkeitsaussage dieser Form folgt aus jeder historischen Aussage. Doch mit dem Hinweis auf das eigentliche Darstellungsziel von Geschichtsschreibung und Poesie scheint Aristoteles eine andere Pointe im Blick zu haben. Das wird deutlicher, wenn man die Rechtfertigungsbedingungen des entsprechenden Schlusses bedenkt. Eine historische

Möglichkeitsaussage wird dadurch als wahr ausgewiesen, dass sie aus einer historischen Tatsachenaussage abgeleitet wird; ihre Rechtfertigung ist somit abhängig von der Verfügbarkeit einer wahren Tatsachenaussage, aus der sie logisch folgt. Nun legt Aristoteles nahe, dass es sich im Falle poetischer Aussagen anders verhält. Hier sind die einzelnen poetischen Aussagen, z.B. über Achilles oder Agamemnon, nicht notwendig wahr, rechtfertigen aber dennoch irgendwelche Möglichkeitssaussagen. Doch wie ist es möglich, dass eine leere Aussage – fiktionale Aussagen referieren nicht – eine nichtleere Modalaussage rechtfertigt?[13]

Zunächst muss der Übergang von einer – historischen oder fiktionalen – Aussage zu einer Möglichkeitsaussage noch genauer untersucht werden, um zu verstehen, in welchem Sinn Aristoteles sagen kann, dass die Historiographie nur auf das Besondere gehe und deswegen ‚weniger ernsthaft' sei als die Poesie.[14] Aus historischen Aussagen folgen zunächst einmal lediglich *singuläre* Möglichkeitsaussagen. So folgt aus ‚Alkibiades lief zu den Spartanern über' die Möglichkeitsaussage ‚Alkibiades konnte zu den Spartanern überlaufen'; ein trivialer Schluss. Allgemeine Modalaussagen folgen hingegen nicht oder nicht ohne weiteres aus historischen Aussagen, d.h. nicht ohne trivialisierende *ceteris-paribus*-Klauseln. ‚Heerführer können so handeln wie Alkibiades, wenn alle Umstände so sind wie in seinem Fall' ist zwar eine allgemeine Möglichkeitsaussage, aber keine interessante. ‚Kriegsbündnisse können an der Ungerechtigkeit der Anführer zerbrechen' ist hingegen eine allgemeine und keineswegs triviale Möglichkeitsaussage. Sofern sie zu dem gehört, was Homer in der *Ilias* zu verstehen gibt, ist die *Ilias* daher ernsthafter, weil auf Allgemeineres ausgerichtet als eine Chronik oder ein historiographischer Text ist.

Die Frage, wie ein *grosso modo* fiktionaler Text wie die *Ilias* ein solches Modalurteil rechtfertigen kann, ist damit aber keineswegs beantwortet. Ein Tatsachenurteil muss wahr sein, damit daraus ein wahres Modalurteil folgen kann; Aussagen über Fiktionales sind aber nicht wahr. Es kann auch nicht sein, dass die poetische fiktionale Aussage ‚eigentlich' eine allgemeine Modalaussage ist, die vom Dichter bloß in die äußere Form einer singulären faktischen Aussage gebracht wird. Denn wenn der Dichter ‚eigentlich' die allgemeine Modalaussage ‚meint', warum schreibt er dann die singuläre fiktionale Aussage nieder?

Nun ist Dichtung keine bloße Ansammlung einzelner fiktionaler Aussagen, sondern ein geordnetes Ganzes. Sie beschreibt, sofern ihr Gegenstand überhaupt menschliches oder göttliches Handeln ist, Handlungen. Handlungen sind aber zeitlich geordnete Bewegungen, weswegen auch Dichtungen Beschreibungen einer zeitlichen Ordnung sind; eine zeitliche Ordnung ist die Ordnung eines zeitlichen Ganzen, „was Anfang, Mitte und Ende hat".[15] Ganz abstrakt ist jede sprachliche Darstellung einer Handlung als eines zeitlich geordneten Ganzen ein *mythos* oder eine Fabel, so wie jede sprachliche Darstellung eines Sachverhalts eine Proposition ist. Im Deutschen sprechen wir hier ebenfalls von ‚Handlung'.[16] Stellen zwei poetische Darstellungen dieselbe Handlung dar, dann sind sie *mythosgleich*, unabhängig davon, ob sie die Handlung auf die gleiche Weise darstellen oder unterschiedlich. Wenn ein poetischer Text also einen modalen Sinn haben soll, wie Aristoteles behauptet, dann erschließt er sich eher durch den Mythos bzw. die Handlung als ganze als durch die einzelnen Sätze, die seine Elemente bilden. Eben deswegen sagt Aristoteles auch, dass sich die Tätigkeit des Dichters in erster Linie auf die Gestaltung der Handlung (mythos) richtet und erst in zweiter Linie auf die Gestaltung der sprachlichen (Vers-) Form (metron). Denn es ist vor allem die Gestaltung einer Handlung, fiktiv oder historisch, welche die Tätigkeit des Dichters auszeichnet, nicht die Versform. Herodots historisches Werk bliebe auch in Versform ein historisches Werk und würde durch eine solche Transformation nicht zu Poesie.[17] Das heißt, wäre Herodot ein Dichter gewesen und hätte er die *Historien* als Prosaepos angelegt, dann würde es sich um ein schlechtes Prosaepos handeln, weil dem Text die Einheit der Handlung abgeht. Dieser Mangel an Einheit hat nichts damit zu tun, dass es bei Herodot zahlreiche Protagonisten und zahlreiche erzählte Episoden gibt. Das ist bei der *Ilias* und der *Odyssee* ebenfalls so. Doch homerische Epen werden von einem Prinzip zusammengehalten, welches definiert, was Anfang, Mitte und Schluss dieser Texte sind. Das unterscheidet sie von historiographischen Texten, denen ein solches Prinzip fehlt oder fehlen kann. Im Fall der *Ilias* ist das Prinzip der Texteinheit der Zorn des Achilles, seine Gründe und Folgen, im Fall der *Odyssee* die Heimkehr des Dulders Odysseus.[18] Erst dieses geordnete Ganze des Mythos bestimmt, was der modale Sinn des poetischen Textes ist.

Doch dies ist nicht so zu verstehen, dass der poetische Text eine Botschaft enthielte, die sich als eine einzelne Modalaussage formulieren ließe. Das wäre noch schlimmer als die oben zurückgewiesene Vermutung, poetische Sätze seien der inneren Form nach modale Sätze. Denn dann wäre erst recht nicht mehr zu verstehen, warum es nicht genügen würde, die modal formulierte Botschaft einfach ohne Umweg über die mythische Einkleidung niederzuschreiben. Poesie lässt sich keineswegs auf Botschaften reduzieren; und Aristoteles sagt auch nicht, dass es sich so verhält, im Gegenteil. Denn eine solche Botschaft würde dem, was die geformte Fabel selbst *zeigt*, in keiner Weise entsprechen können. Was der poetische Text nämlich zeigt, ist menschliche Interaktion in ihrer zeitlichen Erstreckung, und zwar als eine Verkettung *zeitgebundener Möglichkeiten*. Vor dem Tod des Patroklos konnte Achilles die Myrmidonen von dem Belagerungsring vor Troja abziehen und heimkehren; danach stand ihm diese Möglichkeit nicht mehr offen. Umgekehrt konnte er nicht einfach weiterkämpfen, nachdem Agamemnon ihm Briseis streitig gemacht hatte. Die Notwendigkeit, nach dieser Kränkung die Waffen niederzulegen, ergibt sich als ein Gebot der Ehre und damit als sittliches Erfordernis. Wenn Aristoteles sagt, dass es in der Poesie darum gehe, das Mögliche und Notwendige darzustellen, dann sind damit in erster Linie sittliche, ethische Möglichkeiten und Notwendigkeiten gemeint.[19] Die Poesie stellt das ethisch Mögliche und Notwendige – oder, in der Sprache der deontischen Ethik, das Erlaubte und Gebotene – nicht wie die philosophische Ethik *zeitallgemein* dar,[20] sondern *situational*, d.h. als je in einer bestimmten Situation und relativ zu einer bestimmten Vorgeschichte möglich oder erforderlich.

Noch immer nicht erfasst ist bisher aber der Modus der Allgemeinheit, den Aristoteles der Poesie zuschreibt. Der Schlüssel zum Verständnis dieses Gedankens liegt in der Aussage, dass Poesie auf Allgemeines abziele, obwohl sie den Personen Eigennamen gebe. Nun kann ein Satz, der etwas über den Träger eines Eigennamens, also etwa eine einzelne Person, sagt, nur dadurch auf Allgemeines abzielen, dass der Redegegenstand, z.B. die fragliche Person, selbst für etwas Allgemeines steht. Allgemeinheit und Singularität sind zwar logische Gegensätze, können aber in der Singularität vermittelt sein. In gewisser Weise gilt dies von jeder einzelnen aristotelischen Substanz. Denn eine aristotelische Substanz ist immer schon die individuelle Verkörperung einer Allgemeinheit, nämlich des Artbegriffs.[21] Doch im Kontext der *Poetik* denkt Aristoteles offenbar an einen spezifischeren Modus der Allgemeinheit, als ihn schon der Substanzbegriff als solcher beinhaltet. Denn eine Substanz kann entweder lediglich unter einen Artbegriff fallen, indem ihre Art bestimmt, welche Form sich in der Substanz aktualisiert, oder sie kann ihre Art auch *repräsentieren*, d.h. anschaulich vergegenwärtigen, was es heißt, die entsprechende Artform zu aktualisieren. Eine solche Substanz bezeichnet Aristoteles als *Paradigma*; in der lateinischen Übersetzungstradition hat sich hier der Terminus *Exemplar* eingebürgert. Ein Exemplar ist eine solche Substanz, auf die man verweisen kann, wenn nach einem vollkommenen Muster einer bestimmten Art für die Anschauung gefragt ist. Vollkommenheit ist selbst ein Modus der Allgemeinheit im Einzelnen. Darauf wird zurückzukommen sein. Offenbar ist dies genau die Art von Allgemeinheit, die Aristoteles in der *Poetik* intendiert. Die Protagonisten eines poetischen Textes sind *exemplarisch allgemein*. Eben deswegen sind die Möglichkeiten und Notwendigkeiten, um deren Darstellung es in der Poesie geht, ihrerseits allgemeine Möglichkeiten und Notwendigkeiten und nicht zunächst lediglich einzelne wie in der Historiographie.

Aus diesen Überlegungen erhellt die rechtfertigende Kraft exemplarischer Darstellungen, die für das Verständnis der Möglichkeit von Wahrheit auch in fiktionalen Darstellungen von entscheidender Bedeutung ist. Der exemplarische Gegenstand ist selbst ein Allgemeines, weshalb die adäquate Darstellung eines exemplarischen Gegenstandes ebenfalls eine allgemeine Darstellung ist. Deswegen kann sie auch allgemeine Aussagen, z.B. über Möglichkeiten, begründen, was historische Darstellungen von Haus aus nicht können. Allerdings scheint sich so das Begründungsproblem lediglich zu verschieben; denn wie unterscheidet man einen exemplarischen Gegenstand einer bestimmten Art von gewöhnlichen oder defizienten Speziesangehörigen? Im Falle fiktiver Gegenstände scheint das Problem umso drängender. Hier scheint die Gefahr unabweisbar, dass etwas bloß als exemplarisch ausgegeben wird, was als wirklicher Gegenstand gar nicht exemplarisch wäre, etwa weil es nicht wirklich existieren könnte. Ist hier nicht umgekehrt ein Vorwissen über spezifische Möglichkeiten schon vorausgesetzt, welches es erlaubt zu beurteilen, was überhaupt ein exemplarischer Gegenstand sein kann? Begründet hier also nicht gerade das Wissen über allgemeine Möglichkeiten die Beurteilung einer fiktionalen Darstellung als exemplarisch?

Die begrifflichen Verhältnisse sind hier insofern komplex, als einerseits singuläre Aussagen über einen exemplarischen Gegenstand allgemeine Aussagen über die Spezies begründen, aber nur dann, wenn der Gegenstand der Rede tatsächlich exemplarisch, d.h. ein vollkommener Repräsentant der Spezies ist. Das bedeutet andererseits, dass spezifisches Wissen bereits in die Wahl des exemplarischen Gegenstandes eingeht. Eben deswegen sind Akte der Wahl bestimmter exemplarischer Gegenstände fallibel, d.h. es gibt einen relevanten Unterschied zwischen exemplarischen und lediglich für exemplarisch gehaltenen Gegenständen, ferner zwischen spezifischen und idiosynkratischen Eigenschaften exemplarischer Gegenstände. Die kognitive Tilgung oder Minimierung dieser Diskrepanzen macht einen großen Teil dessen aus, was man Erfahrung oder Empirie nennt, also die Anpassung des theoretischen Denkens an die Wirklichkeit. Erst die hinreichende Kenntnis der *spezifischen Seinsform* von Gegenständen der fraglichen Art erlaubt die verlässliche Wahl exemplarischer Vertreter. Artikuliert – und damit Wissen im platonischen Sinn – werden diese Kenntnisse in Form wahrer *generischer*, genauer *speziesallgemeiner* Sätze.[22]

Betrachtet man das Verhältnis von Spezies und Exemplar einerseits, das Verhältnis von Speziesdarstellung und exemplarischer Darstellung, also von generischen und exemplarischen Aussagen, andererseits, dann wird deutlich, mit welchem Recht Aristoteles die Frage marginalisiert, ob die exemplarischen Gegenstände der Darstellung wirklich oder fiktiv sind. Wenn es nämlich darum geht, unter Absehung von jeglichen bloß idiosynkratischen Eigenschaften eines exemplarischen Gegenstandes dessen spezifische Eigenschaften, Vermögen und Verhaltensweisen darzustellen, dann ist es gleichgültig, ob genau dieser Gegenstand wirklich existiert, sofern nur das Darstellungsziel erreicht wird. Eben deswegen kann Aristoteles auch erklären, warum nicht nur Komödien mit ihrem fiktiven Personal, sondern selbst Tragödien wie der *Antheus* des Agathon, die keine historische Figur als Protagonisten darstellen, dennoch erfreuen (euphrainein).[23] Denn den tiefsten Grund des menschlichen Vergnügens an der Darstellung eines Gegenstandes (mimesis) sieht Aristoteles darin, dass sie lehrreich sind. Der Mensch als vernünftiges Wesen strebt nämlich seiner Vernunftnatur gemäß nach Wissen,[24] und deswegen bereitet ihm das Lernen, als Befriedigung eines ihm wesenseigenen Strebens, Freude, unterschiedlichen Menschen allerdings in unterschiedlichem Maße und am meisten dem Philosophen und Gebildeten, am wenigsten dem ganz Ungebildeten (amousos).[25] Man sollte diese These wohl so interpretieren, dass das menschliche Vergnügen an Darstellungen letztlich generell durch die Befriedigung von Lern- und Wissbegier zu erklären ist und dass sich der ‚Philosoph' und Gebildete vom Ungebildeten darin unterscheidet, dass letzterer häufig solche Darstellungen für lehrreich hält, die es nicht sind, und umgekehrt lehrreiche Darstellungen nicht versteht. Die menschliche Lernbegier wird nun auch durch Fiktionen befriedigt, sofern diese etwas Allgemeines, nämlich eine allgemeine Möglichkeit, darstellen. Sie befriedigen aber das Erkenntnisstreben des Gebildeten, wenn sie das allgemein Mögliche richtig und angemessen darstellen. So wird verständlich, dass die Poesie deswegen und insofern der Philosophie nahesteht, als sie Allgemeines darstellt, dass sie aber deswegen nicht mit der Philosophie zusammenfällt, weil sie es exemplarisch, d.h. an exemplarischen Gegenständen, wirklichen oder fiktiven, und damit anschaulich darstellt, die Philosophie hingegen generisch und damit begrifflich. Damit verbunden ist die spezifisch philosophische Möglichkeit zur Skepsis, d.h. zur methodisch geleiteten Untersuchung und kritischen Überprüfung der Wissens- und Geltungsansprüche, die durch die philosophische Darstellung eines generischen Sachverhalts erhoben werden. Der Kunst steht ein vergleichbares Instrument der methodischen Selbstkritik nicht oder nicht in gleicher Weise zur Verfügung.

3. Realismus in der Kunst

Noch nicht sehr deutlich betont wurde bisher, dass Aristoteles mit dieser Bestimmung des Begriffs der Poesie zugleich ein emphatisches Realismusprinzip in die Kunsttheorie einführt. Dieser Punkt, um den im 18. Jahrhundert noch erbitterte poetologische Kontroversen ausgetragen wurden, wird in neueren Fiktionalitätstheorien in der Regel kaum noch angemessen berücksichtigt.[26] Aristoteles macht es nämlich durch diese normative Explikation des Begriffs der poetischen Darstellung zur Sinn- und Gelingensbedingung fiktionaler poetischer Darstellungen, dass sie etwas Allgemeines darstellen, *das aber selbst nicht fiktiv ist.* Ganz gleich also ob Achilles und Agamemnon historische Figuren oder Fiktionen sind; die generische Situation, in der sie im ersten Gesang der *Ilias* als sich befindend dargestellt werden, und ihr Handeln in dieser Situation repräsentieren *reale* Möglichkeiten, d.h. solche Situationen und Handlungsoptionen, mit denen Menschen sich tatsächlich konfrontiert sehen können, und nicht bloß Fiktiv-Mögliches.[27] Das bedeutet nicht, dass es nicht möglich wäre, irreale, rein fiktionale Möglichkeiten anschaulich darzustellen. Es bedeutet aber, dass solche Darstellungen nicht interessant sind.[28] Ich möchte dies das Prinzip des kunsttheoretischen Realismus nennen. In der Aristoteles-Rezeption wird dieses Prinzip häufig entweder nicht beachtet oder aber mit dem Hinweis darauf kritisiert, dass Aristoteles noch zu sehr von der platonischen Dichterschelte beeindruckt sei und deswegen noch keine Kunstautonomie zu denken vermöge.[29] Es lässt sich aber zeigen, dass eine solche Kritik letztlich unverständlich ist.

Unterstellt ist dabei nämlich, dass das Realismusprinzip eine externe, der Literatur von der Philosophie aufgezwungene Einschränkung zugelassener Darstellungsgegenstände beinhaltet und damit einen Einschnitt in die Autonomie der Kunst bedeutet.[30] Nun kann diese These nicht schon durch den Verweis begründet werden, dass einige der Personen, die ein Realismusprinzip der Kunst formuliert haben, Philosophen gewesen sind. Denn erstens würde ein solches Argument sich in der Konsequenz gegen jegliche Kritik an Praxen und ihren Konsequenzen richten. Zweitens würde der um die Autonomie der Kunst besorgte Kritiker des Aristoteles nicht bedenken, dass das Realismusprinzip keine externe Vorschrift sein muss, sondern vielmehr eine interne Gelingensbedingung der Poesie sein könnte. Eben die letztere Möglichkeit müsste durch den Verfechter der Kunstautonomie ausgeschlossen werden können. Ihr Verteidiger kann also nicht umhin, das Realismusprinzip inhaltlich anzugreifen.

Ein solcher Angriff könnte sich etwa gegen den Gedanken richten, dass die Poesie überhaupt etwas darstellen muss, also gegen das *Mimesis*-Prinzip als solches.[31] Große Teile der Kunst – etwa der Musik oder der modernen bildenden Kunst – scheinen nicht oder nicht wesentlich auf Darstellung abzuzielen. Daraus folgt allerdings nicht, dass Darstellung für *keinen Teil* der Kunst wesentlich ist. Schon der Gedanke einer nichtdarstellenden bildenden Kunst hat Kunsttheorie wie Publikum nicht ohne Grund vor große Verständnisschwierigkeiten gestellt; für die Poesie scheint eine begriffliche Entkoppelung von Sprache und Darstellung aber vollends abwegig. Denn Ziel und Sinnbedingung von Sprache und damit auch von Sprachkunst scheinen an Darstellung gebunden zu sein. Daran ändert die linguistische Beobachtung, dass es neben der Darstellungsfunktion auch andere Funktionen des Sprechens gibt, nicht das Geringste. Denn ganz gleich ob man mit Karl Bühler von der Darstellungsfunktion eine Ausdrucks- und eine Appellfunktion unterscheidet oder mit noch feineren Unterscheidungen arbeitet – die so differenzierten weiteren Sprachfunktionen sind nicht eigenständig, sondern hängen von der Darstellungsfunktion ab.[32] Das bedeutet, dass sprachliche Äußerungen ihre expressive oder appellative Kraft nur deswegen besitzen, weil sie entweder zugleich darstellend oder inferentiell mit möglichen darstellenden Äußerungen verbunden sind. Eine bloße ‚Sprache' der Schmerzen oder der Lock- und Warnrufe berührt nicht das Proprium der Sprache und ist untauglich für Poesie. Nicht zuletzt die Bemühungen der so genannten konkreten Poesie um eine Dichtung jenseits der Darstellungsfunktion von Sprache haben gezeigt, dass die so entstehenden Texte problematische Grenzfälle poetischen Sprachgebrauchs bleiben. In jedem Fall ist die konkrete Poesie ein zu spezielles Feld poetischer Tätigkeit, um ein geeignetes Paradigma für einen Autonomietheoretiker der Literatur im hier relevanten Sinn abzugeben. Das festzustellen heißt nicht, der konkreten Poesie den Status der Dichtkunst abzusprechen. Es heißt, ganz im Gegenteil, ihren eigenen Anspruch auszusprechen und ernst zu nehmen.

Der Kritiker des Aristoteles kann seine Kritik aber auch gegen die Möglichkeitsbedingung selbst richten, wenn sich die Mimesisbedingung schon nicht sinnvoll angreifen lässt. Dabei kann der Angriff nicht auf jegliche Möglichkeitsbedingung gehen. Denn logisch und begrifflich Unmögliches lässt sich nicht darstellen, auch nicht poetisch. So kann es keine literarische Darstellung anwesend-abwesender Gegenstände oder runder Quadrate geben. Dass Nonsens-Dichtung wie etwa Texte Lewis Carrolls oder Christian Morgensterns auf derlei zu gehen scheint, ist kein Einwand. Nonsens-Dichtung *spielt* mit der (Un-) Möglichkeit der Darstellung unmöglicher Gegenstände und bezieht ihre Komik aus den so entstehenden Paradoxien; eine Aufhebung der entsprechenden Unterscheidungen würde zugleich die Möglichkeit von Nonsens-Dichtung aufheben. Die Möglichkeit von Nonsens-Dichtung ist daher keine Widerlegung, sondern eine Bestätigung der These, dass poetische Darstellungen nur logisch und begrifflich Mögliches darstellen können. Die Autonomieästhetik greift dieses Prinzip denn auch gar nicht an. Strittig ist vielmehr die Bindung der Poesie an die Darstellung des *real* Möglichen.

Real Mögliches hängt mit begrifflich Möglichem allerdings eng zusammen. Das wird solange nicht recht deutlich, wie man an einem engen Begriff des Begrifflichen festhält.[33] Danach ist in einem Begriff nur das enthalten, was seine Definition hineinlegt; begrifflich unmöglich wäre dann alles, was logisch unvereinbar mit der Definition wäre. Doch der Begriff des Begrifflichen und des begrifflich Möglichen ist weiter als der des – qua Widerspruchsfreiheit – logisch Möglichen und des nicht *per definitionem* Ausgeschlossenen. So ist es begrifflich unmöglich, dass ein Einzeller in nichtmetaphorischem Sinn Überzeugungen besitzt, obwohl die adoxische Natur von Einzellern nicht in der Definition des Begriffs Einzeller festgeschrieben ist. Das Haben von Gedanken ist mit dem Wesen eines Einzellers schlicht unvereinbar. Dass es sich hier tatsächlich um begriffliche und nicht lediglich um faktische, empirisch-induktiv zu konstatierende Unmöglichkeit handelt, wird daraus ersichtlich, dass durch die Definition des Begriffs Einzeller implizit zugleich die Lebensform von Einzellern definiert ist, die keinen Raum für das Vorkommen von Gedanken und Überzeugungen lässt.[34] Umgekehrt werden auch positive Spezifika von Einzellern wie das begriffliche Zusammenfallen von Zellteilung mit Fortpflanzung nicht unmittelbar aus der Begriffsdefinition ersichtlich, gehen aber dennoch aus der Definition hervor. Analog gilt von Menschen, dass z. B. das Vermögen, besonnen zu handeln, nicht unmittelbar aus der Definition des Menschen als eines vernünftigen Lebewesens folgt, aber dennoch begrifflich damit verbunden ist. Denn es ist eine begriffliche Wahrheit, dass nur Vernunftwesen besonnen handeln können, wie umgekehrt ein Mangel an Besonnenheit immer auch ein Mangel an Vernunft im Handeln ist. Das zeigt, dass die Verbindung zwischen Vernunft und Besonnenheit nicht lediglich kontingent-faktischer, sondern begrifflich-notwendiger Natur ist. Die Wesensdefinition eines Begriffs – ihre Triftigkeit unterstellt – bestimmt zugleich, welche Eigenschaften und Vermögen begrifflich mit der spezifischen Differenz zusammenhängen, ja sogar für welche spezifischen Defekte die Angehörigen der jeweiligen Spezies anfällig sind. So sind Menschen und nur Menschen anfällig für Unbesonnenheit, da die Angehörigen vernunftloser Spezies weder unvernünftig noch unbesonnen sein können. Es zeigt sich, dass das Feld des begrifflich Möglichen sich bis tief in den Bereich des real Möglichen hinein erstreckt.

Doch zum Bereich des real Möglichen gehört mehr als das begrifflich Mögliche. Denn unter den Begriff des begrifflich Möglichen lassen sich nur das *spezifisch*, d. h. speziesbezogen Mögliche und das *generisch*, d. h. genusbezogen Mögliche bringen, nicht aber das *relational*, d. h. bezogen auf die Interaktion verschiedenartiger Gegenstände Mögliche. In grober Näherung wird dieses Feld durch *genusallgemeine* Seinsgesetze beschrieben, wie sie im Feld des natürlich Möglichen die allgemeinen Naturgesetze darstellen. Derartige Seinsgesetze trennen das real Mögliche insgesamt vom real Unmöglichen, wenn auch vielleicht in irgendeinem Sinn Denkbaren. Im Feld des geistigen und kulturellen Seins sind solche Gesetze allerdings weder als Naturgesetze denkbar, noch erschöpfen sie sich in einer Liste von Rechten und Pflichten der Angehörigen dieser Sphäre.[35] Der Bereich des real Möglichen in der geistigen Welt ist durch eine solche Liste nicht auszuschöpfen, und zwar schon aus dem Grund, dass Rechtsanmaßungen und Pflichtverletzungen ebenfalls ein Teil dieser Sphäre und damit real möglich sind, ebenso auch der kritische Umgang mit Rechten und Pflichten. Dennoch ist auch hier das real Mögliche vom bloß Denk- und Vorstellbaren zu unterscheiden.

Das Realismusprinzip besagt nun, dass diese Grenze zugleich eine Grenze des Sinns poetischer Darstellungen ist. Dagegen bringen Autonomieästhetiker den Vorwurf des Konservativismus vor. Der Begriff des real Möglichen, so heißt es, sei ein Einfallstor für die Zähmung der subversiven Kraft der Phantasie und der Beschränkung des als möglich Gedachten auf das zu denken Zulässige.[36] Zu beachten an diesem Vorwurf ist, dass er sich gar nicht gegen das Realismusprinzip richtet, sondern allenfalls gegen seinen politischen Missbrauch. Denn recht verstanden handelt der Einwand nicht vom real Möglichen, sondern von einer Einengung des real Möglichen auf das zur Darstellung Zugelassene. Eine solche Beschränkung ist aber durch das Realismusprinzip nicht legitimierbar. Umgekehrt kann das Realismusprinzip selbst verständlich machen, wie künstlerische Darstellungen überhaupt subversive Kraft entfalten können. Sie können dies eben gerade dort, wo das real Mögliche nicht mit dem politisch Erwünschten, Akzeptierten oder Opportunen zusammenfällt. Wenn die Autonomieästhetik daher das Realismusprinzip aus politischen Gründen angreift, droht sie sich ihrer eigenen Voraussetzungen zu berauben. Denn eine künstlerische Darstellung, die die Grenzen des real Möglichen nicht achtet, läuft Gefahr, gerade nicht subversiv oder kritisch, sondern einfach belanglos zu sein. Vorausgesetzt ist damit allerdings, dass das real Mögliche selbst zum Realen gehört und damit von einem Realismusprinzip miterfasst wird.[37] Aber diese These sollte nicht bestreiten, wer der Kunst eine kritische Kraft zutraut.

4. Darstellung des Guten

Eng verwandt mit dem Realismusprinzip ist der aristotelische Gedanke, dass die Poesie vor allem ethische Themen und Probleme darstellt. Poesie ist, ob direkt oder indirekt, Darstellung des Guten. Für das Verhältnis von Kunst und Philosophie bedeutet dies, dass sich die Poesie bezüglich ihrer Gegenstände von allen Teilgebieten der Philosophie am meisten mit der Ethik überschneidet.[38] Aristoteles selbst lässt daran in seiner *Poetik* keinen Zweifel, wenn er – zunächst einmal bezogen auf die Tragödie – sagt, dass die besten Tragödien zeigten, wie ein guter und glücklicher Mensch auf Grund einer Verfehlung (hamartia) ins Unglück stürzt.[39] Die Begründung für diese These klingt so: Die Tragödie wecke unser Interesse, indem sie in uns Furcht und Mitleid (phobos kai eleos) auslöse und eben dadurch zur Reinigung von diesen Affekten (katharsis) beitrage;[40] nun gebe es aber vier logisch mögliche Typen einer interessanten Veränderung, die zum Gegenstand einer tragischen Handlung (mythos) werden können: *Erstens* kann ein guter Mensch trotz seiner ethischen Vortrefflichkeit unglücklich werden; dies wäre aber nicht interessant, denn es wäre nicht furchtbar und Mitleid erregend (phoberon kai eleeinon), sondern einfach grässlich (miaron). Man könnte auch sagen, dass eine solche Handlung eigentlich Empörung verdient oder allenfalls Bewunderung für den Protagonisten, falls dieser sein Unglück standhaft erträgt. *Ethisch* interessant wäre eine Tragödie mit einer solchen Handlung aber nicht, was immer ihre sonstigen Vorzüge sein mögen. Allerdings sollte man beachten, dass hier noch gar nicht klar ist, an welche Art von Handlung hier überhaupt zu denken ist. Es lässt sich eine große Bandbreite möglicher Fälle denken, vom bloß zufälligen Scheitern des Gerechten bis hin zur ungerechten Verfolgung des Gerechten durch eine böse Macht; dazu unten mehr. *Zweitens* kann ein böser Mensch glücklich werden, aber eine solche Veränderung könne weder Furcht noch Mitleid erwecken, ebenso wenig wie, *drittens*, der Sturz eines bösen Menschen ins Unglück. Denn eine Darstellung des Erfolgs eines Bösen sei nicht menschenfreundlich (philanthropon), die Darstellung seines Misserfolgs sehr wohl; letztere sei aber weder furchtbar, noch verdiene der Protagonist Mitleid.[41] So bleibe nur, viertens, der Fall eines guten Menschen, der nicht trotz seiner Güte, sondern wegen einer Verfehlung, die aber seinen guten Charakter nicht in Frage stellt, unglücklich wird. Spezielles Interesse können dabei solche Protagonisten für sich beanspruchen, die sich gerade aus moralisch guten Gründen schuldig machen, wie die Antigone des Sophokles.[42] Unterstellt ist dabei immer schon die ethische Einstellung, die wir als Zuschauer einem ethisch bedeutsamen Geschehen wie dem von der Tragödie dargestellten einnehmen müssen. Furcht und Mitleid sind ethische Affekte, und mit Glück (eutychia) und Unglück (distychia) sind Gelingen und Misslingen als zum Teil kontingente, von äußeren Faktoren abhängige Vollendung des ethisch guten Lebens (eudaimonia) resp. als deren Gegenteil, das Scheitern des Lebens, gemeint. Deswegen ist der Böse auch nicht eines wirklichen Gelingens (eutychia) seines Lebens fähig, weil er die inneren Voraussetzungen für gutes Leben, einen guten Charakter nämlich, nicht mitbringt. Weil aber dieser Fall streng genommen nicht möglich ist, deswegen ist er auch eigentlich nicht darstellbar, und Tragödiendichter, die uns das Glück eines schlechten Menschen zeigen wollen, begehen einen schwerwiegenden Darstellungsfehler.[43] Damit wird zunächst einmal klar, dass der Einteilungsgrund für die vier Kandidaten für eine Tragödienhandlung ethischer Natur ist. Die vier Handlungstypen lassen sich nämlich nur im Rückgriff auf ethisches Vokabular angemessen beschreiben. Die Tragödie handelt von ethisch bedeutsamen Themen, und das Publikum kann eine Tragödie überhaupt nicht verstehen, wenn es nicht eine ethische Einstellung dem dargestellten Geschehen gegenüber einnimmt.

Nun könnte man meinen, dass die Reichweite dieser These sich auf die Tragödie beschränkt. Denn das Prinzip der Einheit eines Epos oder eines Gedichts – oder auch eines Romans, so könnte man hinzufügen – ist ein ganz anderes als das der Tragödie. Hier geht es gar nicht um die Einheit einer Handlung bzw. eines Prozesses des Umschlags von Glück in Unglück oder von Unglück in Glück eines Protagonisten. Im Bereich der erzählenden Literatur kommen Ballade und Novelle diesem Prinzip am nächsten. Epen, Romane, Oden und Hymnen sind aber ganz anders und je spezifisch verfasst. Hier geht es gar nicht wesentlich um Glück oder Unglück eines Protagonisten und damit anscheinend auch nicht um die Anteilnahme eines ethisch eingestellten Publikums. Doch dieser Einwand missversteht die allgemeine These, um die es hier geht. Die These besagt nicht, dass die besonderen formalen und inhaltlichen Bestimmungen der Tragödie eine spezielle ethische Einstellung des Publikums erforderlich machen, wie einige Ausleger des Aristoteles gemeint haben. Es gibt weder einen besonderen ethischen Sinn für das Tragische, an den die Tragödie appellieren müsste, noch eine besondere Disposition des Publikums zum Mitleid, die für das Verstehen der Tragödie erforderlich wären. Die These besagt vielmehr, dass Tragödien an die ganz allgemeine ethische Einstellung ihres Publikums appellieren und dass das Prinzip ihrer Einheit, ihre Handlung nämlich, eine spezielle Sorte von ethisch bedeutsamem Geschehen ist. Das Ethische der Tragödie verhält sich zum Ethischen der Poesie genauso wie die Tragödie zur Poesie: nämlich als Besonderes zum Allgemeinen.[44]

Die Poesie stellt allgemein menschliche Verhältnisse, bestimmte Seiten und Aspekte menschlichen Lebens dar, und da diese Verhältnisse, einschließlich der Selbstverhältnisse einer Person, genuin ethisch verfasst sind, lassen sie sich auch nicht anders darstellen denn als ethisch verfasst, und entsprechend sind sie vom Publikum auch ethisch aufzufassen. Das bedeutet aber zugleich, dass eine ethisch distanzierte, ästhetizistische Betrachtung von Poesie ihren Gegenstand verfehlen muss, obwohl gerade sie angeblich die der Kunst einzig angemessene ist, wie der ästhetische Formalismus und bestimmte extreme Varianten einer Autonomieästhetik behaupten. Der kompetente Rezipient von Poesie fasst sie ethisch auf und nimmt gerade ethisch Interesse an ihr. Mithin ist die angemessene Rezeptionshaltung gegenüber Poesie nicht interesseloses Wohlgefallen.[45] Man beachte in diesem Zusammenhang auch, dass Aristoteles selbst eine sehr viel plausiblere Erläuterung dessen geben kann, was es heißt, einem poetischen Kunstwerk gegenüber eine ästhetische Einstellung einzunehmen, als Formalismus und Autonomieästhetik. Denn im Kontext seiner *Poetik* ergibt sich die Notwendigkeit einer bloßen Zuschauer-, oder allgemeiner: Rezeptionshaltung einer poetischen Darstellung gegenüber aus der Tatsache, dass es sich bei dem rezipierten Vorgang um die *Darstellung* eines Geschehens handelt und nicht um ein tatsächliches Geschehen. Zu erkennen, dass es sich etwa bei einem Geschehen auf einer Bühne um die Darstellung einer Handlung handelt, ist eine Vorbedingung dafür, dem Geschehen gegenüber eine ästhetische Einstellung einzunehmen. Sieht man einen Menschen in Bedrängnis, ist man als Helfender gefordert. Sieht man dagegen einen Menschen, der einen Menschen in Bedrängnis darstellt, ist man als sich eigener Aktionen enthaltender Zuschauer gefordert. Das hat gerade nichts mit einer ethisch neutralen, vermeintlich reinen ästhetischen Einstellung der Darstellung gegenüber zu tun. Das Wissen, dass es sich um Darstellung handelt, ist Voraussetzung dafür, dass Furcht und Mitleid ihre Dynamik als Zuschaueraffekte überhaupt entfalten können, aber sie sind eben die einer gelungenen Tragödie angemessenen Affekte – und nicht etwa die affektive Ruhe eines interesselosen Wohlgefallens. Es ist dann gerade Kennzeichen des misslungenen Werks oder der schlecht gemachten Aufführung, dass eine Handlung nicht unser Interesse zu wecken vermag.

Woran der Zuschauer einer Tragödie Anteil nimmt, ist eine Handlung, die zum Unglück eines gerechten Menschen führt, allerdings durch eigene Verfehlung. Im Lichte der hier erstrebten Rekonstruktion zentraler Thesen der aristotelischen Poetik lässt sich der Sinn dieser Bedingung jetzt genauer angeben. Wenn Aristoteles sagt, dass die Darstellung des Unglücks eines Bösen nicht tragisch, des Glücks eines Bösen nicht menschenfreundlich, des Unglücks eines Guten hingegen grässlich sei, dann hat das nichts mit falscher moralischer Erbaulichkeit zu tun. Die Darstellung des Glücks eines Bösen oder des Unglücks eines Guten sind nicht deswegen für die Tragödie ungeeignet, weil sich das naive Gerechtigkeitsgefühl des Publikums dagegen empörte oder weil eine solche Darstellung gegen religiöse Vorstellungen von der gerechten Weltordnung verstieße,[46] sondern aus einem ontologischen Grund: Dass ein Böser glücklich wird, ist unmöglich und deswegen auch nicht darstellbar. Daher wäre eine Darstellung seines Erfolgs (eutychia) zumindest irreführend, denn sie würde das in sich unmögliche Glück des bösen Protagonisten zumindest als erreichbar andeuten. Nicht menschenfreundlich wäre eine solche Darstellung deswegen, weil sie das vernünftige Streben des Menschen nach Einsicht nicht befriedigen und seine Freude an richtigen Darstellungen des Allgemeinen nicht erwecken würde, da sie nicht richtig, sondern irreführend wäre. Nicht menschenfreundlich wäre sie also deswegen, weil sie nicht freundlich dem Zuschauer als einem denkenden Wesen gegenüber wäre. Das wäre sie zwar, wenn sie das Unglück eines Bösen darstellte, aber sie wäre nicht tragisch, da wir als Zuschauer an dem Bösen keinen Anteil nehmen könnten. Im ersten Fall ergibt sich der Fehler aus der Unmöglichkeit der Sache, im zweiten aus der Unmöglichkeit des Interesses an einer solchen Sache.

Auch das Unglück eines guten und gerechten Protagonisten ist nicht unmöglich und deshalb darstellbar, aber grässlich. Das bedeutet nicht einfach, dass ein solches Geschehen schrecklich ist, sondern dass es für die poetische Darstellung ungeeignet ist. Denn die Darstellung des Unglücks eines Gerechten wäre *schrecklich, ohne lehrreich zu sein*. Im einfachsten hier denkbaren Fall besteht nämlich überhaupt keine Verbindung zwischen dem Handeln des

Protagonisten und seinem Unglück. Insbesondere ist sein Handeln nicht die Ursache seines Unglücks, sondern das Unglück trifft ihn zufällig. Der bloße Zufall aber ist nicht lehrreich.[47] Das gilt in gewisser Weise selbst für Handlungen, bei denen eine gerechte Person ohne ihr Verschulden von einer ungerechten Macht verfolgt wird, da hier das Handeln der gerechten Person nicht Ursache ihres Leidens und Unglücks ist. Lehrreich kann hier allenfalls die Darstellung der bösen Macht als solcher sein.[48] Wieder anders verhält es sich in Fällen, in denen der Gerechte durch sein Tun Anlass zu seiner Verfolgung gibt; hier besteht Kohärenz zwischen Handlung und Schicksal. Solche Fälle kommen dem eigentlichen Paradigma der Tragödie, dem Unglück eines Gerechten durch eigenes Verschulden, schon nahe, noch näher aber solche Fälle, in denen ein Protagonist sich in Verhältnissen vorfindet, in denen er nicht richtig handeln kann. Damit betritt man den eigentlichen Bezirk des Tragischen.

Die Tragödie widmet sich nicht menschlichem Unglück und Leid überhaupt. Sie stellt vielmehr menschliches Unglück und Leid als Folge menschlicher Verfehlung dar, und zwar – im interessantesten Fall – als Verfehlung eines gerechten Protagonisten. Dabei ist das Unglück nicht notwendig bloß das des Protagonisten. Es kann sehr wohl sein, dass dessen Handeln zunächst Leid über andere bringt; damit aber trifft er mittelbar sich selbst. Denn da der Protagonist der Voraussetzung gemäß gerecht ist, wird das von ihm verursachte Leid zur Quelle seines eignen Leids und Unglücks. So geht Kreon in der *Antigone* des Sophokles letztlich daran zu Grunde, dass er durch sein Vorgehen gegen Antigone das Leben seines Sohnes Haimon zerstört, ähnlich wie König Philipp, der eigentliche Protagonist in Schillers *Don Karlos*, daran zerbricht, dass er das seinem Sohn zugefügte Unrecht nicht wiedergutmachen kann, sondern schließlich den Sohn, um das Reich zu retten, vernichten muss.[49] Kreons Entscheidung, dem Polyneikes die Bestattung zu verweigern, ist eine Verfehlung (hamartia), die letztlich zu seinem Untergang führt.[50] Den Polyneikes zu bestatten oder ihn bestatten zu lassen, hieße aber, ihn zu ehren oder zumindest seinen Hochverrat und Aufruhr gegen die staatliche Ordnung ungestraft durchgehen zu lassen; dieser Weg steht ihm um der Erhaltung der Ordnung und der Beendigung des Bürgerkriegs in Theben willen nicht offen. Kreon muss aus Staatsraison Polyneikes posthum bestrafen, indem er ihm die Bestattung verweigert, die er seinem Bruder und Feind Eteokles gestattet.[51] Dass Antigone sich gegen sein

Gebot auflehnen wird, kann er nicht wissen; dennoch hat er auf diese Weise ihrer Rebellion und damit seinem moralischen Untergang den Weg bereitet. Alle Deutungen des Kreon als Inbegriff des ungerechten Gewaltherrschers sind daher als oberflächliche theoretische Verharmlosungen der eigentlichen Brisanz des tragischen Konflikts anzusehen, den Sophokles in der *Antigone* vorführt. Kreon handelt verantwortungsvoll und orientiert an dem Guten, das zu erstreben und zu sichern seine Aufgabe als Herrscher ist: Ordnung, Frieden und Sicherheit. Antigone folgt einem ebenso unabweisbaren Gebot, ihrer schwesterlichen Pflicht. Sie kann dem Gebot Kreons nicht gehorchen, ohne ihre Selbstachtung zu verlieren. Eben dadurch stellt sie sich außerhalb der politischen, staatlichen Ordnung, die auch eine Bedingung ihrer eigenen Existenz ist. Zugleich stellt sie sich posthum gegen ihren anderen Bruder Eteokles; oder zumindest ist sie völlig gleichgültig gegenüber der Tatsache, dass Polyneikes selbst die Zerstörung der eigenen Familie herbeigeführt hat, indem er gegen seinen Bruder ins Feld gezogen ist. Ungewollt und doch aus freien Stücken setzen beide, Kreon und Antigone, so die Zerstörung der Familie fort, der sie beide angehören, Kreon um der staatlichen Ordnung willen, Antigone im Namen eben dieser Familie. Dass jede dieser Handlungsweisen in gewisser Hinsicht ethisch geboten, in anderer Hinsicht aber zerstörerisch und verkehrt ist, zeigt sich nicht zuletzt in den zutiefst widersprüchlichen Kommentaren des Chores zum tragischen Geschehen.[52]

Nicht jeder tragische Konflikt muss so beschaffen sein wie der in der *Antigone* dargestellte, wo zwei Konfliktparteien an ihrem jeweils richtigen und berechtigten Handeln zu Grunde gehen. In Schillers *Don Karlos* ist es im wesentlichen König Philipp, der letztlich aus Staatsraison scheitert.[53] Seine Verfehlung besteht darin, dass er die französische Prinzessin Elisabeth geheiratet hat, die eigentlich seinem Sohn Karlos verlobt war. Diesen Fehler kann ihm sein Sohn nicht verzeihen. Dass diese Heirat politisch notwendig war, vermag Karlos nicht zu sehen; er erwähnt es im gesamten Stück nur einmal beiläufig.[54] Karlos' nicht überwundene Liebe zu seiner Stiefmutter und sein Hass auf seinen Vater werden so zur Quelle seiner Rebellion, die schließlich in dem Plan gipfelt, sich an die Spitze des Aufstands in den Spanischen Niederlanden zu stellen. Dass sein politisches Denken auf diese Weise ganz und gar privat motiviert ist, enttäuscht seinen besten Freund, den Marquis de Posa, der sich ihn als künftigen aufgeklärten Monarchen und Reformer wünscht. Dennoch unterstützt dieser ihn bei seinen Aufstandsplänen in der Hoffnung, dass es Karlos gelingen könnte, die politische Sezession der Niederlande von Spanien abzuwenden und stattdessen das gesamte spanische Königreich zu modernisieren und zu liberalisieren. Es ist daher auch kein Zufall, dass der König, als er im dritten Akt des Stücks einen „Menschen" unter seinen Höflingen sucht, diesen gerade im Marquis findet.[55] Karlos selbst handelt in dem Stück hingegen durchgehend verantwortungslos, wenn auch nicht aus böser Absicht. Die Art des Konflikts entspricht mithin strukturell nicht dem Konflikt in der *Antigone*, welche die Antagonisten als geleitet von miteinander unverträglichen ethischen Notwendigkeiten darstellt. Karlos handelt nicht oder nicht in erster Linie im Lichte von Erwägungen dessen, was ethisch notwendig ist. Das tun vor allem sein Vater und der Marquis, der sich aber, als letztlich nicht politisch denkender Mensch, in seinem eigenen komplexen Intrigenwerk verfängt und zu Grunde geht. Wieder anders steht es um tragische Konflikte wie den im *König Ödipus* des Sophokles, der ein Konflikt in der Seele einer einzigen Person ist, des Ödipus nämlich, der sich selbst richten muss.[56]

Auf solche Weise zeigt die Tragödie allgemeine und grundlegende ethische Probleme, und deswegen nehmen wir als Zuschauer Interesse und Anteil am Schicksal der Protagonisten, auch dann, wenn es sich um uns historisch oder kulturell fernstehende Menschen oder sogar um völlig fiktive Figuren handelt. Das Schicksal ferner oder fiktiver Personen ist dann interessant, wenn es exemplarisch für ein existentielles Problem ist. Idiosynkratische Probleme sind ebenso wenig interessant wie triviale Wahrheiten, z. B. dass jeder Mensch ein bestimmtes Körpergewicht besitzt.[57]

Die Tragödie galt deswegen bis zu Hegels Ästhetik als Königsdisziplin der Dichtkunst, weil sie in vorzüglicher Weise zeigt, worum es in der Poesie überhaupt geht: um die Darstellung von ethischen Problemen der menschlichen Existenz. In der Tragödie werden solche Probleme exemplarisch, prägnant und zugespitzt dargestellt. Eben deswegen stellt Aristoteles sie auch ins Zentrum seiner *Poetik*.[58] Damit wirft sie zugleich ein Licht auf das Wesen der Dichtkunst überhaupt. Denn Dichtung ist ihrem Sinn nach anthropozentrisch; d. h. sie handelt von menschlichem Sein. Dies wird auch dort deutlich, wo ein poetisches Kunstwerk gerade nicht oder nicht vorrangig von Menschen zu handeln scheint, wie z. B. in C.F. Meyers Gedicht *Schwarzschattende Kastanie* oder in extremen Texten wie Peter Roseis *Entwurf einer Landschaft ohne Menschen* oder W.G. Sebalds *Nach der Natur*. Denn teils ist hier die nicht menschliche Natur eine Allegorie der menschlichen Existenz, teils wird – wie bei Rosei – der Mensch gerade durch Aussparung und Nichterwähnung zum eigentlichen Thema des Textes, oder es wird – bei Sebald – die Fähigkeit des Menschen zur Darstellung der Natur, einschließlich seiner eigenen, zum Kernthema des Werkes, wobei im Falle Sebalds das Verhältnis von Naturdarstellungsvermögen und Natur zerstörender Kraft des Menschen besonders interessiert. Damit ist das Thema der Poesie in weitem Sinn ethisch verfasst, sofern Ethik sich mit den Problemen des menschlichen Seins befasst. Ethisch im engeren Sinn, also befasst mit moralischen Problemen menschlicher Selbstverhältnisse und menschlicher Kooperation oder Konfrontation,[59] sind in der Regel insbesondere die epischen und dramatischen Gattungen der Poesie, also Epos, Roman, Novelle oder Kurzgeschichte einerseits, Tragödie oder Komödie andererseits.[60]

Nun ist aber jede Darstellung eines ethischen Problems – ganz gleich ob im weiteren oder engeren Sinn – auch eine Darstellung des Guten. Entsprechend ist das Erfassen des je relevanten Guten eine notwendige Bedingung für das angemessene Verständnis des dargestellten Problems und damit auch der Darstellung. Wer nicht das Gute, ethisch Bedeutsame familiärer Loyalität versteht, kann den Gehalt der *Antigone* ebenso wenig erfassen wie jemand, der das Gute einer starken gesetzlichen Ordnung nicht begreift, wie es etwa auch in der verbreiteten Rede von der Notwendigkeit einer ‚wehrhaften Demokratie' benannt wird.[61] Eben deswegen geht auch der verbreitete Einwand von Autonomieästhetikern gegen einen solchen ethisch gehaltvollen Begriff des Poetischen ins Leere. Der Einwand besagt, dass ein ‚ästhetischer Moralismus' von außen eine moralische Betrachtung an das poetische Kunstwerk herantrage und in der Folge einseitig solche Werke normativ auszeichne, die eine moralisch gefällige Botschaft enthielten – auf Kosten der genuin poetisch-ästhetischen Qualität.[62] Dieser Einwand ist genau dann verfehlt, wenn das poetische Werk ohne ein angemessenes Verständnis der darin verhandelten moralischen Problemlage nicht zu verstehen ist. Denn dies bedeutet, dass der moralische Gehalt dem Werk eigen und wesentlich für dessen ästhetische Qualität als poetisches Kunstwerk ist. Daher kann eine angemessene ethische Auffassung des Werkgehalts nicht extern sein.[63] Da nun aber die Themen der Poesie anthropozentrisch sind und da sich das menschliche Leben nicht anders denn als ethisch verfasst beschreiben lässt, kann auch der ethische Zugang nicht *per se* ein Zugang von außen sein.

Allerdings ist – und hierin ist der Autonomieästhetik Recht zu geben – der notwendige ethische Zugang zu Poesie von einem tatsächlich externen ästhetischen Moralismus wohl zu unterscheiden, der nicht einmal die *Darstellung* des Unmoralischen oder moralisch Fragwürdigen in der Poesie tolerieren zu können meint und deswegen einen Text wie Dostojewskijs *Schuld und Sühne* nicht als Kunstwerk akzeptiert. Denn der Moralismus trägt ein moralisches Prinzip von außen an das poetische Kunstwerk heran, als eine externe Norm, die es vorgeblich zu respektieren habe, während der ethische Zugang zur Poesie dieser intern und wesenseigen ist, als Sinn- und Verstehbarkeitsbedingung. Er kann mithin anerkennen, dass ethisch gehaltvolle Poesie weder moralisiert noch fixfertige moralische ‚Botschaften' transportiert.[64] Die Autonomieästhetik kann diesen Fall allerdings nicht von dem des amoralischen oder moralisch desorientierten Werkes unterscheiden. Autonomieästhetiker verfügen nämlich nicht über die theoretischen Mittel, um die ethische Qualität etwa von Wielands *Aristipp* von der von Jacobis *Woldemar* zu unterscheiden, da sie sich den Gebrauch ethischen Vokabulars bei der Interpretation poetischer Werke gänzlich verbieten.

5. Möglichkeiten der Darstellung

Die bisherigen Überlegungen haben sich vor allem auf das Thema von Poesie, das *Was* poetischer Darstellungen bezogen. Berücksichtigt werden muss aber auch die Art und Weise der Darstellung, ihr *Wie*. Als Grundform poetischer Darstellung wurde oben in Kap. 1.2 bereits die Bezugnahme auf exemplarische Gegenstände und Handlungen benannt. Diese werden poetisch angemessen dargestellt, wenn sie *als exemplarisch* dargestellt werden. Allerdings hat die Darstellung präsentierenden, zeigenden Charakter. Der poetische Text spricht also nicht aus, wofür Protagonist oder Handlung exemplarisch sind, also für welche Art von Mensch oder welche Form des Handelns, und wenn ein Text dies tut, ist ihm nicht ohne weiteres zu trauen. Das ist mitnichten nur ein Prinzip der Interpretation moderner Poesie. So wird dem Leser gleich im ersten Vers des *Iwein* des Hartmann von Aue versichert, dass Artus ein guter König gewesen sei, ohne dass der weitere Text Anhaltspunkte für die Richtigkeit dieser Aussage lieferte. Und schon die *Ilias* ist geradezu gespickt mit unzuverlässigen expliziten Kennzeichnungen verschiedener Figuren, allen voran des griechischen Heerführers Agamemnon und seines Bruders Menelaos. Der Leser des Textes kommt nicht umhin, die allgemeine Kennzeichnung einer Figur an ihren im Text geschilderten Handlungen zu messen und nicht voreilig diese im Lichte jener anzusehen. Doch ein poetischer Text über bestimmte exemplarische Figuren kann auch ganz ohne solche allgemeinen Kennzeichnungen auskommen und einfach schildern, was die Figuren tun. Die Aufgabe des Lesers besteht nun darin, den Text zu *deuten*, indem er selbst die zu der Schilderung passende allgemeine Kennzeichnung sucht. Der Text lädt gewissermaßen zu einer solchen Deutung ein; er ist *deutungsoffen*.

Damit ist keineswegs gesagt, dass der poetische Text eine große Zahl verschiedener Deutungen ermutigen muss, um als gelungen oder gar überhaupt als poetischer Text zu gelten. Gerade ein guter, gelungener poetischer Text ist häufig in dieser Hinsicht recht klar und ermutigt nur eine bestimmte Deutungsrichtung.[65] Das ändert nichts an seiner Deutungsoffenheit, da die Deutung dasjenige ist, was der Leser tun muss; der Text nimmt ihm diese Leistung nicht ab. Es bedeutet auch nicht, dass ein solcher Text faktisch nicht unterschiedlich gedeutet werden kann. Es bedeutet vielmehr, dass im Falle divergierender Deutungen nicht alle Deutungen richtig sein können. Diese These schließt zweierlei nicht aus:

Erstens schließt sie nicht die Möglichkeit mehr oder weniger trivialer Deutungserweiterungen aus. So lässt sich Agamemnon als gieriger Heerführer und als ungerechter Machthaber kennzeichnen. Die zweite Deutung verwendet allgemeinere Begriffe, die erste speziellere. Dennoch handelt es sich um Varianten einer Deutung. Allerdings kann es Übergänge von spezielleren zu allgemeineren Deutungen geben, die vom jeweilig zu deutenden Text nicht mehr gestützt werden oder das Besondere und Interessante des Textes gerade auf Grund ihrer womöglich trivialen Allgemeinheit verfehlen.

Zweitens schließt sie nicht die Möglichkeit verschiedener oder gar unvereinbarer *subjektiver Zugänge* verschiedener Interpreten zu ein und demselben Text aus. Solche divergierenden Zugänge gehen mit abweichenden Fokussierungen und Aspektverschiebungen einher. So mag ein Interpret den Konflikt zwischen Agamemnon und Achilles als Beispiel für ein Gerechtigkeitsproblem sehen, ein anderer als einen Fall männlichen Konfliktverhaltens und ein dritter als ein typisches Problem der Formulierung und Durchsetzung von Ansprüchen auf Besitz und Ehre in einer Feudalgesellschaft. Anders als in diesem Beispiel können solche Zugänge untereinander inkompatibel sein. So kann eine Interpretation des *Don Karlos* das Stück als ein Drama über jugendliches Aufbegehren gegen festgefügte Ordnungs- und Herrschaftsstrukturen auffassen, wie es nicht nur das Regietheater in den vergangenen Jahrzehnten immer wieder getan hat. Eine solche Deutung wäre unvereinbar mit der These, dass das Stück eigentlich von den Schwierigkeiten des Herrschens und der Machtausübung handelt, und zwar deswegen, weil die beiden Deutungen darum konkurrieren, welches der beiden Themen als Hauptthema anzusehen ist. Gibt man nicht, wenn man die flächendeckende Möglichkeit unvereinbarer subjektiver Zugänge einräumt, zwangsläufig die These preis, dass poetische Texte manchmal nur eine bestimmte Deutung ermutigen?

Das wäre dann der Fall, wenn der jeweilige subjektive Zugang zu einem poetischen Werk unhintergehbar wäre. Dass das der Fall ist, behauptet die so genannte Rezeptionsästhetik, und sie kann deshalb auch nicht zwischen der Mehrdeutigkeit eines Textes und der Möglichkeit divergierender subjektiver Zugänge zum Text unterscheiden.[66] Im Gegenteil muss sie davon ausgehen, dass schon die Möglichkeit divergierender Zugänge zu einem poetischen Text einer Mehrdeutigkeit des Textes korrespondiert. Sie muss dies, weil sie voraussetzt, dass Textbedeutung durch den Akt des Lesens und Interpretierens *konstituiert* wird; wobei der Text selbst gewissermaßen die Rolle eines bloßen Substrats der Deutung spielt. Der Text ist, so verstanden, nichts als eine formale Struktur, der in der Rezeption und durch den Rezipienten eine Bedeutung zugeschrieben wird. Diese Struktur wird zugleich als limitierender Faktor möglicher und zulässiger Interpretationen gedeutet. Was mit der Textstruktur oder, wie es oft abkürzend heißt, ‚dem Text' unvereinbar ist, ist keine korrekte Deutung; alle übrigen Deutungen aber wären dem zu Folge gleichwertig, selbst wenn sie miteinander unvereinbar sind. Der Text selbst wird in der Rezeptionsästhetik als Grund dieser Möglichkeit gesehen. Denn dieser enthalte ‚Leer'- und ‚Unbestimmtheitsstellen', die auf verschiedenerlei Weise interpretiert werden könnten. Wolfgang Iser geht gelegentlich so weit, die ästhetische oder poetische Qualität eines Textes an der Anzahl und Verteilung solcher Leerstellen bemessen zu wollen. Aber dieses literaturkritische Projekt ist wegen offenkundiger

Schwierigkeiten nicht weiter verfolgt worden; deswegen muss es hier nicht erörtert werden. Die These, dass Akte des Lesens die literarische Bedeutung konstituieren, impliziert, dass ein Leser oder Zuschauer, der etwa den *Don Karlos* als ein Stück über jugendliche Rebellion interpretiert, damit eine ebenso legitime Deutung übernommen hätte wie jemand, der es als Stück über das tragische Scheitern eines Königs auffasste. Vorausgesetzt ist dabei allerdings, dass beide Interpretationen sich gleich konsistent und textgemäß durchführen lassen. Dies sei um des Arguments willen zugestanden.[67] Dann aber hätte der Text selbst nicht eine Bedeutung, sondern so viele, wie es kohärente Lesarten des Textes gibt. Da ferner ein poetischer Text aus rezeptionsästhetischer Sicht erst dann als Werk vollständig ist, wenn er gedeutet wird, kann es für die Rezeptionsästhetik kein wirkliches Werk mit verschiedenen Bedeutungen geben, sondern nur verschiedene, strukturgleiche Texte. Damit entfällt zugleich jede Möglichkeit der vergleichenden Bewertung konkurrierender Lesarten, und zwar weil die Lesarten gar nicht konkurrieren können. Entgegen dem ersten Anschein kann die Rezeptionsästhetik daher die Möglichkeit verschiedener Zugänge zu demselben Werk nicht erklären. Dass verschiedene subjektive Zugänge möglich sind, setzt nämlich die Einheitlichkeit des Werkes und seiner Bedeutung schon voraus.

Die Rede von subjektiven Zugängen beruht auf einer Analogie. So wie es zu ein und demselben Haus verschiedene Zugänge, also Türen, Pforten oder sonstige Eingänge an verschiedenen Stellen geben kann, so kann es auch zu einem poetischen Text verschiedene Zugänge, also Methoden der Bedeutungserschließung geben. Entsprechend gibt es, analog zu den verschiedenen Erschließungsordnungen, welche den verschiedenen Zugängen zu einem Haus entsprechen, auch die Erschließungsordnungen, welche den verschiedenen subjektiven Deutungszugängen korrespondieren. Man erschließt sich die Ordnung und Beschaffenheit der Räume in einem Haus, indem man das Haus abschreitet und dessen Teile in der Einbildungskraft zu einer Vorstellung des ganzen Hauses zusammenfügt. Man erschließt sich die Bedeutung eines Textes, indem man versucht, ein zentrales Element des Textes aufzufinden und von dort aus den Text sukzessive als ein Ganzes zu verstehen. Die Analogie lässt zugleich Raum dafür, dass nicht jeder Zugang, also nicht jede Methode gleich günstig oder gut geeignet ist, um die Textbedeutung zu erschließen. Wer ein Schloss lediglich durch den Dienstboteneingang betritt und verlässt, kann die womöglich entscheidende Perspektive vom Hauptportal aus nicht einnehmen. Wer ein marginales Element in einem Text für zentral hält, wird womöglich die Ordnung eines Textes nicht begreifen können.[68]

In jedem Fall zeigt die Analogie zweierlei: Zum einen, dass die Unvereinbarkeit verschiedener Zugänge nicht notwendig mit einer Unvereinbarkeit der darauf beruhenden Gesamtdeutungen einher geht. Divergierende Zugänge schließen konvergierende Interpretationen nicht aus. Zum anderen, und grundlegender, dass die Rede von divergierenden Zugängen schon voraussetzt, dass es sich um Zugänge zu *demselben Werk* handelt. Das Werk als einheitliches Ganzes gibt die möglichen subjektiven Zugänge und die korrespondierenden Ordnungen seiner Erschließung in gewissen Sinn schon vor. Das impliziert aber auch, dass vom Werk her schon bestimmt ist, welche Interpretation eines Textes richtig sein kann und welche nicht. Die Rede davon, dass erst der Leser einen Text im Akt des Lesens vervollständige und zu einem Werk mache, hat daher keinen klaren Sinn, wenn sie mehr besagen soll als das, was offensichtlich ist, nämlich dass Texte an Leser gerichtet sind. Die Rezeptionsästhetik möchte allerdings mehr sagen; sie möchte nämlich die aktive, kreative Seite des Textverstehens und Textauslegens betonen. Dieses Ziel verfehlt sie allerdings systematisch. Denn indem sie jeden Akt des deutenden Lesens zu einem kreativen Akt der Werkschöpfung erklärt, nivelliert und entwertet sie das kreative Moment der treffenden, gelingenden Interpretation. Umgekehrt muss eine Theorie, welche den Text als normativen Maßstab der richtigen Interpretation ernst nimmt und damit so etwas wie eine *Korrespondenztheorie der Wahrheit von Interpretationen* vertritt, das aktive und sogar kreative Moment des Interpretierens keineswegs herunterspielen. Es kann eines gehörigen Maßes an konstruktiver Arbeit bedürfen, um herauszufinden, was ein poetischer Text bedeutet. Der Gedanke, dass konstruktive Interpretation dazu erforderlich sein kann, steht nur scheinbar in einer begrifflichen Spannung zu dem Gedanken, dass die gelungene Auslegung eines poetischen Textes eher eine Entdeckung als eine Erfindung ist.[69]

Die angemessene Auslegung eines exemplarisch deutungsoffenen Textes fordert die Angabe dessen, *was* der Text exemplarisch darstellt. Dazu muss zunächst bestimmt werden, welche der im Text gezeigten oder dargestellten Personen eigentlich der Protagonist oder ggf. die Protagonisten sind. Werktitel locken die Deutung hier gelegentlich auf falsche Fährten. So ist nicht Caesar, sondern Brutus der eigentliche Protagonist von Shakespeares *Julius Caesar*, und in Schillers *Wallenstein* steht nicht Wallenstein, sondern eher Max Piccolomini im Mittelpunkt des tragischen Konflikts. Dennoch sind die Titel dieser Dramen nicht gänzlich irreführend, da die Titelfiguren, obwohl sie selbst nicht die Hauptakteure sind, dennoch die Einheit des *mythos*, der dramatischen Handlung definieren. In Shakespeares Drama geht es um das Mordkomplott gegen Caesar, dessen Gründe und unmittelbaren politischen Folgen, in Schillers Dramentrilogie um den Verlust an Vertrauen, Loyalität und Unterstützung Wallensteins, der das Ergebnis von dessen intriganter und unberechenbarer Politik ist und schließlich zu seiner Ermordung führt – wobei dieser Vertrauensverlust ganz wesentlich als existenzielles Problem seines Favoriten Max Piccolomini gezeigt wird. Brutus und Piccolomini sind gewissermaßen gegensätzliche tragische Helden. Brutus entscheidet sich aus Loyalität zur Republik gegen seinen Freund und Gönner Caesar und für die Konspiration. Piccolomini wendet sich offen von Wallenstein ab, als dieser zu den Schweden überlaufen will, ohne sich aber an dem Komplott gegen Wallenstein zu beteiligen. So hält er dem Kaiser die Treue, ohne Wallenstein zu betrügen. Beide Figuren gehen dennoch an ihrer Entscheidung zu Grunde. Piccolomini kann den Bruch mit Wallenstein und damit die Aufkündigung persönlicher Loyalität zu Gunsten der rechtlich geforderten nicht ertragen – was im Text dadurch angedeutet wird, dass ihn im Handgemenge sein eigenes Pferd erschlägt. Das Pferd als Zug- und Reittier steht ja – nicht erst seit Platons auf den Mythos von Phaethon anspielendem Wagenlenker-Gleichnis im *Phaidros* – für die aktive, handlungsleitende Seite der menschlichen Seele, für Trieb, Wille und Entscheidung. Die Umstände des Todes Max Piccolominis bringen auf diese Weise bildhaft zum Ausdruck, dass er zum Opfer seiner eigenen vernünftigen und moralisch integren Entscheidung wird. Brutus scheitert an dem Versuch, die Republik wiederherzustellen, weil er sich zwischen den Interessen seiner Mitverschwörer einerseits, dem Machtstreben der Diadochen Caesars andererseits nicht zu behaupten vermag.

Einen Protagonisten als exemplarisch aufzufassen bedeutet ferner zu bestimmen, wofür er steht, welchen der allgemeinen Begriffe, unter die er fällt, er in dem poetischen Text tatsächlich exemplifiziert.[70] Diese Aufgabe ist keineswegs so leicht oder schematisch lösbar, wie man zunächst meinen könnte. So wurden Musils Ulrich, Joyces Leopold Bloom, Becketts Wladimir und Estragon oder Frischs Stiller und Faber von der Literaturkritik lange Zeit ebenso gedankenlos wie irreführend für Repräsentanten ‚des modernen Menschen' ausgegeben; gedankenlos deswegen, weil in der Regel nicht gefragt wird, ob das vermeintlich so Repräsentierte, der moderne Mensch nämlich, überhaupt begrifflich wohlbestimmt ist, irreführend deswegen, weil es zumindest weder bei Joyce noch bei Beckett oder Frisch wesentlich um eine Darstellung oder Personifikation von Modernität geht. In jedem Fall sind solche Klassifikationen selbst dann, wenn sie zutreffen, viel zu allgemein, um erhellend zu sein. Frisch etwa bietet mit dem Romantitel *Homo faber* eine sehr viel bestimmtere Exemplifikationsrelation an. Allerdings ist auch dieses Angebot nicht unbedingt zuverlässig, da das eigentliche, die Romanhandlung antreibende Problem Walter Fabers wenig damit zu tun hat, dass Faber Techniker ist und sich für den Fortschritt durch Technik einsetzt.

Eng einher mit der Bestimmung des Protagonisten eines poetischen Textes geht die Bestimmung der Handlung. Wofür steht das, was diese Person tut oder was ihr widerfährt? Diese Trennung ist rein analytisch; in jeder Textinterpretation gehen die Bestimmung des Protagonisten und die Bestimmung des *Mythos* Hand in Hand. Dies ist auch notwendig, denn der Leser, Hörer oder Zuschauer lernt den Protagonisten ja, wie schon betont, nur durch dessen Tun und Leiden kennen. Dennoch ist die analytische Unterscheidung von Akteur und Handlung bzw. Protagonist und Mythos theoretisch bedeutsam. Denn erst diese Unterscheidung erlaubt es, beide Seiten aufeinander zu beziehen und die Handlung als einen bestimmten Prozess – z. B. als Entwicklung, als moralischen Sieg oder existentielles Scheitern des Protagonisten – zu verstehen. Entsprechend müssen auch die beiden Seiten der Interpretation eines poetischen Textes, die Interpretation des Protagonisten und die des Mythos, unterschieden werden. Ich nenne ersteres die *Bedeutungs-*, letzteres die *Sinnbestimmung* eines poetischen Textes.[71]

Auch der so verstandene Sinn eines poetischen Textes bedarf der Auslegung, selbst im einfachsten Fall, in dem ein Text das Handeln oder Leiden eines Protagonisten einfach darstellt oder zeigt. Ich nenne eine solche Darstellung *reale Beschreibung* oder auch *reale Repräsentation*.[72] Eine solche reale Repräsentation zu deuten heißt, sie unter einen allgemeinen Begriff zu bringen. Beispiele für entsprechende Sinnbestimmungen sind oben bereits angeführt worden. So ist es eine Sinnbestimmung von Wallensteins bzw. Kreons Handeln, das eine als intrigant, das andere als Handeln aus Staatsraison zu charakterisieren. Wie man sieht, muss die Sinnbestimmung von Handeln oder Leiden nicht mit der Intention oder der subjektiven Sicht des Akteurs übereinstimmen. Sinnbestimmungen dieser Art sind genuin externe, drittpersonale Bestimmungen. Aus einer solchen Perspektive ist Wallensteins Handeln als intrigant anzusehen, und zwar sogar dann, wenn er selbst weit entfernt davon wäre, diesen Begriff auf sein eigenes Handeln zu beziehen. Das bedeutet nicht, dass die Intentionen, Absichten und Sichtweisen des Handelnden für die Sinnbestimmung irrelevant wären. Im Gegenteil, sie gehen in die Sinnbestimmung des Handelns mit ein, aber ebenfalls als Gegenstand der Beurteilung aus der externen Perspektive. Nichts kann den Leser oder Zuschauer der *Wallenstein*-Trilogie so davon überzeugen, dass Wallenstein intrigant handelt, wie seine eigene Rede. Ich nenne eine solche Sinnbestimmung die Realdeutung eines poetischen Textes. Die einer solchen Auslegung zugängliche Darstellung des Tuns oder Leidens eines Protagonisten bezeichne ich als *real deutungsoffen*.[73] Reale Deutungsoffenheit des Sinns korrespondiert, wie man sieht, der exemplarischen Deutungsoffenheit der Bedeutung, des Gegenstands der Darstellung. Beides sind Grundformen poetischer Bezugnahme und Darstellung.[74]

Daneben gibt es aber auch weniger direkte Arten poetischer Bedeutung und poetischen Sinns. So muss der Protagonist nicht unmittelbar Exemplar einer Gattung sein; er kann auch Repräsentant einer ganz anderen Gattung sein, die solche Eigenschaften besitzt, wie sie dem Protagonisten im Text zugeschrieben werden. Im Grenzfall kann ein Protagonist für genau eine andere Person stehen, wie in den Fürstenspiegeln und in der antiken, mittelalterlichen oder barocken Panegyrik die dargestellte Herrscherfigur – etwa Alexander, Xerxes oder Titus – für den Herrscher, an den das jeweilige Werk adressiert ist, z. B. den Staufer Friedrich II., Ludwig XIV. oder Peter I. Ich bezeichne diese Art der Bezugnahme als *metonymisch deutungsoffen*.[75]

Dieser Art der indirekten Bezugnahme entspricht eine Art der indirekten Darstellung, die ich als *metaphorisch deutungsoffen* bezeichne. Dabei wird das Tun oder Leiden des Protagonisten nicht *real* beschrieben, sondern auf eine Weise, die zu einer möglichen Realbeschreibung dieses Tuns oder Leidens in einer Analogiebeziehung steht.[76] So sind die Arbeiten des Herakles schon früh als Metaphern für bestimmte menschliche Leistungen aufgefasst worden. Auch der von Prodikos überlieferte Mythos von Herakles am Scheideweg ist Metapher für eine existentielle Entscheidung, nicht allein deswegen, weil die lustorientierte und die tugendhafte Lebensführung hier metaphorisch als Wege im Raum dargestellt werden, sondern auch deswegen, weil Prodikos die Wahl einer Lebensweise als einmaligen *Akt* der Entscheidung repräsentiert. Dass dies als tatsächlicher Akt seltsam wäre, erhellt allein schon aus der Vorstellung, Herakles hätte sich auch anders entscheiden können.

Die Auslegung eines metonymisch oder metaphorisch deutungsoffenen Textes muss die zu Grunde liegende Metonymie oder Metapher so vervollständigen, dass eine wahre Analogie entsteht. Die Auslegung einer Metonymie oder Metapher ist dementsprechend nichts anderes als das Auffinden eines passenden Analogieglieds, unterstützt durch die Fähigkeit, die Analogie ggf. zu erläutern. Dabei ist allerdings mit einer ganzen Palette verschiedener Auslegungsmöglichkeiten zu rechnen. So muss es im Falle einer metonymischen Darstellung keineswegs nur eine Person geben, die als Substitut für den Protagonisten in Frage kommt. Auch im Falle von Fürstenspiegeln oder höfischer Panegyrik, bei der genau einem Adressaten des Textes durch eine geeignete Metonymie gehuldigt werden soll, muss die Darstellung sich keineswegs auf die faktischen Eigenschaften des Herrschers beziehen. Sie kann ihn auch metonymisch so darstellen, wie er sein *sollte*. Deswegen muss eine Darstellung Ludwigs XVI. als Alexander nicht daran scheitern, dass der König ‚kein Alexander' war; denn eine solche Metonymie kann auch ein Mittel politischer Kritik sein. Entsprechendes gilt auch für die metaphorische Darstellung des Handelns eines Protagonisten.

Exemplarische und metonymische Bezugnahme bilden keine vollständige Alternative. Die Bezugnahme auf einen Protagonisten kann auf deutungsoffene Weise *vage* bleiben, indem der Protagonist im poetischen Text so sparsam oder grob gekennzeichnet ist, dass eine klare Zuordnung zu einer passenden Gattung unmöglich ist. Hofmannsthals *Jedermann* wäre ebenso ein Beispiel für vage Bezugnahme wie Molières *Geiziger* oder wie die Figuren der *Commedia dell'arte*. Die Bezugnahme ist in diesen Fällen vage, weil diese Protagonisten schematisch als bloße Träger bestimmter Eigenschaften entworfen sind und keineswegs als exemplarische Protagonisten einer bestimmten Lebensform oder Denkweise. Schematische Typisierung ist grundverschieden von exemplarisch deutungsoffener Darstellung. Vage Bezug nehmende Darstellungen in der Poesie sind auf durchschnittliche Wiedererkennbarkeit der Figuren angelegt, exemplarische Darstellung auf Individualität. In einem Sinne bleiben vage Darstellungen jedoch ebenfalls deutungsoffen, da der *Jedermann* letztlich doch nicht wie jedermann ist, der *Geizige* keinem wirklich existierenden Geizigen entspricht und der *Tartuffe* keinem wirklichen Heuchler. Denn die poetische Darstellung macht jeweils Individualisierungen der Protagonisten erforderlich, mit denen die auf Typisierung gehende Darstellungsintention in Widerspruch steht. Dieser Widerspruch kann seinerseits im Text thematisch und für seine Auslegung fruchtbar gemacht werden. Deutungsoffene Vagheit der Bezugnahme darf daher auch nicht als ein Mangel missverstanden werden. Vielmehr handelt es sich um eine erstrebte Vereinfachung und Vergröberung der Darstellung, die häufig bestimmten didaktischen Zwecken folgt. Gut sichtbar wird dies auch in den Lehrstücken des mittleren und späten Brecht, etwa im *Puntila*, im *Kaukasischen Kreidekreis* oder in der *Maßnahme*.

Vage Bezugnahme spielt übrigens auch in der philosophisch-poetischen Mischgattung des Gedankenexperiments eine bedeutsame Rolle. Das zeigt sich schon im 2. Buch der *Politeia*, wenn Glaukon das Bild des vollkommen Ungerechten, der immer das Unrechte tut und zugleich immer als gerecht gilt, dem des vollkommen Gerechten gegenüberstellt, der immer gerecht handelt, dabei aber immer als ungerecht gilt; nicht etwa als Ideale – der vollkommen Ungerechte kann kein Ideal sein, und Glaukons vollkommen Gerechter ist ebenfalls kein handlungsleitendes Vorbild – sondern zum Zweck der pointierenden Darstellung der Logik der Unterscheidung zwischen Gerecht und Ungerecht. Diese Darstellung ist mitnichten exemplarisch, sondern im Hinblick auf die Gerechtigkeit oder Ungerechtigkeit wirklicher Personen vage. Ähnlich vage sind auch solche philosophischen Gedankenexperimente, in denen die Protagonisten nicht einzelne Menschen, sondern ganze Staatswesen sind wie der Staat der *Politeia*, die Insel *Utopia* oder Campanellas *Sonnenstaat*.[77]

Es wäre verfehlt einzuwenden, dass jede fiktive Darstellung mehr oder weniger vage sein müsse, da nicht bestimmt werden könne, was im Text nicht bestimmt werde. Die partielle Unbestimmtheit fiktionaler Figuren – Iser spricht von Unbestimmtheitsstellen im Text[78] – ist ein basales logisches Charakteristikum fiktionaler Rede überhaupt und sollte mit deutungsoffener Vagheit des Textes nicht verwechselt werden. Denn die Tatsache, dass die Schuhgröße des Fürsten Myschkin ebenso wenig bestimmt ist wie das Geburtsdatum des Don Quijote, macht aus dem weltfremden

Epileptiker und dem Ritter aus der Mancha keine vage deutungsoffen intendierten Protagonisten. Wer das nicht sieht, verkennt das Spezifikum vager Bezugnahme. Man denke zum Vergleich an Historiendramen oder -romane. Hier ist, zumindest was die historischen Figuren unter den Protagonisten angeht, keinerlei logische Unbestimmtheit gegeben. Denn auch die im Text nicht bestimmten Eigenschaften dieser Figuren sind – unabhängig vom Text – als bestimmt zu denken, wie etwa Napoleons Hutgröße, obwohl davon in *Krieg und Frieden* nicht die Rede ist. Historische Tatsachen zählen für das Historiendrama und den historischen Roman nur dort nicht, wo der Text sie dementiert. Dennoch ist Tolstois Napoleon eine exemplarische Figur. Damit bestätigt sich die oben schon erwähnte Beobachtung des Aristoteles, dass exemplarische Protagonisten historisch oder fiktiv sein können. Zugleich zeigt sich der Unterschied zu spezifisch vage intendierten Protagonisten. Hier findet die Alternative ‚historisch oder fiktiv' keine Anwendung. Das zeigt umgekehrt, dass poetische Vagheit und poetische Fiktionalität distinkte Begriffe sind.

Der vagen Bezugnahme auf der Bedeutungsseite poetischer Darstellungen entspricht die *hyperbolisch deutungsoffene* Handlungsbeschreibung auf der Sinnseite. Im Unterschied zur metaphorischen Beschreibung wird das Tun oder Leiden eines Protagonisten hier nicht in Analogie zu einem nicht genannten Geschehen geschildert, sondern durchaus real, aber nicht im richtigen Maß, sondern über- oder untertreibend. Beispielhaft für diese Art der Beschreibung sind die Schilderungen der Taten des Gargantua und seines Sohnes Pantagruel bei Rabelais oder die Beschreibungen aggressiver Sexualität beim Marquis de Sade. Deutungsoffen sind hyperbolische Darstellungen insofern, als es nun Aufgabe des Hörers oder Lesers ist, das richtige Maß zu finden. Dabei gibt die Hyberbolik jeweils die Richtung der Auslegung vor. Ein ‚gewaltiger Esser' wie Gargantua muss ein starker Esser sein; ein Kostverächter kann nicht gemeint sein.

Das ist ein wichtiger Unterschied zu einer anderen Art nichtrealer Darstellung, nämlich der *Ironie*. Ironische Beschreibungen ‚meinen', wie man oft sagt, die Negation oder das Gegenteil von dem, was sie ‚sagen'; sie auszulegen heißt entsprechend, die ironische Beschreibung auf geeignete Weise zu negieren. Nicht zu Unrecht ist daher die Ironie schon seit der Antike immer wieder mit der Lüge verglichen worden; denn auch eine Lüge durchschaut man, wenn man erkennt, dass das Gesagte zu negieren ist, um die

Wahrheit bzw. das zu erhalten, was der Lügner selbst für wahr hält. Doch anders als bei der Lüge impliziert ironische Rede keine Täuschungsabsicht; es handelt sich vielmehr um markierte Uneigentlichkeit der Rede. Ironische Rede gibt zu verstehen, dass sie nicht so gemeint ist, wie sie ausgesagt wird. Doch genau wie bei der Deutung einer durchschauten Lüge bleibt häufig Deutungsspielraum. Im Bereich der Lüge markieren geläufige Unterscheidungen wie die zwischen Lüge, Halbwahrheit und Irreführung das Feld einschlägiger Auslegungsprobleme, welches im Feld der Ironie durch die Schwierigkeit gekennzeichnet ist, genuin ironische von hyperbolischer Rede zu unterscheiden. Noch schwieriger ist die so genannte ‚feine Ironie' auszulegen, und zwar wegen ihrer Nähe zu unironischer, realer Rede; Nähe deswegen, weil die fragliche Beschreibung auch ohne Negation einen hinreichend klaren Sinn hat. So oszilliert der platonische Sokrates in den Anreden seiner Dialogpartner[79] auf immer wieder irritierende und häufig schwer zu durchschauende Weise zwischen der Hyperbolik der Schmeichelei und der Ironie der verdeckten Herabsetzung, in der Selbstbeschreibung als Unwissender zwischen der echten Bescheidenheit des gewissenhaften Selbstbeurteilers und der so genannten falschen, nämlich ironischen Bescheidenheit des Selbstbewussten. Dies ist aber nur eine Erscheinungsform von Ironie, die man auch als *subjektive Ironie* bezeichnen könnte, da hier das Subjekt der Rede und Darstellung, der Sprecher oder Autor, in besonderer Weise darauf aufmerksam macht, dass der Akt der Darstellung seine Handlung ist, und zwar eine kommunikative Handlung, die in besonderer Weise der hermeneutischen Kompetenz und Kooperation des Adressaten, des Lesers oder Hörers bedarf.

Doch ebenso alt wie das philosophische Nachdenken über Ironie ist der Gedanke, dass manche Gegenstände nicht anders als ironisch beschrieben werden können. Seit Friedrich Schlegel wird die ironische Beschreibung eines ironisch zu beschreibenden Gegenstandes auch als *objektive Ironie* bezeichnet. Der Gedanke ist insofern schwierig, als ironische Rede auf markierte Weise in sich widersprüchlich ist. Objektiv ironisch wäre eine Beschreibung demnach, wenn der beschriebene Gegenstand selbst in sich ironisch wäre. Aber wie kann ein Gegenstand in sich widersprüchlich sein? In der romantischen Ästhetik besteht Klarheit darüber, dass der Widerspruch als logische Kategorie in den Bereich des Geistigen fällt; deswegen lässt die nichtgeistige Natur keinen Raum für Widersprüche. Die Natur ist nicht widersprüchlich. Wenn es daher so etwas wie widersprüchliche Gegenstände in der Welt gibt, dann muss es sich dabei um geistige Gegenstände handeln. Zu den geistigen Gegenständen gehören aber nicht nur Propositionen, Behauptungen oder Gedanken, sondern auch die Personen, die sich als geistige Wesen in ihrem Denken und Handeln von Propositionen, Behauptungen und Gedanken leiten lassen, deren Tun also wesentlich geistige Züge trägt, sowie die Ergebnisse und Produkte dieses Tuns. Widersprüchlich ist das, was geistige Wesen tun, genau dann, wenn ihr handlungsleitendes Denken widersprüchlich ist. Beispiele für widersprüchliches praktisches Denken finden sich im Bereich des instrumentellen Denkens. Wenn das Handeln eines Akteurs nach Meinung des Akteurs geeignet ist, ein bestimmtes Ziel zu erreichen, tatsächlich aber der Grund dafür ist, dass die Erreichung dieses Ziels gerade ausgeschlossen oder dass das Ziel auf eine Weise erreicht wird, die so weder intendiert war noch willkommen ist, dann ist die Ordnung und Struktur dieses Handelns widersprüchlich. Die angemessene Beschreibung eines solchen Handelns muss objektiv ironisch sein. Dies zeigt sich deutlich an Beispielen so genannter *tragischer Ironie*: So zerstört Kreon die Grundlagen seiner Macht im Glauben, sie zu erhalten. Brutus beschleunigt durch das Attentat gegen Caesar die Erosion der Republik, deren Schutz der Anschlag dienen sollte. Das Leben des Ödipus lässt sich als eine Verkettung von Situationen tragischer Ironie beschreiben. Der Versuch, dem Verhängnis der Tötung des eigenen Vaters auszuweichen, führt dieses herbei. Der Wille, den Mörder zu bestrafen, um so die eigene Gerechtigkeit und Weisheit einmal mehr unter Beweis zu stellen, führt zur Aufdeckung der eigenen Täterschaft und Ungerechtigkeit und in der Folge zur Selbstbestrafung und Selbstentmachtung. Ödipus ist an den entscheidenden Stationen seines Lebens immer ein Opfer seines eigenen, auf ganz gegenteiligen Absichten beruhenden Handelns. Allgemein ist zu sagen, dass tragische Ironie die Struktur tragischer Situationen und Konflikte beschreibt.

Objektive Ironie kann es auch dort geben, wo es um die Aggregation des Handelns mehrerer Personen geht. Ironisch zu beschreiben sind solche Situationen dann, wenn das wohlüberlegte Handeln der Figuren *de facto* zum Gegenteil dessen führt, was die Personen intendiert haben, wie im Falle Kreons und Antigones. Die Ironie tragischer Konflikte ist dabei die objektive Ironie des Handelns antagonistischer Akteure, bei der jeder der Antagonisten das Gegenteil dessen erreicht, worauf er aus ist, und zwar gerade durch den Versuch, es zu erreichen. Es gibt allerdings auch Fälle objektiver Ironie, die sich daraus ergibt, dass *kooperierende* oder *gleichgesinnte* Akteure durch ihr Handeln das Gegenteil dessen bewirken, was sie gemeinsam bzw. übereinstimmend wollen. Hier handelt es sich jedoch um einen Teilbereich *komischer Ironie*, die ebenfalls eine Spezies objektiver Ironie darstellt. Ein Beispiel dafür wäre das fatale Zusammenspiel Evchens und des Dorfrichters Adam in Kleists *Zerbrochenem Krug*, deren Versuch, das nächtliche Ereignis zu vertuschen, zu dessen endgültiger Aufklärung führt.

Exemplarische Bezugnahme und reale Beschreibung, metonymische Bezugnahme und metaphorische Beschreibung, vage Bezugnahme und hyperbolische Beschreibung sowie Ironie sind Grundformen deutungsoffener poetischer Darstellung. Eingeführt wurden sie hier in einer Ordnung, die vom Einfachen zum Komplexen, vom logisch Grundlegenden zum logisch Abgeleiteten fortschreitet. Exemplarische und reale Deutungsoffenheit sind basale Formen poetischer Deutungsoffenheit; Metonymie und Vagheit kommen logisch später, ebenso Metaphorik, Hyperbolik und Ironie. Dem folgt auch die Ordnung des Lernens und Verstehens. Die Möglichkeit, Metonymien zu verstehen, setzt das Verständnis von Exemplifikation schon voraus; poetische Vagheit kommt begrifflich gewissermaßen noch später, was sich auch daran zeigt, dass das Verständnis für poetisch vage Bezugnahme in der literarischen Bildung einer Person typischerweise ein Spätankömmling ist. Ebenso sind Metaphern ohne die Möglichkeit realer Repräsentation nicht verständlich, genauso wenig wie hyperbolische Repräsentationen. Die Anordnung bedeutet nicht, dass Exemplifikation und reale Repräsentation, Metonymie und Metapher, Vagheit und Hyperbolik je paarweise auftreten müssten. Bezugnahme- und Beschreibungsformen sind z.T. frei kombinierbar. So kann ein exemplarischer Gegenstand metaphorisch beschrieben werden, ein metonymischer Gegenstand hyperbolisch. Weniger gut gehen metonymische oder vage Bezugnahme und reale Repräsentation zusammen; indirekte Bezugnahmen fordern entsprechende indirekte Beschreibungsweisen.

Eine Sonderstellung innerhalb der komplexeren Formen deutungsoffener Repräsentation nimmt wie gesehen die Ironie ein. Denn Ironie als poetische Beschreibungsform deckt eine beträchtliche Spannweite zwischen markierter subjektiver Verkehrung einerseits und extrem objektiver Richtigkeit andererseits ab. Man denke z.B. an die subjektive romantische Ironie eines Jean Paul auf der einen, an die objektive Ironie eines Sophokles oder Kleist andererseits. Erscheint subjektive Ironie als extreme Form der indirekten, nicht-realen Darstellung, so stellt sich objektive Ironie gerade umgekehrt als subtile Weise der realen, sachlichen und sachangemessenen Darstellung dar, nämlich solcher Sachen, die nicht anders als ironisch beschrieben werden können. Hier ist Ironie gerade kein subjektives Stilmittel, sondern vom Gegenstand gefordert. Dass diese beiden Typen von Ironie theoretisch häufig nicht oder nicht hinreichend unterschieden werden, erklärt vielleicht die ambivalente und schwankende Beurteilung ironischer Rede und Darstellung in der philosophischen Ästhetik und Ethik, nicht zuletzt bei Hegel.[80]

6. Fazit: Das philosophische Interesse an poetischer Darstellung

Die Eingangsfrage richtete sich auf das Verhältnis von Philosophie und Kunst, wobei von der Kunst zunächst nur die Sprachkunst, die Poesie, in den Blick genommen wurde. In gewissem Sinn wird dies die Leitfrage der gesamten Untersuchung bleiben. Im Lauf der bisherigen Überlegungen hat sie aber eine präzisere Bedeutung gewonnen. Als kennzeichnend für die Poesie hat sich eine Weise der Repräsentation oder Darstellung erwiesen, die ich als deutungsoffen bezeichne, die aber traditionell, d.h. seit Aristoteles, auch *mimetisch* genannt wird. Die Eingangsfrage lässt sich daher auch so stellen: Welches Interesse hat mimetische Darstellung für die Philosophie?

Man sagt oft, dass mimetische Repräsentation anschaulich sei, theoretische Repräsentation begrifflich. Sofern es in Poesie um Mimesis geht, ziele sie entsprechend auf Anschaulichkeit und sinnliche Prägnanz ab, die Philosophie hingegen auf Unanschaulichkeit und Präzision.[81] Diese Entgegensetzung ist aber gar nicht ohne weiteres verständlich. In jedem Fall ist sie zu plakativ, um erhellend zu sein. Das erhellt schon daraus, dass die Rede vom anschaulichen Charakter der Poesie metaphorisch ist, da Poesie – etwa im Gegensatz zu Malerei – gar keine unmittelbar anschauliche Kunst ist. Zwar ist poetische Rede so beschaffen, dass sie Raum für die Möglichkeit anschaulicher Darstellung lässt, wobei eine Darstellung anschaulich ist, wenn sie etwas so darstellt, dass man das Dargestellte zeichnen, inszenieren oder verfilmen könnte. Damit scheint Poesie aber gleich in zweierlei Hinsicht eingeschränkt, nämlich einmal hinsichtlich ihrer Gegenstände, zum anderen hinsichtlich der Art ihrer Beschreibung. Anschaulich darstellen, so scheint es, lassen sich nur Einzelgegenstände; und anschaulich ist eine Beschreibung dann, wenn sie in erster Linie anschauungsbezogene Prädikate verwendet. Das ergäbe noch immer einen scharfen Kontrast zur Philosophie, deren Gegenstände allgemein und deren Begriffe allenfalls mittelbar anschauungsbezogen sind. Es würde aber zugleich bedeuten, dass poetische Rede als solche für die philosophische Reflexion gar nicht interessant sein kann. Der Philosophie selbst könnte es dann bestenfalls um das Begreifen der Differenz gehen. Jedenfalls wäre die These des Aristoteles nicht haltbar, dass die Poesie philosophischer und daher für die Philosophie interessanter sei als die Historiographie.

Doch Aristoteles verbindet seine These, wie oben ausgeführt wurde, mit einer Negation der These, dass die Poesie auf Einzelnes gehe und vor allem auf Anschaulichkeit der Darstellung abziele. Dieser Zug ist überraschend und interessant. Denn im Gegensatz zur Anschaulichkeitspoetik spricht Aristoteles der Poesie selbst offenbar eine bestimmte Art von Allgemeinheit zu. Die Poesie steht seiner Auffassung nach deswegen der Philosophie nahe, weil sie ebenfalls Allgemeines darstellt, „obwohl sie den Personen Eigennamen gibt"; d.h. sie stellt *Einzelnes als Allgemeines* dar. Das lässt durchaus Raum für anschauliche Darstellung. Es erklärt aber zugleich, warum Poesie philosophisch relevant sein kann. Poetische Mimesis kann durchaus auf Anschaulichkeit abzielen, und zwar nicht bloß akzidentell, sondern ihrer logischen Struktur gemäß. Sie muss aber immer auch mehr sein als bloß anschaulich. Übersetzt man *mimesis* mit ‚anschauliche Darstellung', dann bedeutet das, dass für die Philosophie an der Poesie nicht das Mimetische als solches, sondern die speziell poetische Mimesis interessant ist, und zwar sowohl im Hinblick auf ihre Themen und Gegenstände als auch im Hinblick auf den poetischen Gegenstandsbezug und die Darstellungsweise.

Beginnen wir mit dem letzteren, dem Gegenstandsbezug und der Darstellungsweise. Die obigen Betrachtungen hatten ergeben, dass poetische Mimesis ein Gattungsbegriff ist, unter den verschiedene Arten der Bezugnahme (exemplarisch, metonymisch, vage) und der Beschreibung (real, metaphorisch, hyperbolisch, ironisch) fallen. Exemplarische, metonymische und vage Bezugnahme sind Weisen, einen Gegenstand als Repräsentanten für etwas anderes,

Allgemeines zu thematisieren, und zwar relativ unabhängig davon, ob es sich um einen wirklichen oder fiktiven Gegenstand handelt.[82] Reale Beschreibungen sagen auf deutungsoffene Weise etwas über den Gegenstand aus, was entsprechend auch von den Gegenständen gilt, für die der Gegenstand der poetischen Rede stellvertretend steht. Metaphorische und hyperbolische Beschreibungen heben, anders als reale Beschreibungen, plakativ hervor, dass sie zu deuten sind, ebenso wie die subjektive Ironie. Objektive Ironie steht hingegen näher an der realen Beschreibung; sie ist nicht plakativ, sondern wird erst im deutenden Nachvollzug der Handlungsbeschreibung explizit.

Was die Themen und Gegenstände von Poesie angeht, so tritt sie in die Nachbarschaft der philosophischen Ethik, da das Allgemeine, welches sie darstellt, in die Sphäre des Ethischen, der menschlichen Lebensform gehört. Poetische Genres, die der theoretischen Philosophie nahe stehen, etwa Gedankenlyrik im Sinne Goethes[83] oder einige Richtungen der sprachkritischen so genannten konkreten Poesie sind aus noch zu erörternden Gründen im Feld der Poesie nicht zentral.[84] Poesie stellt die *conditio humana* dar, und sie tut es im Modus derjenigen deutungsoffenen Allgemeinheit, die hier als poetische Mimesis bezeichnet wird.

Nimmt man diese beiden Charakteristika von Poesie, ethische Thematik und deutungsoffene Allgemeinheit, zusammen, so ergibt sich, dass das Verhältnis von Poesie und Philosophie nicht darauf reduziert werden kann, dass die Poesie illustrative Beispiele für philosophische Thesen liefert. Dass sie das offensichtlich kann, liegt an der logischen Form poetischer Rede, die eine Rede über Einzelnes ist. Doch dieses Einzelne ist im poetischen Text selbst schon als Allgemeines aufgefasst und dargestellt. Der Gegenstand des poetischen Textes ist selbst schon in gewisser Weise theoretisch reflektiert. Deswegen sind poetische Beispiele nicht theoretisch neutral.

Eben daher ist Poesie für die Philosophie und insbesondere die Ethik eine immense Herausforderung. Denn sie zeigt dem philosophischen Denken ein ewiges Doppelgesicht. Einerseits scheint Dichtung in ihrer formalen und inhaltlichen Deutungsoffenheit nach philosophischer Deutung zu verlangen. Wenn daher Philosophen wie Schlegel, Hegel, Heidegger, Gadamer oder Foucault Werke der Dichtkunst philosophisch interpretieren, dann handelt es sich weder um eine philosophische Entmündigung der Kunst (Danto) noch um eine falsche Vereinnahmung aus mangelndem

Respekt vor der Autonomie der Poesie.[85] Die genannten Philosophen tun nur das, wozu poetische Texte auffordern: theoretische Auslegung. Andererseits scheint die Deutungsoffenheit der Poesie Bemühungen um eine philosophische Interpretation von vornherein zu entmutigen, da es scheint, als könne keine Interpretation eines poetischen Textes jemals abschließend sein, als ermutigten poetische Texte immer auch eine genau gegenläufige Auslegung ihrer selbst. Doch auch bei solchen poetischen Texten, bei denen dies nicht der Fall ist, bleibt fraglich, welches Niveau von Allgemeinheit dem auszulegenden Text angemessen ist.

So lässt sich erklären, wie der in der philosophischen Ästhetik verbreitete Eindruck einer prinzipiellen Inkommensurabilität von Poesie und Philosophie entstehen kann. Denn einerseits scheint es, als forderten sich poetische und philosophische, insbesondere ethische Texte wechselseitig. Poetische Texte handeln von Einzelnem, sind aber auf Allgemeinheit angelegt, wie sie unmittelbar als solche nur theoretisch ausgesprochen werden kann, nicht poetisch. Philosophische Theorien, insbesondere ethische, sind ihrerseits explizit allgemein, aber darauf angelegt, auf Einzelnes bezogen zu werden. Die Anwendbarkeit philosophischer Theorien auf Phänomene ist ihnen nicht akzidentell, sondern eine wesentliche Gelingensbedingung philosophischer Theoriebildung. Insofern scheinen poetische Texte das natürliche Komplement philosophischer, insbesondere ethischer Theorien zu sein. Poetische Texte scheinen dasjenige im Einzelnen anschaulich darzustellen, wovon philosophische Texte im Allgemeinen und diskursiv handeln. Die Aufgabe der Interpretation von Poesie wäre es demnach, Poesie und Theorie einander in den Fällen zuzuordnen, in denen die Komplementarität nicht ohnehin offensichtlich ist. Sie wären das vermittelnde Element zwischen theoretischer Allgemeinheit und anschaulicher Einzelheit.

Doch andererseits sperren sich poetische Texte notorisch gegen einfache Subordinationen. Sie illustrieren nicht einfach Theorien; was umgekehrt bedeutet, dass keine ethische Theorien sich umstandslos als ‚die Moral' eines poetischen Textes auffassen lässt. Für das Verständnis der Interpretation poetischer Texte folgt daraus, dass die Vermittlung zwischen Theorie und Poesie komplexer ist, als es ein Subordinationsmodell abbilden kann. Aber damit scheinen philosophisch orientierte Interpretationen von Poesie in eine manifeste Aporie zu steuern. Denn jede nur erdenkliche auf Allgemeines ausgerichtete Interpretation scheint durch die Deutungsoffenheit des Textes selbst entmutigt zu werden, obwohl der Text Auslegung verlangt. Diesem Problem kann eine Interpretation aber nicht dadurch entgehen, dass sie die Orientierung am Allgemeinen aufgibt. Denn so liefe sie Gefahr, einfach nur den Text selbst zu verdoppeln und sich überflüssig zu machen. Betrachtet man die Text-Interpretations-Relation vom Text aus, so ergibt sich dessen multiple Interpretierbarkeit (sei es auch bloß auf verschiedenen Niveaus von Allgemeinheit). Von der Interpretation aus betrachtet, ergibt sich deren prinzipielle Anfechtbarkeit und Revidierbarkeit, weil es ein belastbares Adäquatheitskriterium für die Interpretation von Poesie nicht geben kann.

Diese Aporie kann nicht einfach im Rekurs auf die ganz allgemeine Beobachtung erklärt werden, dass Phänomene im Prinzip niemals nur eine Theorie bestätigen, sondern viele und womöglich theoretisch unvereinbare. Sondern hier liegt etwas Spezielleres vor. Dass das Verhältnis von Poesie und philosophischer Theorie, und damit auch das Verhältnis von poetischem Text und Auslegung, so schwierig ist, liegt nämlich gerade daran, dass der poetische Text *schon theoretisch reflektiert* und *auf Allgemeinheit ausgerichtet* ist. Eben deswegen sind nicht beliebige konkurrierende philosophische Theorien auf literarische Texte anwendbar. Die immanente poetische Allgemeinheit schließt gerade die Anwendbarkeit mancher Theorien aus. Sie bedeutet zugleich, dass es sich die Vertreter einer Inkommensurabilitätsthese von Poesie und Philosophie zu leicht machen, da sie die Allgemeinheit und den theoretischen Gehalt poetischer Texte nicht berücksichtigen. Dass das Verhältnis zwischen Poesie und Philosophie schwierig ist, bedeutet nämlich nicht, dass es dergleichen eigentlich nicht gibt. Theoretische Auslegungen sind keine Gewaltakte. Poesie und Theorie sind wesentlich aufeinander verwiesen. Doch diese Zusammengehörigkeit ist nicht die von These und illustrierendem Beispiel, sondern eher die von These und Problemfall. Poesie ist eine Herausforderung für Philosophie.

Damit ist aber auch gesagt, dass die Deutungsoffenheit der Poesie die Idee der Interpretation mitnichten *ad absurdum* führt. Denn dass es kein allgemeines handhabbares Kriterium der Angemessenheit poetischer Interpretationen gibt, heißt nicht, dass die Unterscheidung zwischen angemessenen und nicht angemessenen Interpretationen leer wäre. Es bedeutet lediglich, dass kein vom Text unabhängiges Adäquatheitskriterium verfügbar ist. Der Text selbst nämlich ist das unhintergehbare Adäquatheitskriterium, an dem sich die Richtigkeit der Interpretation letztlich allein ausweisen kann.[86] Ferner ist deutlich, dass eine Interpretation nicht einfach darin bestehen kann, einen allgemeinen Gedanken oder eine Theorie auf einen poetischen Text anzuwenden. Vielmehr muss der Interpret bemerken, wie der Text einen Sachverhalt so beschreibt, dass Theorien in Schwierigkeiten geraten. So beschreiben objektiv ironische poetische Texte ein grundlegendes Problem aller Theorien des rationalen Handelns bzw. der praktischen Rationalität, da sie den Gedanken problematisieren, dass die Begriffe des rationalen und zielorientierten Handelns einerseits und des erfolgreichen Handelns andererseits eine wesentliche Einheit bilden. Wohl gemerkt, ein poetischer Text negiert diesen Zusammenhang nicht – das kann nur eine konkurrierende Theorie. Poetische Texte konkurrieren nicht mit philosophischen Theorien. Der objektiv ironische poetische Text führt vielmehr gleichsam einen Einwand vor, indem er einen Fall darstellt, der Vertretern einer solchen Theorie zu denken geben muss; jedenfalls dann, wenn der Text dem aristotelische Realismusprinzip genügt. Aber dieses Allgemeine zu finden, welches der Text problematisiert, also den richtigen theoretischen Zusammenhang zu finden, zu dem der Text ein Beitrag ist, bleibt Aufgabe des Interpreten bzw. des verstehenden Adressaten, des Lesers oder Hörers. An dieser Aufgabe scheitert so manche Auslegung. Denn einen poetischen Text in einen falschen theoretischen Zusammenhang zu rücken heißt eben, ihn falsch zu interpretieren.[87]

Kapitel 2: Künste als Darstellungsformen

1. Form als Gegenstand der Kunst

Ein poetischer Text kann mehrsinnig gedeutet werden, wie schon die antike und mittelalterliche Hermeneutik wusste. Die Lehre vom vierfachen Schriftsinn[1] stellt – vor allem dann, wenn man sie nicht zu schematisch liest – eine anspruchsvolle Theorie der Auslegung komplexer, deutungsoffener Texte dar, deren Reichweite keineswegs auf heilige Texte beschränkt ist, sondern sich auch auf Poesie erstreckt. Denn die meisten der Muster, die etwa aus der Exegese der Bibel bekannt sind, sind offensichtlich genauso für die Exegese poetischer Texte einschlägig. Die schematische Verwendung dieser Lehre macht deren übergreifende hermeneutische und damit auch poetologische Bedeutung dadurch unsichtbar, dass sie die vier Sinne, den buchstäblichen, allegorischen, moralischen und anagogischen, als vier distinkte Textbedeutungen behandelt. Damit scheint es, als seien der allegorische oder doktrinale und der anagogische oder eschatologische Schriftsinn Begriffe, die allein in den Kontext der Bibelexegese gehörten, so dass für alle übrigen Texte, einschließlich poetischer, bestenfalls zwei Sinne oder Auslegungsmöglichkeiten bestünden, der buchstäbliche und der moralische. Doch damit ist die Lehre vom mehrfachen Schriftsinn auch im Hinblick auf die Bibelauslegung unverständlich. Denn wären die vier Sinne oder Auslegungsmöglichkeiten logisch unabhängig voneinander, dann wäre es nicht nur der Willkür des Auslegers überlassen, in welchem Sinn er eine gegebene Schriftstelle jeweils interpretiert; es wäre auch die Art und Weise der Auslegung seinem Belieben überlassen. So aber kann die Hermeneutik des vierfachen Schriftsinns nicht gemeint sein. Sie muss vielmehr als Lehre von vier aufeinander aufbauenden *Sinnaspekten* oder *Auslegungsniveaus* eines und desselben Textes oder ein und derselben Textpassage aufgefasst werden.

Denn der allegorische oder doktrinale Schriftsinn einer Passage ergibt sich, sofern diese ihn überhaupt hat, aus ihrem buchstäblichen und nicht etwa unabhängig davon. Eine Passage allegorisch – im wörtlichen Sinn von: anders auslegend – zu deuten heißt, ihr eine allgemeine Bedeutung zuzuordnen, indem man einzelne Personen und Gegenstände, auf die der Text sich seinem Literalsinn nach bezieht, als Repräsentanten einer Art auffasst (Adam, wie es sein Name sagt, als Menschen schlechthin, Jerusalem als den Inbegriff oder die Idee der Polis) und das, was von ihnen in der Form zeitlicher Aussagen prädiziert wird, zeitallgemein zu deuten (die Sünde Adams als Aussage über die Sündhaftigkeit des Menschen, die Warnung an Jerusalem als Mahnung, dass jede politische Ordnung fragil ist). Die allegorische Auslegung als Verallgemeinerung des Literalsinns setzt diesen immer schon voraus. Wie eine Schriftstelle allgemein zu deuten ist, richtet sich ganz nach dem Literalsinn. Alle schon benannten Weisen der verallgemeinernden Deutung (exemplarische, metonymische oder vage Bestimmung des Redegegenstands; reale, hyperbolische, metaphorische oder ironische Sinnbestimmung) sind auch mögliche Kandidaten für die je passende Weise der allegorischen Interpretation.

Die moralische Auslegung bezieht die fragliche Schriftpassage auf den Ausleger selbst; sie beantwortet die Frage nach der moralischen Relevanz des Textes oder der Textpassage für seinen jeweiligen Adressaten (den Mythos vom Sündenfall als Hinweis auf die eigene Endlichkeit und Fehlbarkeit).[2] Es ist klar, dass eine solche Auslegung nur unter der Bedingung einer vorhergehenden allegorischen Deutung möglich ist. Denn die Frage, was ein Text ‚für mein Leben' bedeutet, setzt schon voraus, dass der Gegenstand, von dem der Text dem Literalsinn nach handelt, relevante Gemeinsamkeiten mit dem Adressaten aufweist. So muss ich Adam als Menschen auffassen, um die Geschichte vom Sündenfall als Gleichnis über meine eigene Konstitution als Mensch deuten zu können. Ohne allegorische Deutung bleibt die moralische bodenlos; erst die Allegorese erlaubt den Brückenschlag und macht so den Übergang vom Literalsinn zum moralischen Sinn explizit.

Der anagogische Textsinn ergibt sich nun zwanglos. Denn wenn der fragliche Text einen moralischen Sinn, also einen Sinn für mich als Ausleger hat, weil das, was der Text über seinen Gegenstand sagt, auch über mich gilt, dann ist – immer unter der Bedingung der relevanten Übereinstimmung – auch das, was über den Literalsinn des Textes hinaus von seinem Gegenstand gilt, auch für mich bedeutungsvoll. Wenn alle Menschen als endliche und fehlbare Wesen erlösungsbedürftig und erlösungsfähig sind, dann bedarf auch ich der Erlösung und kann auch ich erlöst werden. Der anagogische Sinn verknüpft den allegorischen mit dem moralischen. Alle drei setzen den literalen Sinn voraus. Wie man sieht, ruht in jedem Fall das ganze Gewicht der mehrfachen Auslegung auf dem allegorischen Sinn bzw. der allegorischen Auslegung. Dies gilt sowohl für solche Texte, deren Literalsinn, wie im Fall exemplarischer Bezugnahme und realer Beschreibung, relativ autonom ist, als auch für solche, deren Literalsinn, wie im Fall metonymischer oder vager Bezugnahme und hyperbolischer, metaphorischer oder ironischer Beschreibung, von sich aus nach Allegorese verlangt. Lediglich relativ autonom sind exemplarisch Bezug nehmende und real beschreibende Texte deswegen, weil poetische und heilige Texte gleichermaßen von Haus aus allegorisch auszulegen sind. Ihr Interesse für den Adressaten liegt eben darin, dass sie eine über das Gesagte hinausgehende allgemeine Bedeutung haben, „obwohl sie den Personen Eigennamen geben". Dass der Literalsinn im Falle exemplarisch-realer Deutungsoffenheit eine gewisse Autonomie besitzt, sagt daher nicht mehr, als dass die Möglichkeit mehrfacher Auslegung hier nicht so offensichtlich markiert ist, sondern im Text selbst unauffällig bleibt und sich lediglich aus dem Wesen der Textgattung ergibt. Die Möglichkeiten allegorischer Auslegung sind aber durch die schon benannten Dimensionen der Deutungsoffenheit des Sinns und der Bedeutung bestimmt.[3]

Die so in allgemeinen Umrissen erläuterte Lehre vom mehrfachen Schriftsinn stellt allerdings kaum mehr dar als ein Exegeseschema, welches in der Anwendung erst Reichtum und Komplexität entfaltet. Einige Hinweise mögen das verdeutlichen. Die bisherige Darstellung hat sich auf die Auslegung des Sinns und der Bedeutung einzelner Textausschnitte beschränkt. Sie ist anwendbar auf biblische Episoden wie den Sündefall, den Sieg Davids über Goliath oder auch die Tat des barmherzigen Samariters. Noch nicht berücksichtigt ist die jeweilige Einbettung solcher Passagen in den je besonderen Kontext. Vom Sündenfall wird in der *Genesis*, der biblischen Darstellung der Entstehung und des Aufbaus der Welt, erzählt, von Davids Kampf gegen den Krieger Goliath im 1. Buch Samuel, und die Geschichte des sich erbarmenden Samariters erzählt Jesus von Nazareth selbst seinen Jüngern im Lukasevangelium (Lk. 10). Diese drei Kontexte sind sehr verschieden.

Die Geschichte vom Sündenfall ist schon ihrer internen Struktur nach deutlich als Parabel markiert. Der Text nimmt vage auf seine Protagonisten Bezug, die Adam (Mensch) und Eva (die Belebte) heißen und damit zusammen als Typisierung des Menschen in seiner Zweigeschlechtlichkeit als Mann und Frau kenntlich gemacht sind. Entsprechend metaphorisch ist ihr Tun gekennzeichnet (Essen vom Baum der Erkenntnis). Der Text verlangt seiner inneren Struktur gemäß nach Allegorese.[4] Das gilt jedoch auch für den weiteren Kontext der *Genesis* überhaupt, die sich konsistent als Abfolge von Parabeln über ontologische Verhältnisse deuten lässt.[5] Ganz anders verhält es sich mit der Erzählung vom barmherzigen Samariter, der als einziger von drei Passanten einem am Weg liegenden Ausgeraubten und Verwundeten hilft. Diese Geschichte ist dem Literalsinn nach relativ autonom, da sie exemplarisch auf einen Protagonisten Bezug nimmt[6] und dessen Handeln real beschreibt. Die exemplarische Deutung dieser Geschichte, die im Lukasevangelium in einer Dialogsituation als Antwort auf die Frage eines Schriftgelehrten gegeben wird, wer denn sein Nächster sei, wird von Jesus selbst zusammen mit dem Schriftgelehrten unmittelbar im Anschluss an die Erzählung vorgenommen: „‚Welcher dünket dich, der unter diesen dreien der Nächste sei gewesen dem, der unter die Mörder gefallen war?' Er sprach: ‚Der die Barmherzigkeit an ihm tat.' Da sprach Jesus zu ihm: ‚So gehe hin und tue desgleichen!'" (Lk. 10, 36 f.)

Wieder anders steht es um die Schilderung des Kampfes zwischen David und Goliath. Die Erzählung mag zwar von einer ‚unerhörten Begebenheit' im Sinne der modernen Novellentheorie handeln, aber nichts darin deutet darauf hin, dass es erforderlich wäre, die Darstellung der Protagonisten als deutungsoffen aufzufassen. Auch der Kontext legt eine solche Auslegung nicht nahe, handelt es sich bei der Biographie Davids doch um einen Teil der Chronik des jüdischen Volkes, in der von der Eroberung Palästinas und der Errichtung und Festigung des Königreichs Israel berichtet wird. Erst der größere Zusammenhang des Alten Testaments, welches das Volk Israel als von Gott auserwählt kennzeichnet, legt es nahe, auch die einzelnen Abschnitte und die verschiedenen Protagonisten seiner Geschichte in allgemeiner Bedeutung zu sehen und die Chronik insgesamt exemplarisch zu deuten. Das Größenverhältnis von David und Goliath entspricht dann nicht mehr nur dem Zahlenverhältnis zwischen den beiden feindlichen Heeren, sondern dem Zahlenverhältnis zwischen den Angehörigen des jüdischen Volkes und seinen Feinden überhaupt.

Mit dem Neuen Testament ändert sich die Sichtweise noch einmal, da nun die Geschichte des Volkes Israel und seiner Angehörigen als exemplarisch für die Menschheit überhaupt aufgefasst wird. Erst in diesen beiden Weisen einer umfassenderen Sichtweise auf den biblischen Text ist der Ausleger eingeladen, der Geschichte vom Kampf Davids gegen Goliath noch eine weitere, allegorische Bedeutung zuzuschreiben. Seitdem konkurriert die mehr partikularistische Weise der Allegorese, die in der jüdischen Schriftauslegung dominiert, mit der universalistischen Weise, welche die christliche Exegese kennzeichnet.[7]

In dieser Betrachtung kommt zum ersten Mal ausdrücklich das bisher noch vernachlässigte Phänomen des Kontextes als einer Sinn bestimmenden Größe in den Blick. Da der Ausdruck ‚Kontext' aber in der Sprachphilosophie und darüber hinaus inflationär und terminologisch unklar gebraucht wird, schlage ich vor, stattdessen von der *formalen Einheit* des Textes zu sprechen. Die formale Einheit des Textes ist von dessen inhaltlicher Einheit wohl zu unterscheiden, welche im ersten Kapitel als Einheit des *mythos* oder der Handlung angesprochen wurde. Formale und inhaltliche Einheit müssen keineswegs zusammenfallen, wie schon Aristoteles selbst betont hat.[8] Im Falle schlechter Tragödien entspricht der formalen Einheit des Stückes keine Einheit des Inhalts oder der Handlung.[9] Allerdings lässt sich mit schlechten Exemplaren einer Art nicht ohne weiteres argumentieren, weil das Fehlen eines Zusammenhangs in einem schlechten Exemplar nicht den Schluss erlaubt, dass der Zusammenhang für die Art nicht wesentlich ist. Denn im Gegenteil behauptet Aristoteles ja, dass die Übereinstimmung von formaler und inhaltlicher Einheit ein Vollkommenheitsmerkmal der Tragödie wie der Poesie überhaupt ist. Aber diese Übereinstimmung setzt erstens die Differenz von formaler und inhaltlicher Einheit des Textes voraus, und zweitens muss Übereinstimmung nicht genaue Entsprechung heißen in dem Sinn, dass die Reihenfolge der Teile einer Handlung die Reihenfolge der Teile eines Epos oder einer Tragödie festlegte. Die Ordnung einer Erzählung oder sogar eines Dramas kann vielmehr von der Ordnung des *mythos* abweichen, z. B. indem wie in der *Odyssee* oder im *König Ödipus* Teile der Handlung durch Berichte nachgetragen werden, die zeitlich vorausliegen, oder sie kann elliptisch sein, wenn der Ausgang des *mythos* als bekannt unterstellt werden darf. Ein solcherart elliptisches poetisches Werk, welches nicht alle Teile der Handlung auch darstellt, kann nach aristotelischen Maßstäben durchaus ein vollkommenes Werk sein, jedenfalls dann, wenn das Prinzip der Einheit von Form und Inhalt – womöglich gegen den ersten Anschein – nicht verletzt wird.[10]

Allerdings kommt im Falle narrativer poetischer Texte, wie der homerischen Epen oder, in der hier gewählten Betrachtung, der Bibel, die formale Einheit in noch ganz anderer Weise ins Spiel als beim Drama, nämlich als *narrative Einbettung*. Zwar kann es auch im Drama *dialogische Einbettung* von relativ sinnautonomen Texteinheiten geben – etwa die Reflexionen Hamlets – aber die Bedeutsamkeit dieser Art von Einbettung kleinerer Sinneinheiten in größere spielt in narrativen Texten naturgemäß eine größere Rolle als in dramatischen. Zahlreiche der Gleichnisreden Jesu wie die Geschichte vom barmherzigen Samariter sind nur durch den Kontext als Gleichnisse und damit als allegorisch zu lesende Texte markiert.[11] Auf die Spitze getrieben wird das Spiel mit der narrativen Einbettung von Texten in Texte im neuzeitlichen Roman bei der Einbettung ganzer Novellen in den formalen Zusammenhang eines Romanganzen, etwa bei Cervantes, Potocki oder in Goethes *Wilhelm Meisters Wanderjahre*. Inhaltlich bringt die formale Einbettung einer kleineren formalen Texteinheit – z.B. einer Parabel oder Novelle – in eine größere – z.B. ein Epos oder einen Roman – eine Aufgabe für den Interpreten mit sich, nämlich die Beantwortung der Frage, was der Sinn der kleineren Einheit zum Sinn der größeren beiträgt. Aufgaben wie die, den Sinnbeitrag etwa der *Bekenntnisse einer schönen Seele* für den Roman *Wilhelm Meisters Lehrjahre* zu bestimmen, sind zentrale Anwendungsgebiete für die Lehre vom *hermeneutischen Zirkel* zwischen dem Verstehen eines Sinnganzen und dem Verstehen seiner Teile.[12] Zentral sind sie deswegen, weil die Teile hier, anders als in den üblichen Erläuterungen dieses hermeneutischen Problems,[13] selbst Ganze sind, Beschreibungen von Handlungen mit einem Anfang, einer Mitte und einem Ende. Als solche sind sie ihrerseits deutungsoffen hinsichtlich der Sinn- und Bedeutungsbestimmung. Als deutungsoffene Teile eines deutungsoffenen Ganzen tragen sie aber zur Bedeutung dieses Ganzen bei, wie umgekehrt das Ganze die Möglichkeiten begrenzt, seine selbständigen Teile auszulegen. Der autonome Text im Text *erweitert* auf deutungsoffene Weise die Auslegungsmöglichkeiten des Gesamttextes; der Gesamttext restringiert die Auslegungsmöglichkeiten des Teiltexts.[14] So bereichern die *Bekenntnisse einer schönen Seele* formal wie inhaltlich die in den *Lehrjahren* erzählte Geschichte des Wilhelm Meister von seinem Auszug aus dem Elternhaus bis zu seiner Verlobung. Zunächst zur inhaltlichen Seite: Der Beitrag der *Bekenntnisse* zur Romanhandlung ist die Aufklärung einiger der Beziehungen zwischen den verschiedenen Protagonisten. Die Autorin dieser Schrift ist zugleich die Tante Natalies, Wilhelms späterer Braut. Ihre Schrift löst einige Rätsel, vor denen Wilhelm und mit ihm der Leser zuvor gestanden hat. Das allein jedoch würde den Einschub dieses ziemlich umfangreichen Textes in ein ohnehin umfangreiches Romanganzes ästhetisch nicht rechtfertigen. Aber die *Bekenntnisse* haben auch das gleiche Thema wie der gesamte Roman: die Bildungsgeschichte einer Person. Die schöne Seele ist dabei das weibliche Gegenstück zu Wilhelm, und auch ihre Bildung vollzieht sich wesentlich als eine *éducation sentimentale* durch eine Abfolge mehr oder weniger erotisch aufgeladener Beziehungen. Zum Kontrast der Geschlechter tritt allerdings noch der Kontrast der religiösen Dimension. Religiöses Denken spielt für Wilhelms geistige Orientierung so gut wie keine Rolle, während sie für das gesamte Leben und Denken der schönen Seele, die von klein auf pietistisch geprägt ist und später unter den Einfluss des Grafen Zinzendorf und der Herrnhuter Brüder gerät, entscheidend ist. Was für sie die Religion ist, ist für Wilhelm die Poesie, vor allem die dramatische. Er versucht, vermittels des Theaters sich selbst zu bilden und Einfluss auf die Gesellschaft zu nehmen, wobei für ihn die Schauspieltruppe immer zugleich Modell der Gesellschaft im Ganzen ist. Politische Ambitionen sind der schönen Seele, die ihren Einfluss auf ihre nähere Umgebung, Verwandte, Nachbarn und Bedienstete, beschränkt, weitgehend fremd. Die *Bekenntnisse* spielen so im Romanganzen die Rolle einer Komplementärgeschichte zur Haupterzählung. Innerhalb der sonstigen, den gesamten Roman durchziehenden Erzählungen von Bildungswegen und Lebensläufen sind die Bekenntnisse nicht nur dem Umfang nach exponiert, sondern stellen auch etwas qualitativ davon Verschiedenes dar: die meisten der übrigen Geschichten sind entweder Geschichten des Scheiterns und Unglücks (der Melinas, des Harfners, Mignons, Aurelies) oder der erst beginnenden eigenen Orientierung (Thereses, Lotharios). Allein die schöne Seele ist ein Beispiel für einen insgesamt glücklichen Bildungsprozess. Nur die schöne Seele ist damit bei aller individuellen Differenz ein Muster für Wilhelms eigene Entwicklung.[15] Damit ist das sechste Buch des Romans, welches die *Bekenntnisse* enthält, eine paradigmatische Bildungsgeschichte, ein *Wilhelm Meister in nuce*. Diese Rolle wird durch den formalen Kontrast noch unterstrichen, der zwischen der Erzählform der Haupthandlung und der der *Bekenntnisse* besteht. Die Haupthandlung wird auktorial erzählt, ist detailliert und dialogbetont; die *Bekenntnisse* nach dem Muster der *confessio* oder Lebensbeichte augustinischer Prägung erstpersonal und in Form einer gedrängten Darstellung vor allem innerer, geistig-seelischer Entwicklung. So schillern die *Bekenntnisse* formal und inhaltlich zwischen Vorbild für und Gegenbild zu Bildung und Entwicklung Wilhelm Meisters. Um diesen schillernden Kontrast zu betonen, werden sie im Zuge der Romanhandlung nicht als mündliche Erzählung in einen Dialog eingebettet, sondern als eigene Schrift eingeführt, die Wilhelm zur Lektüre empfohlen wird.

Umgekehrt werden die Deutungsmöglichkeiten der *Bekenntnisse* durch ihre Einbettung in die Geschichte Wilhelms *beschränkt*. Denn innerhalb des Romans als umfassender formaler Einheit kann die Schrift nicht mehr dominant religiös-theologisch oder als pietistische Erbauungsschrift gelesen werden. Der existenzielle Ernst dieser Schrift wird durch die formale Einbettung wenn nicht konterkariert, so doch zumindest relativiert. Der religiöse Bildungsprozess der schönen Seele ist im Romanganzen nur *ein* wenn auch besonders markiertes Paradigma individueller Bildung. Formales Muster eines Bildungsprozesses schlechthin kann er nur sein, wenn man von den inhaltlichen Besonderheiten absieht, die gerade mit Person und Herkunft der schönen Seele verbunden sind. Damit muss aber zugleich von den Besonderheiten der religiösen Orientierung abgesehen werden, um die es der schönen Seele gerade geht. So durchkreuzt die Funktion der Einbettung der Bekenntnisse gerade deren immanente ‚Aussage'.

Allgemein gilt, dass sich Fragen wie die, was ein autonomer Teil eines Werkes zur Bedeutung des gesamten Werkes beiträgt, nicht ohne den Gedanken des Werkes als eines Sinnganzen oder einer bedeutungsvollen Einheit verstehen lassen. Selbst im absurden Drama, in dem die Regel, dass die Auslegung von Teilen auf die Auslegung des Ganzen zu beziehen sind, außer Kraft gesetzt zu sein scheint, wird der Zusammenhang der Teile mit dem Ganzen zumindest *ex negativo* schon in Anspruch genommen. Das gilt, um nur ein prominentes Beispiel zu nennen, für den ‚philosophischen Vortrag' Luckys im ersten Akt von *Warten auf Godot*, den dieser auf den Befehl „Denk!" seines Herrn Pozzo den beiden Vagabunden Wladimir und Estragon halten muss. Denn Luckys Monolog, eine Mischung aus Wissenschafts- und Existenzialismus-Parodie mit Nonsens und reiner Lautproduktion, ist gerade kein Beispiel für Denken oder einen Vortrag und nimmt auch in keiner Weise auf Handlung und dialogische Situation Bezug. Aber gerade darin ist er der Situation auf verquere Weise angemessen, da Pozzo, der den beiden weiteren Zuhörern versichert, Lucky habe „früher einmal sehr hübsch gedacht“, dessen Denken wie eine andressierte Zirkusnummer abrufen möchte. Entsprechend stellt er Wladimir und Estragon vor die Wahl, ob Lucky lieber singen, tanzen oder denken solle. Pozzos gesamtes Ansinnen passt zwar sehr gut dazu, dass er Lucky auch sonst wie ein störrisches Haustier behandelt – weswegen die beiden Vagabunden Lucky auch wie eine Bestie zugleich fürchten und bemitleiden –, steht aber im grotesken Widerspruch zum Inhalt des Befehls. Ein Haustier kann nicht denken, auch nicht auf Befehl. Mit seinem Anti-Monolog gehorcht Lucky auf eine subversive Weise und bestraft Pozzo durch seinen Gehorsam. Obendrein spricht er in wie gebrochenen und entstellten Andeutungen auch immer Themen an, über die Wladimir und Estragon auf ihre sprunghafte und assoziative Weise ebenfalls zu räsonieren pflegen, nämlich die *conditio humana*, das Verhältnis von Mensch und Gott, die Unausweichlichkeit des Todes und die Frage, wie Erlösung denkbar ist. Eine solche Lesart ebnet keineswegs in falscher Harmonisierung die radikale Differenz zwischen einem klassischen Dramenmonolog und der Tirade Luckys in einem der wichtigsten Stücke des absurden Theaters ein. Wohl aber weist sie darauf hin, dass die Idee der dramatischen Einheit auch noch in deren absurder Negation wirksam ist.

Eine radikale Variante, eine Spannung zwischen der Bedeutung eines Werkganzen und der Bedeutung sinnautonomer Teile zu erzeugen, ist ein Werkganzes, welches hauptsächlich aus autonomen Teilen besteht. In der narrativen Poesie wird diese Möglichkeit durch die Form des Novellenzyklus aktualisiert, und zwar schon in Boccaccios *Decamerone* und dann wieder in Werken wie Achim von Arnims *Wintergarten* oder in W.G. Sebalds *Die Ausgewanderten*. In der Romanliteratur nähert sich Goethes Spätwerk *Wilhelm Meisters Wanderjahre* am meisten dieser Formidee an. Ein Novellenzyklus ist qualitativ radikal verschieden von einer bloßen Novellensammlung wie Cervantes‘ *Exemplarischen Novellen*. Die Novellen in einem Novellenzyklus sind in sich abgeschlossen und entweder bloß thematisch oder durch Einbettung in einen minimalen narrativen Rahmen wie bei Boccaccio, in E.T.A. Hoffmanns *Serapionsbrüdern* oder bei Arnim miteinander verbunden. Anders als in einer Novellensammlung sind die Novellen in einem Zyklus aber bei der Auslegung aufeinander zu beziehen und bereichern und restringieren sich dabei hinsichtlich der Möglichkeiten ihrer

Auslegung wechselseitig; d.h., es gibt, anders als bei der Novelle-im-Roman, keine Deutungsasymmetrie zwischen Teil und umrahmendem Ganzen. Ein Novellenzyklus ist nur holistisch, nicht hierarchisch auslegbar. Allerdings sind Anordnung und Reihenfolge der einzelnen Novellen zum Ganzen des Zyklus durchaus deutungsrelevant. Das lyrische Pendant zum Novellenzyklus sind Gedichtzyklen wie die Sonettkränze und -zyklen in der Nachfolge Petrarcas, Shakespeares und Spensers, Werke wie Wilhelm Müllers *Winterreise* oder auch ein so monumentales Gesamtwerk wie Ezra Pounds *Cantos*.[16]

Durch solche Betrachtungen wird deutlich, wie bedeutsam die *Form* eines poetischen Textes für dessen Auslegung ist. Die Wichtigkeit der Form wird an Fällen, in denen die Gesamtform einer Komposition aus in sich relativ geschlossenen Teilformen besteht, besonders deutlich. Das Ganze ist hier kaum mehr als der formale Verweisungszusammenhang, innerhalb dessen die einzelnen Teiltexte aufeinander Bezug nehmen. Nun können Texte innerhalb eines solchen formalen Zusammenhangs sowohl inhaltlich als auch formal aufeinander Bezug nehmen. *Inhaltliche Bezugnahme* geschieht darüber, dass die Texte das gleiche allgemeine Thema darstellend variieren wie etwa Boccaccio im *Decamerone* oder Sebald in seinen Exilantengeschichten. Dadurch entsteht etwas, was man als panoptische Darstellung eines allgemeinen menschlichen Problems in mannigfaltigen Spielarten bezeichnen kann.[17] Diese Art der Bezugnahme ist auch der Bibel nicht unbekannt, etwa wenn Jesus eine ganze Reihe von Gleichnissen zu demselben Thema formuliert, z.B. der Ankunft des Reiches Gottes. *Formale Bezugnahme wird geleistet*, indem ein Teiltext die Form oder Teile der Form eines anderen aufgreift. Formale Bezugnahme ist in den Modi der Wiederholung, Variation oder Transformation möglich. Eine Form im Ganzen wird dann *wiederholt*, wenn ein Text in Aufbau und Struktur dem Muster eines anderen Textes entspricht. Um Form*variation* handelt es sich, wenn das Muster abgewandelt, ergänzt, vereinfacht oder kompliziert wird; um *Transformation*, wenn es in eine neue Ordnung eingegliedert wird. Die prägnantesten Beispiele für Formwiederholung, Formvariation und Transformation finden sich, was die Poesie betrifft, in der Lyrik. So ist die Durchsetzung der Stanze oder *ottava rima* als Strophenform in der italienischen Poesie des Mittelalters ein Beispiel für Verkettungen von Formwiederholungen von Boccaccio über Ariost bis zu Tasso. Das englische Sonett Spensers, Shakespeares oder Jonsons ist ein zentraler

Fall der Variation einer tradierten Form (des Petrarca-Sonetts), während Transformationen überall dort vorliegen, wo kleinere Formen zu Elementen größerer werden – wie die Stanze bei Ariost und Tasso zur Eposstrophe wird – oder umgekehrt aus größeren herausgelöst werden – wie das Quartett aus dem Sonett.

Für den hier diskutierten Beispielzusammenhang ist aber die formale Bezugnahme auf Teile der Form anderer Teiltexte relevanter. Das auffälligste Phänomen der Bezugnahme durch formale Wiederholung von Teilen ist das *Zitat*. Ein Teiltext kann einen Satz, eine Passage oder einen Vers aus einem anderen wiederholen und dadurch die inhaltliche Bezugnahme formal kennzeichnen. Als Zitat wird aber auch häufig das Aufgreifen inhaltlicher Elemente, z.B. eines bestimmten Motivs, einer Szene oder einer Figurenkonstellation, aus einem anderen Teiltext bezeichnet, obwohl in solchen Fällen eher inhaltliche Bezugnahme vorliegt, da diese Art der variierenden Bezugnahme gerade nicht mit einer Wiederholung von Textteilen einher geht. Beispiele für Letzteres finden sich allenfalls in den ‚einfachen Formen' (A. Jolles) der oralen Tradition, z.B. in Volksmärchen.[18] Prägnante Muster der Wiederholung, Variation oder Transformation von Formelementen liefert wiederum die Lyrikgeschichte, etwa die Fixierung oder Variation bestimmter Reimschemata oder den Einzug des Alexandriners in das barocke Sonett.

Formale und inhaltliche Bezugnahme auf andere poetische Texte ist ein allgegenwärtiges Phänomen in der Poesie. Entwickelt wurde sie hier zunächst an Beispielen für interne wechselseitige Bezugnahme der autonomen Teile eines Gesamttextes aufeinander. Doch von hier aus ist es kein großer Schritt zu dem Gedanken, dass poetische Texte sich nicht nur auf Welt, sondern auch auf andere poetische Texte beziehen können. Sie können dies zum einen inhaltlich, sei es durch explizite Nennung des Referenztextes, durch Zitat oder durch das Aufgreifen und Variieren bestimmter Figuren oder Konstellationen, zum anderen formal. Das Verständnis solcher Bezugnahmen setzt die Kenntnis des Referenztextes beim Leser oder Hörer voraus. Im Hinblick auf Möglichkeiten formaler Bezugnahme ist ferner zu unterscheiden zwischen der formalen Bezugnahme auf einzelne Texte und der auf ganze Klassen oder Gattungen. Eine fünfaktige Tragödie ordnet sich formal in die Gattung der Tragödie ein; sie nimmt aber qua Form nicht Bezug auf irgendeine bestimmte andere Tragödie. Anders steht es um solche Texte, welche die *formalen Besonderheiten* eines bestimmten anderen Textes übernehmen oder variieren – vorausgesetzt, die allgemeine Form lässt für Besonderheiten Raum. Solche Übernahmen oder Variationen sind sehr wohl Weisen formaler Bezugnahme auf Einzeltexte, wobei die bloß formale Bezugnahme auf einen Einzeltext selbst dann, wenn dessen besondere Form prägnant ist, eine sehr dezente Art des Verweisens ist. Typischerweise geht formale Bezugnahme auf Einzeltexte denn auch mit inhaltlicher einher, wie etwa in den Parodien Robert Neumanns, welche ihre Gegenstände, die Texte bekannter anderer Autoren, der Form wie dem Inhalt nach aufgreifen. Es gibt aber auch eine Art der eher globalen Bezugnahme auf ein gesamtes Textkorpus wie *die* Bibel, *den* Goethe oder, wie bei Borges, das ‚Universum der Bücher'. Die Kenntnis der zugehörigen Texte wird hier eher *grosso modo* als im Detail vorausgesetzt.

2. Sprachbilder

Lyrik ist kein reiner Textformbegriff. Der Begriff der Lyrik lässt sich nicht definieren als Gattungsbegriff über allen Arten metrisch gebundener oder wie sonst auch immer versartig strukturierter kurzer poetischer Texte. Die lyrische Form ist ein wesentlicher Aspekt lyrischer Texte. Aber versartig strukturiert sind auch das antike, mittelalterliche und neuzeitliche Epos und die antike und die klassizistische Tragödie. Kurz ist auch die Ballade; sie gehört aber eher zu den epischen Kurzformen als zur Lyrik. Doch anders als Epos oder Drama ist Lyrik als besondere *Weise der Rede* zu verstehen. Lyrische Rede ist *als Sprechakt* durch eine eigentümliche Reflexivität gekennzeichnet. Dieser wesentliche Formaspekt lyrischer Rede wird traditionell und völlig zu Recht als *lyrische Subjektivität* bezeichnet.[19] Lyrische Texte beschreiben nicht primär einen Sachverhalt, sondern bringen die Einstellung ‚des Dichters' oder auch einer lyrischen *persona* zu dem Sachverhalt zum Ausdruck. In Anlehnung an Karl Bühler haben Literaturwissenschaftler, Textlinguisten und Ästhetiker in diesem Zusammenhang auch davon gesprochen, dass in Lyrik die Ausdrucksfunktion der Sprache dominiere.[20] Damit kann allerdings nicht gemeint sein, dass Lyrik in besonderer Weise auf Inneres oder Psychologisches oder gar auf das autobiographische Bekenntnis des Dichters gerichtet wäre, wie es eine psychologistisch verengte Literaturwissenschaft im späten 19. und frühen 20. Jahrhundert sehen wollte.

Die Subjektivität eines Gedichts ist zunächst einmal die Subjektivität einer *persönlichen Haltung* zu einem bestimmten Sachverhalt. Das zeigt etwa folgende Stanze Edmund Spensers aus *The Fairie Queen*:

Let none then blame me, if in discipline
Of vertue and of civill uses lore,
I doe not forme them to the common line
Of present dayes, which are corrupted sore,
But to the antique use which was of yore,
When good was onely for it selfe desyred,
And all men sought their owne, and none no more;
When Justice was not for most meed out-hyred,
But simple Truth did rayne, and was of all admired.

Das Gedicht ist nicht unbedingt der Ort für die Mitteilung bestimmter Gefühle oder bloß subjektiver Gemütszustände, sondern häufig für eine poetologische Reflexion, hier für ein Bekenntnis zu einer ethischen Orientierung der Darstellung, welche ‚wie in der alten Überlieferung' das Gute als um seiner selbst erstrebenswert repräsentiert. Das Gedicht ist von Pindar über Schiller und Hölderlin bis zu Brecht immer wieder als ausgezeichnete Form für die theoretische Reflexion der eigenen dichterischen Tätigkeit begriffen worden. Dabei besteht der ästhetische Reiz der lyrischen Formung einer solchen Reflexion darin, dass die Dichtung die Möglichkeit eröffnet, diejenigen Eigenschaften gelungener Dichtung, von denen der Text handelt, entweder auch formal zu exemplifizieren[21] oder ein formales Äquivalent zum gedanklichen Gehalt zu finden. Ein Beispiel dafür liefert Spensers 75. Sonett:

One day I wrote her name upon the strand,
But came the waves and washed it away:
Again I wrote it with a second hand,
But came the tide, and made my pains his prey.

Vain man, said she, that doest in vain assay
A mortal thing so to immortalize,
For I myself shall like to this decay,
And eek my name be wiped out likewise.

Not so (quoth I), let baser things devise
To die in dust, but you shall live by fame:
My verse your virtues rare shall eternize,
And in the heavens write your glorious name.

Where whenas Death shall all the world subdue,
Out love shall live, and later life renew.

Das Sonett hat sich seit Petrarcas *Canzoniere* als ausgezeichnete Form der Gedankenlyrik erwiesen, da das komplexe und dennoch prägnante und übersichtliche Strophen-, Vers- und Reimschema wie dafür geschaffen scheint, eine dialektische Denkbewegung auch formal abzubilden, hier die verewigende Kraft der Poesie, ein Standardthema lyrischer Reflexion schon seit Pindars Tagen.

Doch die poetologische Reflexion ist nur ein Spezialfall lyrischer Subjektivität. Was ein Gedicht ausdrückt, können ebenso weltbezogene Reflexionen sein wie in Gryphius' Sonetten, die Paradoxien religiöser und theologischer Weisen, das Verhältnis von Mensch und Gott zu denken, wie im *Cherubinischen Wandersmann* des Angelus Silesius, oder eine Grundhaltung zum Leben im Ganzen. Wie man an Spensers Sonett sehen kann, kann auch und gerade Liebeslyrik ein geeigneter Rahmen für den lyrischen Ausdruck solcher Reflexionen sein. Doch ein grundlegendes Formparadigma lyrischer Reflexion ist weniger das Liebesgedicht als vielmehr das Gedicht, welches eigentlich ein in lyrische Form gekleidetes Gebet ist, der Psalm. Ein prägnantes Beispiel dafür ist der 23. Psalm aus dem biblischen Psalter, ein Psalm Davids (in Luthers Übersetzung):

> Der Herr ist mein Hirte; mir wird nichts mangeln.
> Er weidet mich auf einer grünen Aue und führet mich zum frischen Wasser.
> Er erquicket meine Seele; er führet mich auf rechter Straße um seines Namens willen.
> Und ob ich schon wanderte im finstern Tal, fürchte ich kein Unglück; denn du bist bei mir, dein Stecken und Stab trösten mich.
> Du bereitest vor mir einen Tisch gegen meine Feinde. Du salbest mein Haupt mit Öl und schenkest mir voll ein.
> Gutes und Barmherzigkeit werden mir folgen mein Leben lang, und ich werde bleiben im Hause des Herrn immerdar.

Dieser Psalm ist Ausdruck einer fundamentalen Zuversicht und Gelassenheit als Lebenshaltung, und zwar sehr viel weniger gebrochen als etwa der Klagepsalm 22 („Mein Gott, mein Gott, warum hast du mich verlassen?"). Dennoch werden gelassenes Lebensvertrauen und Zuversicht auch hier nicht einfach als gedankenloser Optimismus oder bloße Laune behauptet, sondern durchaus im Bewusstsein der Fragilität und Gefährdung menschlichen Lebens („im finstern Tal", „gegen meine Feinde"). Aber das Motiv der Gefährdung als eines hinzunehmenden Grundzugs der *conditio humana* bleibt angedeutet; die Ausführung ist nicht erforderlich. Eben deswegen galt der 23. Psalm schon immer als besonders tiefer Ausdruck von Religiosität als Gottvertrauen, nicht zuletzt wegen der Kürze, Prägnanz und Klarheit seiner formalen Gestaltung. Psalmen und Hymnen sind Grundformen der Lyrik, wie es jenseits der jüdischen und christlichen Dichtungstradition die entsprechenden Formen religiöser Lyrik sind. Das zeigt sich auch daran, dass vor allem der Psalter immer wieder zum Gegenstand formaler und inhaltlicher Bezugnahme geworden ist, so in der gesamten evangelischen Kirchenlieddichtung, aber besonders bei Paul Gerhardt und, in jüngster Zeit, in Leonard Cohens *Book of Mercy*, einem modernen Psalter.[22] Das 25. Gedicht daraus lautet wie folgt:

> My son and I lived in a cave for many years, hiding from the Romans, the Christians, and the apostate Jews. Night and day we studied the letters of one word. When one of us grew tired, the other would urge him on. One morning he said, 'I've had enough', and I said, 'I agree.' He married a beautiful girl, the daughter of one of our benefactors, grown from the child who brought us food in the night to the one of whom he waited all day, and they were blessed with children. My wife came back to me one strange afternoon, all changed, all lightened, and we opened a bookstall in Jerusalem, where we sold small bilingual editions of the Book of Psalms. My daughter appeared one day and said, 'I believe you have neglected me.' 'Forgive me,' I said, and her face shone with forgiveness. She married a goldsmith, a maker of ceremonial objects, bore children, and deepened the happiness of her parents. Every so often we gather ad midnight before the Wall, our family of little families. 'After all,' we say, 'the Romans do not eat flesh torn from a living animal, and the Christians are a branch of the tree, and the apostate Jews are still embraced by the Word.' We talk in this manner, we sing the time-honoured songs, and we compose new ones, as we are commanded:
>
> *Jerusalem of blood*
> *Jerusalem of amnesia*
> *Jerusalem of idolatry*
> *Jerusalem of Washington*
> *Jerusalem of Moscow*
> *Let the nations rejoice*
> *Jerusalem has been destroyed*

Der Text ist ein Prosagedicht,[23] in dem ein Abschnitt aus der Lebensgeschichte einer jüdischen Familie erzählt wird. Dabei handelt es sich um eine Geschichte der Versöhnung nach Verfolgung und Selbstisolation im Studium der Schrift: der Familienangehörigen untereinander, mit ihren Feinden außerhalb der Familie, den Römern, Christen und Apostaten und schließlich auch mit ihrem Schicksal. Diese Versöhnung wird durchaus als Widerfahrnis geschildert, das aber ermöglicht wird durch eine neue Haltung zur eigenen Religion und Tradition, die sich ihrerseits in der Aussöhnung mit der Welt stabilisiert. Zugleich wird dabei die eigene jüdische Religion erneuert und vertieft. So erzählt der Text von der

Veränderung einer religiösen Haltung; er hat damit das gleiche Thema wie die biblischen Psalmen, in denen es ja ebenfalls wesentlich um Haltungen geht: zu Gott, zur Endlichkeit und Fragilität der eigenen Existenz, zu Gefahren, die vom Hass anderer Menschen drohen. Doch obendrein wird der Psalter im Text eigens erwähnt, so dass die Bezugnahme durch explizite Nennung neben die formale und thematische Bezugnahme tritt. Die neue religiöse Haltung drückt sich im Gewerbe des Erzählers aus, der den Psalter in zweisprachigen Ausgaben vertreibt und so auch nicht des Hebräischen kundigen Lesern zugänglich macht. Ihren konsequenten Ausdruck findet die erneuerte jüdische Religiosität dann schließlich in der – gebotenen (commanded) – Neudichtung von Psalmen, von denen ein auf den ersten Blick besonders schockierender als Text im Text mitgeteilt wird. Das Jerusalem, dessen Zerstörung hier gefeiert wird, ist nicht das irdische Jerusalem, sondern die ‚himmlische Stadt' als partikulares und exklusives Pseudo-Ideal dieser oder jener Religion, Nation oder Ideologie. Dieses zerstörte Jerusalem steht damit allegorisch für die überwundene Haltung partikularistischer Religiosität, die den Geist ihres eigenen Glaubens im Versuch der Bewahrung und Reinhaltung in Wahrheit verrät und in sein Gegenteil verkehrt.

Allgemein wird bildhafter Sprachgebrauch häufig als ein Charakteristikum lyrischer Sprache angesehen. Mit Bildhaftigkeit ist dabei nicht einfach Metaphorik gemeint, sondern eine bestimmte Art von Metaphorik, nämlich die metaphorische Beschreibung eines Gegenstandes oder Sachverhalts mit Hilfe von Anschauungsprädikaten, die nicht buchstäblich darauf anwendbar sind. So wird der Gegenstand auf eine Weise anschaulich beschrieben, die erst dann verstanden werden kann, wenn begriffen ist, dass der fragliche Gegenstand ‚eigentlich' nicht so beschreibbar ist. Diese Beschreibung ‚verweist' den Hörer oder Leser dann auf den nichtanschaulichen ‚Gehalt' einer solchen Beschreibung. So ist der 23. Psalm im Grunde eine durchgehende anschauliche Metapher, die auf eine Analogie zwischen der Beziehung Gottes zur Sprecherpersona und der eines guten und fürsorglichen Hirten zu einem Tier aus seiner Herde verweisen soll. Buchstäblich sind Menschen keine weidenden Herdentiere. Und Gottes Fürsorge zielt nicht darauf ab, den Menschen schließlich zur Schlachtbank zu führen. Letzteres wird im letzten Psalmvers deutlich ausgesprochen. Umgekehrt werden Herdentiere weder gesalbt, noch wird ihnen ein Tisch bereitet. Anschauungsmetaphern bedürfen wie alle Metaphern zumindest potentiell immer der Auslegung. Dabei ist zu bestimmen, welche der Eigenschaften des Vergleichsgegenstandes auch dem Gegenstand der metaphorischen Beschreibung zukommen und welche nicht. Dabei muss der Vergleichsgegenstand nicht wie hier auch explizit genannt sein. Die Auslegung betrifft teils Folgerungen aus der Beschreibung selbst (in welchem Sinn schützt mich der Herr mit einem Hirtenstab?), teils das „System assoziierter Gemeinplätze" (Max Black)[24] im Hinblick auf den bildgebenden Bereich, aus dem der Ausleger dasjenige auswählen muss, was sich auf den beschriebenen Gegenstand beziehen lässt (Weidevieh ist weder wehrhaft noch aggressiv) und was nicht (Weidevieh ist dumm). Hier ist ein weites Feld für hermeneutisches Wohlwollen, da Metaphern und insbesondere bildhafte Metaphern breiten Raum für böswillige, nicht intendierte Auslegungen eröffnen. Gerade neuzeitliche Kritiker eines vermeintlich rationalitätsfeindlichen, autoritären, gehorsamsfixierten biblischen Menschenbildes berufen sich gern auf entsprechende Auslegungen des 23. Psalms. Eine metaphorisch anschauliche Beschreibung kann sich gegen solche Fehldeutungen gewissermaßen nicht selbst schützen; dies muss im Auslegungsdiskurs geschehen.

Nun ist Lyrik keineswegs der einzige Ort in der Poesie, an dem bildhafte Metaphern zu finden sind. Homers Epen und Shakespeares Dramen sind voll von solchen Metaphern. Geschickter Gebrauch der Metapher gilt schon bei Aristoteles als dichterische Grundkompetenz, die zwar durch Übung verfeinert werden, als Anlage aber schon vorhanden sein muss und nicht vollständig durch Unterricht erworben wird, anders als etwa die Metrik.[25] Dies gilt übrigens unbeschadet der Aristoteles bekannten Tatsache, dass Metaphern sich als Fragmente von Analogien verstehen lassen.[26] Denn erstens ist die schematische Konstruktion einer Metapher aus einer Analogie – ‚Achilles ist ein Löwe' aus ‚Achilles greift in der Schlacht seine Feinde so an wie der Löwe seine Jäger' – etwas ganz anderes als der gekonnte Gebrauch einer Metapher in einem poetischen Text. Zweitens, und wichtiger, ist der Gebrauch von Analogien seinerseits nicht schematisch lehr- und lernbar; denn er setzt das Erfassen von Ähnlichkeiten an Verschiedenem voraus. Anders als Merkmalsgleichheit ist Ähnlichkeit jedoch keine uniforme und schematisch beschreibbare Relation. Dies mag einer der Gründe dafür sein, dass einige Hauptvertreter des logischen Empirismus immer wieder versucht haben, den Begriff der Ähnlichkeit aus dem philosophischen Vokabular zu streichen.[27]

Allerdings scheint es, als seien Metaphorik und bildhafte Rede für Lyrik fundamental und nicht bloß ornamental, vielleicht im Gegensatz zu Epik und Dramatik. So kann ein Roman oder ein Drama ohne ein einziges Sprachbild dennoch ein guter Roman oder ein gelungenes Drama sein, während ein Gedicht ohne Sprachbilder eher zu den Grenzfällen der Gattung zu gehören scheint. Die entsprechende These zu begründen ist allerdings nicht ganz einfach. Für ein rein formalistisches Lyrikverständnis, welches das Lyrische ausschließlich als ein Bündel von Textformeigenschaften ansieht, ist sie in keiner Weise einholbar. Denn ein solches Verständnis kann einen gattungskonstitutiven Gebrauch von Sprachbildern und anderen Metaphern nicht von einem bloß ornamentalen unterscheiden. Ebenso wenig vermag dies eine am rhetorischen Effekt orientierte Poetik und Ästhetik, wie sie die Kunsttheorie vor allem im französischen Klassizismus dominiert.[28] Denn sie neigt dazu, Sprachbildern, Metaphern und sonstigen rhetorisch-poetischen Tropen an sich bestimmte Effekte zuzuschreiben, unabhängig davon, um welche Sache es im Textzusammenhang geht. Damit überschätzt diese Art von Wirkungsästhetik ebenso wie der Formalismus die Kraft des einzelnen sprachlichen Ausdrucks auf Kosten des Zusammenhangs und der Bedeutung.

Der Gebrauch von Sprachbildern kann nur dann als lyrikkonstitutiv erfasst werden, wenn er im Zusammenhang mit dem gesehen wird, was das Wesen der Lyrik ausmacht. Als solches wurde oben die lyrische Subjektivität ausgewiesen, also die im Gedicht selbst zum Thema gemachte Haltung des lyrischen Subjekts zu einem Gegenstand oder Sachverhalt. Daraus ergibt sich der dominant *expressive Charakter* der Lyrik. Doch es gehört zu den Grundgedanken nicht nur der Bühlerschen Sprachlehre, sondern der meisten Theorien expressiven Sprach- und Zeichengebrauchs, dass die expressive Sprachfunktion mit der appellativen einher geht, dass also Ausdruck und Appell im Feld des Expressiven eine wesentliche Einheit bilden. Indem ein Sprecher seine Haltung zu einem Gegenstand oder Sachverhalt zum Ausdruck bringt, appelliert er in gewisser Weise an den Hörer, die gleiche Haltung anzunehmen wie er. Allerdings ist es notorisch schwierig, passende Einsetzungen für den Platzhalter ‚in gewisser Weise' zu finden. Denn *die expressive Kraft* einer Äußerung entfaltet sich typischerweise nur dann, wenn sie nicht mit der expliziten *Aufforderung* verbunden ist, eine bestimmte Haltung einzunehmen oder sich einer bestimmten Sichtweise anzuschließen. Auch die These, expressiver

Sprachgebrauch sei gewissermaßen eine Einladung oder „Verlockung zur Übernahme" einer Haltung oder Sichtweise,[29] leidet an einer entsprechenden Unklarheit. Ausdrücke wie ‚Einladung' oder ‚Verlockung' klingen zwar freundlicher als ‚Aufforderung', verschleiern das fragliche Phänomen jedoch eben dadurch beträchtlich. Denn der expressiven Kraft eines sprachlichen Ausdrucks korrespondiert eine affektive Wirkung auf Seiten des Hörers, welche in derlei unklaren metaphorischen Beschreibungen unterschlagen wird. Das verführt emotivistische Ästhetiker dazu, sich die appellative Kraft expressiver Rede als eine Art von Gefühlsansteckung zu denken.[30] Ansteckungstheorien der expressiven Kraft zu Folge rührt die affektive Wirkung des Expressiven daher, dass der expressive Ausdruck die Gefühle und Affekte des Sprechers als eine Art Subtext oder psychische Schwingung – Stevenson spricht auch vom ‚Magnetismus' der Expression – zum Hörer transportiert, in dem die Äußerung dann als eine Art Resonanzphänomen die gleichen oder ähnliche Gefühle und Affekte auslöst. Diese psychoenergetische Theorie des Expressiven ist schon in sich schwer verständlich, nicht zuletzt deswegen, weil sie nicht erklären kann, wie gerade ein sprachlicher oder anderweitig symbolischer Ausdruck eine solche affektive Energie transportieren kann. Wenn der Ansteckungstheoretiker nun auch noch zugesteht, dass die durch den Ausdruck transportierten Affekte nicht solche sein müssen, denen der Sprecher im Moment der Rede tatsächlich ausgesetzt ist, sondern dass es sich auch um vorgetäuschte, gespielte oder einfach um dargestellte Affekte handeln kann, – und zu diesem Zugeständnis nötigen ihn die Phänomene – dann erhöht das ebenfalls nicht die Plausibilität der Ansteckungstheorie. Denn wenn die affektive Ansteckung nicht vom Sprecher ausgehen muss, sondern von seiner Äußerung selbst auszugehen scheint, dann heißt das offenbar, dass der Ansteckungstheorie zu Folge die Äußerung selbst als affektbeladen gedacht werden müsste. Äußerungen haben aber keine Affekte. Angesichts dieser Schwierigkeiten wurden abgeschwächte Versionen der Ansteckungstheorie entwickelt, die als kausale Theorien der expressiven Kraft bezeichnet werden. Ihnen zu Folge besitzen expressive Äußerungen die Kraft, Adressaten auf eine bestimmte Weise zu affizieren, ohne selbst Träger von Affekten zu sein. Die kausale Kraft, Gefühle auszulösen, wird hier als ästhetische Eigenschaft *sui generis* ausgegeben.[31] Das heißt aber nichts anderes, als dass darauf verzichtet wird, die expressive Kraft von Äußerungen zu verstehen. Die kausale Theorie der expressiven

Kraft behauptet dann lediglich, dass expressive Äußerungen affektive Wirkungen haben können. Das ist unstrittig, aber nicht ausreichend.

Bewahrenswert am ästhetischen Emotivismus ist aber trotz aller Einwände erstens, dass er die Möglichkeit expressiver Äußerungen überhaupt in den Blick nimmt, zweitens, dass er den Zusammenhang von Ausdruck und Appell als Zusammenhang von expressiver Kraft und affektiver Wirkung thematisiert.[32] Dass er diesen Zusammenhang selbst in keiner seiner Spielarten klären kann, liegt ganz wesentlich daran, dass der Emotivist meint, mit einem vagen Allgemeinbegriff wie Emotion bzw. Gefühl auszukommen. Wenn Georg Bertram daher mit Blick auf ästhetischen Emotivismus und Expressivismus schreibt, dass „die Rede von ‚Gefühlen' etwas eng" sei und dass man neben Gefühlen auch „Eindrücke, Erlebnisse oder Erfahrungen des Künstlersubjekts" und dann auch des Adressaten berücksichtigen müsse,[33] dann ist das noch allzu vorsichtig ausgedrückt. Denn das Problem des Gefühlsbegriffs ist weniger die Enge als vielmehr, ganz im Gegenteil, die mangelnde Spezifik. Denn Kennzeichen des Emotivismus ist vor allem ein ungeklärt weiter Begriff des Gefühls, der beispielsweise nicht zwischen Affekten, Stimmungen und Haltungen zu unterscheiden erlaubt. Entsprechend ist der Emotivist außer Stande, so etwas wie eine *Ordnung der Gefühle*, des Gefühlsausdrucks und der Affektion durch Ausdruck zu bestimmen. Eine solche Ordnung bringt der Begriff der *hexis* oder Haltung in das Feld des Affektiven und Gefühlsmäßigen.[34]

Eine Haltung ist eine stabile Einstellung zu einer Sache, sei dies ein einzelner Gegenstand oder Sachverhalt oder etwas Allgemeines. Haltungen sind durch Gründe bestimmt und durch Gründe zu bestimmen. Die ablehnende Haltung einem singulären oder generischen Gegenstand oder Sachverhalt gegenüber gründet in der Überzeugung, dass der Gegenstand oder Sachverhalt schlecht ist; entsprechend verhält es sich mit affirmativen und indifferenten Haltungen. Lässt sich eine Person überzeugen, dass eine Sache, die sie für schlecht gehalten hat, in Wahrheit nicht schlecht ist, dann verändert dies die Haltung der Person zu der fraglichen Sache. Haltungen sind vernunftbestimmt und deshalb durch Gründe geleitet.[35] Insofern besteht ein begrifflicher Nexus zwischen den Begriffen der *Haltung* und der *Vernunft*. Offensichtlich besteht aber auch ein Nexus zwischen den Begriffen der *Haltung* und der *Handlung*. Denn welche Haltung eine Person einer Sache gegenüber hat, zeigt sich in ihrem Tun. Handlungen sind Ausdruck von Haltungen, und zwar auch dann, wenn die Person keine feste Haltung einer Sache gegenüber hat. Ihre unsichere Haltung zeigt sich dann ebenfalls in ihrem Tun.[36] Ferner, und abschließend, ist der Begriff der *Haltung* auch mit dem der *Passion* bzw. des *Gefühls* verbunden. Feste Haltungen zu bestimmten Gegenständen oder Sachverhalten gehen mit angemessenen Gefühlen oder, wie man traditionell zu sagen pflegt, Leidenschaften einher, wie sich umgekehrt gefühlsbegleitete Erfahrungen mit bestimmten Gegenständen und Sachverhalten zu entsprechenden Haltungen diesen gegenüber verfestigen können. Der passionierte Lyrikleser ‚liebt', z.B., Eichendorff, ‚hasst' Hesse, ‚misstraut' Benn oder ‚verehrt' Donne. Die mit Haltungen verbundenen Passionen oder Leidenschaften zeigen sich nicht zuletzt in den Gefühlen im engeren Sinn, d.h. den Affekten, welche die aktuale Konfrontation mit dem Objekt der entsprechenden Haltung bewirkt, z.B. Freude, Ärger, Unbehagen oder Ergriffenheit.[37] Auf diese Weise ist Haltung auch ein Prinzip der Ordnung und Kontrolle von Gefühlen: der Ordnung, sofern Gefühle aus Haltungen hervorgehen wie die Freude aus der Liebe oder die Wut aus dem Abscheu; der Kontrolle, sofern instantane affektive Reaktionen durch eingeübte Haltungen so gemäßigt werden können, dass sie sich nicht im Verhalten zeigen. Der erworbene Habitus der Affektkontrolle wird traditionell als die Tugend der Besonnenheit (sophrosyne, temperantia) bezeichnet. Diese Rolle können *habitus* oder Haltungen aber nur spielen, weil sie vernunftgeleitet und deshalb durch Gründe zu beeinflussen sind. Zugleich lassen sich Haltungen aber durch expressive Äußerungen mobilisieren und modifizieren.

Wie das möglich ist, vermag gerade ein Blick auf Sprachbilder und andere Metaphern zu erhellen. Sprachbilder mobilisieren Haltungen. Wie sie das tun, zeigt die rhetorische Struktur ihres Gebrauchs.[38] Schauen wir noch einmal auf Psalm 23. „Der Herr ist mein Hirte", ist eine Metapher, und die auf diesen Eingangsvers folgenden Passagen gestalten diese Metapher zu einem Sprachbild aus. Metapher und Bild sind aber nicht wertneutral, sondern evaluativ beladen.[39] Der Hirte ist seinen Schafen eine gute, schützende und vorsorgende Macht. Die Metapher drückt also, indem sie sagt, dass Gott „mein Hirte" ist, zugleich aus, dass Gott mir eine gute, schützende und vorsorgende Macht ist. Daraus folgt, dass ich Grund habe, mich in seiner Obhut geborgen und sicher zu fühlen. Am Beispiel des Psalms lässt sich nun der Zusammenhang der so verstandenen expressiven Kraft der Hirtenmetapher – nämlich als Ausdruck der Haltung des Sprechers zu Gott – mit ihrer appellativen Kraft in gewisser Hinsicht besonders einfach verstehen. Denn der Psalm ist ein geformtes Gebet. Es liegt aber in der Logik eines solchen Gebets, dass es vom Hörer mitgesprochen und übernommen werden kann. Der Sprecher ist hier ein exemplarischer Beter; jeder kann an seine Stelle treten. Dennoch bleibt die lyrische Subjektivität durch den Gebrauch des ‚Ich' gewahrt, anders als etwa im Vaterunser, welches rhetorisch alle Subjektivität hinter das Wir der kollektiv betenden Gemeinde zurücktreten lässt. Aber die lyrische Subjektivität hängt nicht allein vom Gebrauch des Personalpronomens ‚ich' ab, sondern entfaltet sich ganz erst in der Ausgestaltung der Hirtenmetapher zu einem anschaulichen Sprachbild. Das im Psalm gezeichnete Bild der sicheren Führung, des Schutzes und der Geborgenheit auch in der Gefahr, welches als Ausführung der Hirtenmetapher nahe liegt, ist anschaulich, indem es anschauliche Vorstellungen evoziert, etwa die des „finsteren Tales", die unschwer als Synekdoche für die unheimlichen, gefährlichen oder bedrückenden Situationen des Lebens zu deuten ist, oder die Bilder des rechten Weges und des vollen Kruges.[40] So wird die Hirtenmetapher expressiv, indem sie veranschaulicht, was die subjektive Haltung des Gottvertrauens ausmacht.[41] Das Bild steht für etwas, was selbst nicht anschaulich ist, nämlich eine innere Haltung – im Gegensatz zu bzw. unabhängig von ihrer äußeren Manifestation in einem entsprechenden Handeln. Der Psalm als das hier gebrauchte Paradigma lyrischer Sprachbildlichkeit liefert so zugleich ein schlagendes Beispiel für eine metaphorische ‚Sprache der Seele', d.h. einer Sprache für Haltungen, Gefühle und Stimmungen, die sich sehr wohl begrifflich bestimmen, aber ohne Metaphorik kaum beschreiben lassen. Denn eine Haltung, ein Gefühl oder eine Stimmung zu beschreiben ist etwas anderes, als die Gründe, Ursachen und Handlungsfolgen einer solchen seelischen Verfassung darzustellen.

Doch die eigentümliche expressive Kraft einer solchen anschaulichen metaphorischen Darstellung von Seelischem ist selbst letztlich appellativer Natur.[42] Die expressive Metapher macht eine bestimmte seelische Verfassung verständlich, indem sie an Erfahrungen des Hörers oder Lesers mit solchen Situationen und Gegenständen wie den innerhalb des Sprachbildes beschriebenen appelliert. Das Bild entfaltet dann seine Expressivität, wenn der Hörer oder Leser sich an die entsprechenden Erfahrungen erinnert.

Diese Erinnerung ist aber zugleich eine Erinnerung an die eigenen Gefühle und Stimmungen in Situationen, wie die Metapher sie beschreibt. Die Evokation eigener Erfahrungen des Hörers oder Lesers ist immer auch eine Evokation solcher Gefühle und Stimmungen. Über den Umweg der Metapher wird so die Seelenverfassung des lyrischen Subjekts verständlich und ‚nachfühlbar'.

Die Metapher ist so der Weg zur ‚Einfühlung', und nicht etwa umgekehrt die Einfühlung der Weg zum Metaphernverstehen, wie es die psychologische Einfühlungshermeneutik des späten 19. Jahrhunderts meinte.

Das heißt aber auch, dass das Verstehen von Sprachbildern erfahrungsabhängig ist. Wer keinerlei Situationen und Lebenslagen kennt, die denen gleichen oder ähneln, welche im Sprachbild vorkommen, der kann das Sprachbild nicht verstehen, und der expressive Appell des lyrischen Bildes verfehlt seine Wirkung. Dies aber gilt allgemein, ganz unabhängig von der besonderen Appellstruktur eines Psalms, Hymnus oder eines sonst wie formalisierten Gebets. Auf diese Weise wird verständlich, wie Expression und Appell im lyrischen Sprachbild Hand in Hand gehen.

Sprachbilder können die Haltung eines Hörers oder Lesers aber auch modifizieren. Am Beispiel des Psalms wäre dies etwa dort der Fall, wo der Angesprochene Gott nicht wie einen guten Hirt sieht, sondern eher wie einen gnadenlosen Richter oder auch wie einen launischen Tyrannen. Einem solchen Hörer oder Leser tritt der Psalm als expressiver Appell gegenüber, seine Haltung zu Gott zu ändern, Gott nicht zu fürchten, sondern zu lieben und ihm zu vertrauen. Auch dieser Appell setzt voraus, dass der Hörer oder Leser das expressive Sprachbild versteht. Ebenso steht es mit einem Adressaten, welcher gar keinen Begriff von Gott hat und folglich gar nicht weiß, welche Vorstellung er sich von Gott machen soll. Einer solchen Person sagt das Sprachbild sowohl, auf welche Weise er sich Gott vorstellen soll, als auch, wenn auch implizit, welche Haltung er Gott gegenüber einnehmen soll. Dieser implizite Appell ist wirkungsvoll dadurch, dass er nicht ausgesprochen, sondern von der expressiven Kraft des Bildes allein getragen wird.

Nun gibt es, gerade in der modernen Lyrik, einen großen Bereich von Werken, in denen weder das Pronomen ‚ich' noch der expressive Gebrauch von Metaphern eine allzu markante Rolle zu spielen scheinen. Pounds *Cantos* sind vielleicht kein besonders geeignetes Beispiel, weil sie nach dem Vorbild Dantes epische und lyrische Formen verknüpfen. Aber man denke nur an Benns frühe

Gedichte wie den *Morgue*-Zyklus oder *Nachtcafé*, Durs Grünbeins Juvenal-Hommage *Nach den Satiren*[43] oder an die sprachexperimentelle Lyrik Ernst Jandls. Gerade die extreme Heterogenität dieser drei Autoren lyrischer Texte ist für den hier interessierenden Zusammenhang instruktiv. Benns frühe Gedichte führen eine Haltung ebenso vor wie Grünbeins oder Jandls Texte. Benn, durch die Drastik der Beschreibung, gegenüber dem Tod, dem Leiden, der Hinfälligkeit und physischen Hässlichkeit als Teil menschlichen Lebens. Jandl eher gegenüber den Möglichkeiten, über Sprache zu sprechen. Bei Grünbein sind die Verhältnisse insofern komplizierter, als er sich auf einen anderen Dichter bezieht, der in seinen *Satiren* seinerseits eine durchaus entschiedene Haltung zu politischen und sittlichen Verhältnissen zum Ausdruck bringt. Hier handelt es sich um Poesie über Poesie, die teils Juvenal nachahmt, teils auslotet, inwiefern sich dessen poetisches Verfahren auf die Gegenwart des späten 20. Jahrhunderts anwenden lässt, und zwar im Bewusstsein der Unvergleichlichkeit der kulturellen und politischen Verhältnisse. In gewisser Weise wird so die Mehrdeutigkeit des Titels *Nach den Satiren* ausbuchstabiert. Insgesamt sind hier die formalen Verhältnisse lediglich weniger unmittelbar expressiv als in klassischer Lyrik, nicht aber dem Wesen nach anders. Der Zusammenhang von lyrischer Subjektivität und Metaphorik ist in allen drei Fällen sehr viel indirekter und vermittelter als in den Psalmen des alten Testaments, bei Walther von der Vogelweide, Spenser oder Donne. Benns und Grünbeins Metaphorik sind eher objektiv-beschreibend als expressiv, gewissermaßen eher episch als lyrisch, und Jandls Lyrik ist überhaupt nicht in einem gewöhnlichen Sinn metaphorisch. Man betrachte nur das Gedicht *wanderung*:[44]

vom vom zum zum
vom zum zum vom
von vom zu vom
vom vom zum zum
von zum zu zum
vom zum zum vom
vom vom zum zum

und zurück

Nicht alle Texte Jandls bleiben derart ausschließlich sprachimmanent, aber eine Tendenz seines gesamten Schaffens zeigt sich hier besonders deutlich. Man kann *wanderung* als sinnfreies reines Spiel mit Sprachlauten auffassen, welches von der komischen Verdoppelung und Wechselumstellung der Laute ‚vom' und ‚zum' lebt. Die Lautqualität dieser und anderer Texte Jandls erklärt wohl seine anhaltende Attraktivität für Jazzmusiker. Aber der Text ist keineswegs sinnfrei; als Thema hat er die Präpositionen der Richtung ‚von' und ‚zu', die hier selbst zu Orten hypostasiert werden, zu Start- und Zielpunkten der Etappen einer Wanderung. Es ist gleichsam eine Wanderung durch die sprachliche Ordnung der Bezugnahme auf Orte. Die Präpositionen, mit denen wir uns sprachlich auf Orte und Gegenden im Raum beziehen, werden selbst zu Gegenden im Raum der Sprache, und das Gedicht führt eine Bewegung im sprachlichen Raum vor. Daraus, dass Jandls Gedicht keine Metaphern im üblichen Sinn enthält, folgt also nicht, dass es frei von Tropen wäre. Im Gegenteil, das Gedicht führt eine sprachliche Hypostasierung vor; Hypostasierungen sind jedoch Grundoperationen der Allegoriebildung. Dazu unten mehr. *Wanderung* ist eine Allegorie auf die Sprache über räumliche Verhältnisse. Das Gedicht lebt vom Minimalismus der Selbstbezüglichkeit. Seine Komik bezieht es daraus, dass es nichts weiter tut, als die beiden räumlichen Verhältniswörter ‚von' und ‚zu' in ein räumliches Verhältnis zu bringen, also auf sich selbst anzuwenden. Dabei gehorcht sein Aufbau einer strengen Symmetrie, auf die der Schlussvers ‚und zurück' diskret hinweist.

Was die lyrische Subjektivität angeht, so ist sie bei allen drei hier gewählten Beispielgruppen für moderne Lyrik sehr zurückgedrängt, aber keineswegs ganz getilgt. Denn weder Benns noch Jandls oder Grünbeins Gedichte können anders verstanden werden denn als Sprechhandlung eines Sprechers, der lyrischen Persona. Deren Subjektivität wird nicht eigens thematisch, sondern drückt sich in der bloßen Performativität des lyrischen Sprechaktes aus – bei Jandl ganz buchstäblich auch im leibhaftigen, persönlichen Vortrag der eigenen Texte. Entsprechend zurückgenommen ist der Ausdruck einer eigenen Haltung: bei Benn einer melancholischen Distanz zum menschlichen Leben, bei Jandl einer minimalistischen Konzentration auf bestimmte Strukturelemente von Sprache, bei Grünbein der distanzierten Reflexion der politischen Haltung eines antiken Klassikers. Jandl und Grünbein führen dabei – bei allen sonstigen Unterschieden in dieser Hinsicht übereinstimmend – vor allem eine poetische Haltung vor. Es sind Gedichte über das Dichten, Reflexionen auf ein poetologisches Programm.

3. Bildsprache

In einem weiten Sinn sind poetische Texte als solche wesentlich allegorisch, also mehrfältig deutbar. Allegorisch im engeren Sinn sind hingegen nur solche Texte, in denen hypostasierte Gegenstände dargestellt werden.[45] Hypostasierungen sind Erzeugungen von Gegenständen-der-Anschauung für solche Begriffe, die eigentlich gar keine Gegenstände der Anschauung bezeichnen, also abstrakte Begriffe (z. B. ‚Röte' oder ‚Tapferkeit') und ‚Titelwörter' (P. Stekeler-Weithofer) wie ‚Gerechtigkeit' oder ‚Gesundheit'. Titelwörter sind abstrakte Begriffe auf einer komplexen Abstraktionsbasis. Es gehört nämlich zu den Sinnbedingungen von Titelwörtern, dass sie weder artbildend noch unmittelbar anschaulich zu repräsentieren sind. Solche Termini beziehen sich nämlich, anders als einfachere abstrakte Begriffe wie Röte, Ausdehnung oder Tapferkeit, weder einfach auf Eigenschaften noch auf Prozesse, sondern eher auf ein verzweigtes Netz relevanter Unterscheidungen. So steht der Ausdruck ‚Gesundheit' als Titel über Termini wie ‚gesund', ‚krank', ‚Erkrankung', ‚Genesung', ‚Arzt' und ‚Medizin' und deren Spezifikationen; der Ausdruck ‚Gerechtigkeit' umfasst Begriffe wie ‚Recht', ‚Unrecht', ‚Gesetz', ‚Schuld', ‚Vergeltung', aber auch ‚Legitimität' und ‚Illegitimität'.[46] Hypostasierungen sind sekundäre Gegenstandsbildungen, Erfindungen von Gegenständen, die im Rahmen einer Darstellung den entsprechenden Begriff als *Namen* tragen. Hypostasiert werden können abstrakte Begriffe und Titelwörter auf zweierlei Weise: durch Personifikation oder durch Reifikation. Durch Personifikation wird aus der Gerechtigkeit die Justitia und aus der Freiheit die Frau Libertas,[47] durch Reifikation aus der Urteilskraft die Waage und aus dem Schicksal das Füllhorn der Fortuna. Schematisch betrachtet wird, erstens, ein Begriff nominalisiert, also in einen abstrakten Namen umgeformt, dem dann, zweitens, durch Hypostasierung ein sekundärer Namensträger zugeordnet wird, ein abstrakter Gegenstand, der als fiktives Individuum vorstellbar ist. Dieses fungiert dann als Allegorie des korrespondierenden abstrakten Begriffs oder Titelworts. Doch schematisch ist eine solche allegorische Hypostasierung nicht durchführbar. Denn es ist für das Verstehen von Allegorien konstitutiv, dass die zu Grunde liegende Hypostasierung als Akt der Konstruktion eines fiktiven Gegenstandes durchschaubar bleibt. Der Witz einer Allegorie liegt darin, dass die zu Grunde liegende Bedeutung der entsprechenden konkreten Termini und relevanten Unterscheidungen durch die Allegorie nicht verdeckt wird. Um zu verstehen, was es heißt, dass eine Person von Amors Pfeil getroffen ist, muss man schon begreifen, dass kein Pfeil abgeschossen worden ist und kein Blut fließt. Ferner lassen sich abstrakte Begriffe und Titelwörter nicht auf beliebige Weise hypostasieren. Der zugeordnete Gegenstand muss vielmehr zum entsprechend nominalisierten Begriff passen. So muss nicht unbedingt ein Knabe die Personifikation der Liebe sein; ein alter Mann oder ein Schädel wären aber ungeeignet. In ausgearbeiteten Allegorien werden daher der allegorischen Figur gewisse Gegenstände als Attribute zugeordnet, die ihrerseits Allegorien bestimmter Unterscheidungen aus dem zu Grunde liegenden begrifflichen Feld sind. So wird Justitia nicht nur mit der Waage dargestellt, sondern auch mit dem Schwert (Allegorie des Richtens und Strafens) und der Augenbinde (Allegorie der Unparteilichkeit).

Allegorien sind ein Darstellungsphänomen aus dem Grenzbereich von Poesie und Bildkunst, Text und Bild. Denn zwar ist Hypostasierung zunächst einmal eine Sprachtechnik, nämlich die Fähigkeit, einen abstrakten Begriff so zu gebrauchen, als wäre er ein Eigenname. Die Kritik an Hypostasierungen ist entsprechend die Kritik an falschen, inkompetenten oder nicht durchschauten Ausübungen dieser Fähigkeit. Doch andererseits ist die Möglichkeit der bildlichen Veranschaulichung ein starker Motor der Ausgestaltung von Hypostasierungen zu Allegorien. Wirkmächtige Allegorien sind vor allem Bilder, z. B. der Fortuna, des Leviathan und Behemoth oder der Melancholia. Entsprechend treibt die Möglichkeit der bildlichen Darstellung auch die allegorische Dichtung an. Mit Händen zu greifen ist dieser Zusammenhang etwa bei William Blake, der als Graphiker und Dichter in seinem Werk allegorische Dichtung und allegorische Bilder nebeneinander stellt.

Bildallegorien sind deshalb auch besonders prägnante Beispiele dafür, dass die Rede von einer ‚Sprache der Bilder' durchaus keine so unberechtigte Metapher ist, wie manche meinen.[48] Es ist zwar richtig, dass die in der Bildtheorie und den Kunstwissenschaften verbreitete These, dass man Bilder wie Texte ‚lesen' könne und müsse, eine partiell undurchschaute und ohne einschränkende Erläuterung irreführende Verallgemeinerung darstellt. Die Grenzen der Metapher von der Lesbarkeit der Bilder werden unten zu diskutieren sein. Doch im Hinblick auf allegorische Bilder ist die Metapher sehr treffend, wenn man sie richtig auslegt. Denn sie beruht auf dem Kontrast von ‚Lesen', verstanden als ‚Entziffern', und bloßem ‚Hinsehen' im Sinne eines unmittelbaren visuellen Erfassens des Bildsinns. Der Sinn eines allegorischen Bildes erschließt sich dem bloß hinsehenden Erfassen nicht. Blakes Bilder bleiben ohne seinen Text, welchen sie illustrieren, notwendig unverständlich. Erst recht gilt dies für autonome, nichtillustrative allegorische Bilder. Hier zeigt oft schon der Titel an, dass es sich um Allegorien handelt, so etwa im Fall der mittelalterlichen Zwillingsfiguren *Synagoge*, mit Augenbinde und Gesetzestafel, und *Ecclesia*, mit Kreuz und Kelch, der *Allegorie der Liebe* Agnolo Bronzinos, bei Dürers *Melencolia I* oder Tizians *Eitelkeit der Welt*. Doch der Titel allein erläutert nicht den Bildsinn, sondern er gibt lediglich eine Richtung oder einen Fingerzeig für die Bildauslegung. Der Betrachter des Bildes muss die allegorische Bedeutung der bildlichen Darstellung entschlüsseln. Das heißt aber nichts anderes, als dass er den Begriff oder das Begriffsfeld finden muss, auf dem die Allegorie beruht.

Nun heißt es oft, Bildallegorien seien rein konventioneller Natur und daher schematisch auszulegen; die einfache Kenntnis der entsprechenden Bildkonvention reiche aus.[49] Aber das hieße, die Rede von der Lesbarkeit allegorischer Bilder irreführend zu vereinfachen. Zwar ist Konventionalität wesentlich für Allegorien, wie sich oben gezeigt hat. Ebenso klar ist aber, dass allegorische Darstellungen keineswegs beliebig abstrakte Begriffe mit hypostasierten Gegenständen verknüpfen können. Vielmehr muss die Verknüpfung, wenn nicht naheliegend, so doch wenigstens in der Erläuterung einsehbar sein, wie das etwa beim Knaben Amor als Allegorie der Liebe der Fall ist. Ferner begründet die Konventionalität von Allegorien noch keineswegs die Möglichkeit schematischer Interpretation. Denn die Hypostasierung legt die Art der Darstellung des hypostasierten Gegenstandes nicht fest, und dies gilt *a fortiori* für allegorische Bilder. Die bildliche Darstellung gibt dem allegorischen Gegenstand eine bestimmte visuelle Erscheinungsweise, und zwar als Erscheinung mit einem bestimmten Charakter. So kann Amor unschuldig, naiv, rücksichtslos, tückisch oder grausam aussehen; die Konvention, dass Amor ein Knabe sein muss, legt den Charakter nicht fest. Da nun aber jedes allegorische Bild den zu Grunde liegenden Begriff oder das zu Grunde liegende begriffliche Feld darstellt, ist eine Darstellung von Amor notwendig eine Darstellung des Phänomenbereichs menschlicher Liebe und Sexualität, eine Darstellung des Amor als unschuldig, tückisch oder grausam aber entsprechend eine Darstellung von Liebe und Sexualität als natürlich oder als gefährlich, Leid bringend und bitter.[50] Allegorien sind auf diese Weise ‚sprechend'; sie haben eine ‚Aussage', d.h. sie sind offen für eine Deutung, welche die der Darstellung korrespondierende Aussage herausfindet.[51] Die Kenntnis der einschlägigen Bedeutungskonvention der Allegorie ist eine notwendige Voraussetzung für das Verstehen des Bildes. Sie kann das Verständnis aber durchaus noch nicht garantieren. Daran zeigen sich auch schon Leistung und Grenzen der Metapher von der ‚Lesbarkeit' eines Bildes im Hinblick auf die Auslegung allegorischer Bilder. Denn der Bildgegenstand hat dort eine konventionelle Bedeutung, welche der konventionellen Bedeutung der Buchstaben und Wörter in einem lesbaren Text entspricht. Die bildliche Darstellung des Gegenstandes ist aber ebenso entscheidend für das Verstehen der Bildbedeutung. Sie ist jedoch nicht in gleicher Weise konventionell bestimmt. Sie wird nicht gemäß einer Bedeutungskonvention dem Bild zugeordnet, sondern auf eine Weise erfasst, die für das verstehende Sehen von Bildern eigentümlich ist und keine genaue Entsprechung im Textverstehen hat. Dazu wird mehr zu sagen sein.

Dass Allegorien keineswegs schematisch auslegbar sind, zeigen im Bereich der Bildkunst die Phänomene der akkumulierten und der invertierten Allegorie. *Akkumulierte Allegorien*: Jedes allegorische Bild hat die Tendenz zu einer gewissen Mannigfaltigkeit allegorisch bedeutsamer Gegenstände, z.B. von Augenbinde, Waage und Schwert in bildlichen Darstellungen der Justitia. In *einfachen* Allegorien dienen diese Gegenstände als Attribute der allegorischen Person oder Sache aber ausschließlich deren Identifizierbarkeit. Fehlt eines der konventionell mit dem allegorischen Hauptgegenstand verbundenen Attribute, dann ist die Identität in Frage gestellt. So ist eine Frauenfigur mit Augenbinde und Schwert nicht oder nicht ohne weiteres als Justitia identifizierbar. Es kann sich um eine unvollständige Darstellung der Justitia, die Darstellung einer unvollständigen Justitia oder schlicht um die Darstellung einer anderen Figur, allegorisch oder nicht, handeln. Diese Unsicherheit kann ferner selbst intendierter Effekt einer alternativen Justitia-Darstellung sein. Sind hingegen die Attribute vollständig beisammen, dann liegt eine komplette, aber einfache Allegorie vor.[52] Anders steht es um allegorische Bilder, in denen ein allegorischer Gegenstand über die ihm zukommenden Attribute hinaus mit weiteren ausgestattet wird oder in denen mehrere allegorische Figuren und Gegenstände zusammenkommen. Ich nenne eine solche Darstellung eine akkumulierte Allegorie. Ein prägnantes Beispiel dafür ist Dürers Stich *Melencolia I*. Der Holzschnitt zeigt eine Fülle von Motiven, die allesamt allegorisch bedeutungsvoll sind, aber sich nicht leicht zu einer Gesamtdeutung zusammenbringen lassen, wie nicht zuletzt die wechselvolle Geschichte der Interpretationen dieses Werks zeigt. Hier wird das allegorische Bild zu einem Bildrätsel, dessen Lösung darin bestünde, die einzelnen allegorischen Gegenstände – Kugel, Mühlstein, Hobel, Leiter, Stundenglas, Glocke etc. – und die allegorischen Wesen – Engel, Putto, Hund – in einen kohärenten Zusammenhang zu bringen, aus dem zugleich hervorgehen müsste, inwiefern Melancholie das Prinzip der Bildeinheit ist.[53]

Invertierte Allegorien: Hier wird der Bildgegenstand nicht durch eine entsprechende Hypostasierung erzeugt, sondern dem semantischen Feld der Abstraktionsbasis entnommen. Das heißt, es wird ein Gegenstand, der unter einen der Begriffe fällt, die zum durch den abstrakten Begriff oder Titel überschriebenen System begrifflicher Unterscheidungen gehören, zum allegorischen Repräsentanten des gesamten Feldes erhoben. So wird etwa die Blume zur Allegorie der Vergänglichkeit oder der Hund zur Allegorie der Treue. Traditionell werden derart invertierte Allegorien auch als *Symbole* bezeichnet. Wie man sieht, ist die formale Grundstruktur der invertierten Allegorie metonymisch; eine Person oder ein Gegenstand wird zum Repräsentanten von etwas anderem. Doch anders als im Fall der einfachen Metonymie liegt im Fall der invertierten Allegorie eine *kategoriale Differenz* zwischen Repräsentant und Repräsentiertem vor. Der einfache metonymische Gegenstand steht für numerisch verschiedene oder auch artverschiedene, aber kategorial gleiche Gegenstände, z.B. Achilles für Alexander, die Einwohner Liliputs und Blefuscus für Engländer und Franzosen. Anders bei der invertierten Allegorie: Was hier repräsentiert, ist eine Person, ein Lebewesen oder Ding; was repräsentiert wird, ist ein abstrakter Begriff.

Invertierte Allegorien sind weniger markant als einfache; sie sind weniger auffällig und schwerer zu bemerken. Denn ein invertiert allegorisches Bild hat jederzeit auch einen unmittelbar fassbaren ‚buchstäblichen' Bildsinn. Das Bild einer Blüte als Allegorie der Vergänglichkeit ist zunächst einmal das Bild einer Blüte. Ein künstlerisches Verfahren der allegorischen Markierung solcher Darstellungen ist die Akkumulation invertiert allegorischer Gegenstände. So findet sich auf barocken *Vanitas*-Stillleben häufig eine Fülle von Allegorien der Vergänglichkeit, z. B. von Blüten, Früchten, Schädeln, Kerzen, Musikinstrumenten oder Notenblättern. Umgekehrt kann die Unauffälligkeit der Allegorie gerade intendiert sein. Hier bleibt es dem Kenner überlassen, z. B. das Bild einer brennenden Kerze als Allegorie der Endlichkeit zu verstehen. Verdeckt akkumulierte invertierte Allegorien sind eine besondere Spezialität der niederländischen Malerei des 17. Jahrhunderts, in der die allegorisch bedeutsamen Gegenstände so ausgewählt und zusammengestellt werden, dass sich ein zwangloser Sachzusammenhang ergibt, etwa von Wildbret, Früchten und Wein oder von Instrumenten, Notenblättern und Kerzen. Auch der Bildtitel enthält häufig keinen Hinweis auf die allegorische Bildbedeutung. Der Stolz des Künstlers liegt hier darin, die mehrfältige Auslegbarkeit des Bildes gerade nicht zu betonen, sondern eher zu verbergen. Dennoch gibt es hier, streng analog zum vierfachen Schriftsinn, einen *vierfachen Bildsinn*, da sich an die allegorische Deutung eine moralische und eine anagogische anschließen lassen. Im Fall von *Vanitas*-Allegorien liegt das auf der Hand; jede Allegorie der Vergänglichkeit ist auch ein *Memento mori* für den Betrachter. Ein anderes Verfahren der unauffällig allegorischen Darstellung ist die allegorisierende Darstellung nicht eines Gegenstandes im engeren Sinn, sondern einer Handlung oder eines Geschehens. Beispiele dafür liefern Jagdszenen wie die *Jagd bei Nacht* des Paolo Uccello (Ashmolean Museum, Oxford), Rubens' *Löwenjagd* oder seine *Nilpferdjagd* (beides Alte Pinakothek, München). Bei Uccello sind eine auffällig kontrastreiche Farbigkeit und die strenge Geometrie des Bildaufbaus nahezu die einzigen Hinweise auf einen allegorischen Sinn der Darstellung, während bei Rubens die virtuose Abbildung eines sehr dramatischen Geschehens geradezu vom allegorischen Bildsinn ablenkt. Verborgen allegorisch sind ferner Bilder wie Pieter Brueghels *Blindensturz* (Museo Nazionale die Capodimonte, Neapel) oder die Genrebilder Vermeers und de Hoochs. Anders als bei Rubens trägt hier gerade die undramatische Alltäglichkeit der dargestellten Szene zur Verbergung ihres allegorischen Sinns bei. Analoge Verfahren der allegorischen Darstellung von Handlungen stehen auch der Poesie offen.

4. Bildkunst und Bildlichkeit

Nun ist nicht jedes Bild allegorisch. Und Bildallegorik ist nicht die einzige Weise deutungsoffener Darstellung in der Bildkunst. Sehr häufig sind Bilder einfach kunstvolle Illustrationen zu poetischen Texten oder den ihnen zu Grunde liegenden Mythen. Oder es handelt sich um Historienbilder, welche auf die mythische Überhöhung eines historischen Geschehens, etwa nach dem Vorbild der *Ilias* des Homer, abzielen. Ein Beispiel dafür liefert, lange vor der neuzeitlichen Historienmalerei, Altdorfers *Alexanderschlacht* (Alte Pinakothek, München).[54] Der Sinn solcher Illustrationen erschließt sich nur dem Betrachter, welcher den Referenzmythos oder -text kennt. Auch hier hat die Metapher von der ‚Sprache' und der ‚Lesbarkeit' eines Bildes einen guten Sinn. Aber auch hier sollte er nicht dazu verführen anzunehmen, dass die Bildlichkeit des Bildes sich in welcher Weise auch immer auf die Sprachlichkeit von Texten reduzieren lasse. Sprachzeichen und Bildzeichen sind nicht dem Grad, sondern dem Prinzip nach verschieden.[55] Bilder sind weder Texte noch textähnliche Zeichen.

Die negative Formulierung bleibt jedoch so lange ungestützt, wie nicht positiv bestimmt ist, worin der Unterschied besteht. Üblicherweise werden drei Hauptunterschiede zwischen Bildern und Texten angegeben, ein *ontologischer* und zwei *semiotische*, von denen sich einer auf die innere Verfassung, die ‚*Syntax*' von Sprach- und Bildzeichen, der andere auf die Beziehung zwischen darstellendem Zeichen und Dargestelltem, die ‚*Semantik*' bezieht. In allgemeinen *ontologischen* Kategorien ausgedrückt, sind Bilder und Texte semiotisch verfasste Artefakte. Aber Bilder sind, anders als Texte, ihrem Wesen nach räumlich ausgedehnte Objekte, nämlich entweder zweidimensional (Bilder im engen Sinn) oder dreidimensional (Skulpturen). Texte hingegen sind nicht an Dinge im Raum als materielle Träger gebunden. Auch ein oral tradierter Text ist ein Text; seine Seinsweise ist rein zeitlich. Was die semiotische Verfassung, die ‚*Syntax*' von Bildern und Texten angeht, so versuchen Bildtheoretiker seit einigen Jahren im Anschluss an Goodman, den Unterschied über die Unterscheidung zwischen analogen und digitalen Zeichensystemen theoretisch zu fassen.[56] Doch allein schon die Tatsache, dass die Text-Bild-Differenz bei Goodman zu einer graduellen Unterscheidung wird, sollte Misstrauen gegen den gesamten Ansatz wecken. Weder Texte noch Bilder sind mehr oder weniger Texte oder Bilder. Diese schlichte grammatische Beobachtung zeigt nun nicht etwa, dass tradierte sprachliche Unterscheidungen revisionsbedürftig sind, sondern ganz im Gegenteil einen Mangel an Fruchtbarkeit der Goodmanschen Grundunterscheidung. Denn die Digitalisierung von Verfahren der Bildherstellung kann den Unterschied zwischen Bildern und Texten nicht nivellieren. Aber die verbreitete metaphorische Rede von Bildalphabeten und Bildgrammatiken verdeckt tendenziell die Unterschiede.[57] Der ‚syntaktische' Unterschied zwischen Texten und Bildern hat nicht so sehr mit dem Unterschied zwischen analogen und digitalen Zeichen zu tun, sondern damit, dass die Ordnung der Bildzeichen eine Ordnung des räumlichen Aus- und Nebeneinander, der *Simultaneität*, ist, die Ordnung der Sprache und damit der Texte hingegen eine Ordnung des zeitlichen Nacheinander, der *Sukzession*. Dies gilt auch für geschriebene Texte. Zwar ist ein geschriebener Text ein im Raum ausgedehntes Gebilde. Aber wer einen Text anschaut wie ein Bild, liest und erfasst ihn nicht. Dazu ist das lineare, sukzessive Durchgehen durch die Folge von Zeichen erforderlich, aus der der Text besteht.[58]

Dem entspricht der Unterschied in der *Semantik*, genauer der Korrespondenz von Zeichen und Bezeichnetem bei Texten und Bildern. Texte bestehen aus Sätzen als ihren Einheiten, und Sätze analysieren die Sachverhalte, auf die sie sich beziehen, gemäß der logisch-grammatischen Struktur von Subjekt und Prädikat. Diese Ordnungsstruktur ist eine Struktur des Nacheinander. So repräsentiert ein Satz auch einen simultan gegebenen Sachverhalt, z.B. einen Gegenstand mit einer bestimmten Eigenschaft, als Sukzession von Subjekt- und Prädikatausdruck. Die Korrespondenz von Satz bzw. Aussage und Sachverhalt ist eine Relation der *Entsprechung*. Eine Aussage der Form ‚*N* ist *P*' korrespondiert dem damit intendierten Sachverhalt genau dann, wenn der durch *N* benannte Gegenstand die mit *P* bezeichnete Eigenschaft tatsächlich hat. Die Aussage ist dann *wahr*. Ein Bild repräsentiert einen Sachverhalt jedoch simultan. Die Korrespondenz zwischen Bild und Abgebildetem beruht auf *Wahrnehmungsähnlichkeit*.[59] Das Bild ist dann bei hinreichender Ähnlichkeit *getreu*. Dass Goodman die Bedeutsamkeit der Ähnlichkeit für den Begriff des Bildes leugnet, hat das Scheitern seiner Bemühungen um eine differentielle Analyse von Text- und Bildsymbolen zur Folge. Es ist ferner immer schon eine irreführende empiristische Metapher gewesen, in der Nachfolge Lockes und Humes zu sagen, dass Sätze, Texte oder Theorien die Welt oder die Wirklichkeit ‚abbildeten'. Blumenbergs Rede von der ‚Lesbarkeit der Welt' ist hingegen die komplementär irreführende Metapher.[60]

Nun haben Goodman und seine Anhänger eine Reihe von Einwänden gegen die These vorgebracht, dass Ähnlichkeit zum Wesen des Bildes gehöre.[61] Erstens sei Ähnlichkeit nicht hinreichend für Bildlichkeit. Da die Ähnlichkeitstheorie dies nicht behaupten muss, kann man diesen Punkt auf sich beruhen lassen. Zweitens sei Ähnlichkeit auch nicht notwendig, und zwar weil auch ihrem Abbildungsgegenstand sehr unähnliche Bilder dennoch Bilder dieses Gegenstandes sein könnten. Zwar mag nun auch ein schlechtes Bild ein Bild sein, aber mit schlechten Exemplaren einer Spezies zu argumentieren ist immer problematisch. Der dritte Einwand Goodmans und seiner Anhänger lautet, dass es auch so etwas wie allgemeine Bilder gebe, also etwa Bilder einer Tierspezies in zoologischen Nachschlagewerken oder Piktogramme. Das Bild eines Seeadlers in einem Lexikon beziehe sich nicht auf einen bestimmten Seeadler; deswegen sei Ähnlichkeit hier keine einschlägige Relation. Zwischen einem Piktogramm und den Gegenständen, auf die es sich beziehe, müsse überhaupt keine Ähnlichkeit bestehen. Nun ist letzteres falsch; Piktogramme sind nur verständlich, wenn eine – wie stark auch immer reduzierte – morphologische Ähnlichkeit zwischen Piktogramm und Bezugsgegenstand besteht. Anders ist die universale, kulturübergreifende Verständlichkeit von Piktogrammen nicht zu verstehen. Was hingegen exemplarische Bilder betrifft, so haben die parallelen Überlegungen zu exemplarischen Darstellungen in der Poesie schon gezeigt, dass es keinen Grund gibt, die Möglichkeit der exemplarischen Abbildung mit Goodman zu mystifizieren. Dass das Bild eines Seeadlers in einem Nachschlagewerk als Informationsquelle bezüglich des Aussehens von Seeadlern taugt, hat seinen Grund in der speziesbedingten Ähnlichkeit zwischen Seeadlern; es stellt Ähnlichkeit als Prinzip der Abbildung nicht in Frage. Das exemplarische Bild ist das Bild eines dem Aussehen nach exemplarischen Vertreters der Spezies. Viertens führt Goodman die Möglichkeit fiktionaler Bilder ins Feld. Nun kann ein Portrait von Don Quijote kein getreues Portrait sein, weil Don Quijote nicht existiert und nicht existiert hat. Dennoch kann es exemplarisch sein, indem es eine Person zeigt, die so aussieht, wie Don Quijote beschrieben wird. Bei Bildern fiktionaler Personen, und nur hier, ist es möglich, dass verschiedene Bilder, die dieselbe Person in der derselben Situation zeigen, gleichermaßen exemplarisch sind, obwohl sie untereinander nur geringe

Ähnlichkeit aufweisen. Man vergleiche nur die Portraits des Heiligen Georg von Carlo Crivelli (Dom St. Emidio, Ascoli) und von Albrecht Dürer (Paumgartner Altar, Alte Pinakothek, München) oder die unzähligen Darstellungen seiner Drachentötung, die in der Ikonographie des Mittelalters und der Neuzeit überliefert sind.[62]

Die letzten der oben genannten Einwände beruhen auf einer stillschweigenden nominalistischen Unterstellung Goodmans. Er meint, dass die Ähnlichkeitstheorie des Bildes voraussetzen müsse, dass ein Bild, da es notwendig einen einzelnen Gegenstand oder Sachverhalt zeige, auch nur ein Bild von einem einzelnen Gegenstand oder Sachverhalt sein könne. Nun mag es sein, dass empiristische Bildtheoretiker, die von Haus aus dem Nominalismus nahe stehen, auf die These verpflichtet sind, dass Bilder – mehr oder weniger gute – Kopien von Einzelgegenständen oder einzelnen Sachverhalten seien. Aber die sehr viel allgemeinere These, dass Bildlichkeit auf Ähnlichkeit beruhe, impliziert nicht die nominalistische Bildauffassung; sie lässt vielmehr Raum für *generische Ähnlichkeit*, d. h. wahrnehmbare Ähnlichkeit mit exemplarischen Repräsentanten einer Art oder einer bestimmten Varietät. Generische Ähnlichkeit ist zugleich ein Standard der Bildrichtigkeit und Bildvollständigkeit, die man als *Bildtreue* bzw. *Bildgenauigkeit* bezeichnen kann. Ihrem Gegenstand treu sind Bilder, wenn sie die visuell wahrnehmbaren generischen Züge von Gegenständen einer bestimmten Art oder Varietät so abbilden, wie sie aussehen; genau oder akkurat sind sie, wenn sie alle wesentlichen Züge der Art oder Varietät, die visuell wahrnehmbar sind, in der richtigen Weise abbilden.

Ein *Caveat* ist hier am Platz: Diese Bestimmungen sind begrifflich. Aus der Verknüpfung von Bildlichkeit und Ähnlichkeit folgt noch keine Privilegierung einer bestimmten Richtung oder Entwicklungsstufe der Bildkunst. Weder wird so die europäische Malerei seit Einführung der Zentralperspektive im späten Mittelalter zur Vollendung des Bildmöglichen schlechthin stilisiert, noch wird Bildkunst der modernen Avantgarden und der Gegenwart implizit abgewertet. Allerdings erlaubt das Insistieren auf der bildtheoretischen Bedeutsamkeit von Wahrnehmungsähnlichkeit zu verstehen, welche bildkünstlerische Errungenschaft die Technik der zentralperspektivischen Darstellung gewesen ist. Daraus folgt allerdings nicht etwa umgekehrt, dass die Einführung dieser Darstellungstechnik auch die Einführung einer neuen oder besseren Weise des Sehens bedeutet hätte. Dass die antike und mittelalterliche Bildkunst vor Einführung der Zentralperspektive Verhältnisse räumlicher Tiefe gelegentlich unperspektivisch darstellt, bedeutet nicht, dass die Produzenten solcher Bilder anders oder falsch gesehen hätten. Die Abbildungsweise muss der Sichtweise nicht entsprechen; ein Darstellungsunvermögen nicht einem kognitiven Defekt.[63] Was die Bildkunst der Gegenwart und jüngeren Vergangenheit angeht, so steht diese in komplizierten Beziehungen zur Tradition, die nach dem Muster von Fortschritt oder Verfall zu deuten zu einfach wäre. Dazu mehr im folgenden Teilkapitel.

Mit Hilfe des Begriffs der generischen Ähnlichkeit lässt sich nun erkennen, wie weit die semantischen Parallelen zwischen Dichtkunst und Bildkunst reichen. In Kapitel 1 wurde als grundlegendes Darstellungsziel der Dichtung die Darstellung menschlicher Möglichkeiten und praktischer Notwendigkeiten bestimmt. Lyrik setzt die Existenz solcher darstellender Dichtung, also von Epik und Dramatik, voraus, denn sie ist poetische Reflexion solcher existentieller Möglichkeiten. Dichtung stellt ein Allgemeines, nämlich allgemeine existentielle Möglichkeiten, dar, indem sie einzelne – historische oder fiktive – Aktualisierungen dieser Möglichkeiten repräsentiert, und zwar im Modus der exemplarischen, metonymischen oder vagen Bezugnahme. Für die poetische Darstellung allgemeiner Möglichkeiten gelten Richtigkeitsstandards, welche in Kapitel 1 unter der Überschrift ‚Realismus' angesprochen wurden. Damit ist, wie dort festgehalten wurde, etwas ganz anderes gemeint als Tatsachentreue, welche die Darstellungsnorm des historischen Berichts ist. Die Standards der Richtigkeit poetischer Darstellung sind selbst generischer Natur. Von Aristoteles bis Baumgarten wurden diese Standards auch unter dem Titel ‚poetische Wahrheit' diskutiert. Leider wurde der mit diesem Begriff verbundene poetologische Gedanke im 19. und 20. Jahrhundert in sein Gegenteil verkehrt und als Lizenz zu willkürlich ‚poetisierender' Darstellung missverstanden. Gemeint ist vielmehr eine Norm der *Beschreibungsrichtigkeit* und *-genauigkeit*, welche die allgemeinen Züge ihres Themas ernst nimmt und nicht beim Fabulieren aus den Augen verliert.

Bilder *zeigen* nun, wie die Aktualisierung einer Möglichkeit *aussehen* kann. Sie haben in der gleichen Weise allgemeine Bedeutung wie epische oder dramatische Texte; ihre Allgemeinheit ist ebenso die der exemplarischen, metonymischen oder vagen Deutungsoffenheit. Auch die Möglichkeit direkter, invertierter und akkumulierter Allegorik steht poetischen Texten und Bildkunstwerken gleichermaßen offen. Eben deswegen können sich Bilder und Texte auch aufeinander beziehen. Grundlage eines solchen Bezugs ist die Komplementarität von Text und Bild. Ein Text kann beschreiben oder narrativ einbetten, was auf einem Bild zu sehen ist; ein Bild kann (einen zeitlichen Ausschnitt dessen) zeigen, was ein Text beschreibt. Diese Komplementarität zwischen sprachlich beschreibender und bildlich zeigender Darstellung ist auch der Grund dafür, dass die metaphorische Rede von der Möglichkeit ‚anschaulicher Beschreibungen' berechtigt ist. Eine Beschreibung ist metaphorisch anschaulich, wenn sie buchstäblich so richtig und genau ist, dass man ein hinreichend akkurates Bild des beschriebenen Gegenstands, Sachverhalts oder Geschehens zeichnen oder imaginieren kann. Das gilt auch für direkt allegorische Beschreibungen und Bilder. Zwar beschreiben direkt allegorische Texte keinerlei Arten oder Varietäten innerweltlicher Gegenstände. Und direkt allegorische Bilder zeigen keine Gegenstände, die irgendetwas Innerweltlichem ähneln. Der allegorische Gegenstand und seine Attribute für sich genommen tun dies allerdings sehr wohl. Justitia ist keine natürliche Person; aber Frauen, Augenbinden, Waagen und Schwerter sind ‚natürliche', genau beschreibbare und abbildbare Gegenstände.

5. Formbezug und Expressivität in der Bildkunst

Bisher haben sich die Überlegungen zum Verhältnis von Sprachkunst und Bildkunst auf das Verhältnis der epischen und dramatischen Poesie zu Skulptur und Malerei beschränkt. Bildkunst kann Szenen und Momente von Handlungen und Geschehnissen zeigen, die in narrativen Texten beschrieben oder im Drama vorgeführt werden. Dadurch, dass Bildkunst das „Dauerbarmachen des Augenblicks" (Hegel) vollführt, leistet sie etwas, was selbst das Drama nicht kann, nämlich einen Ausschnitt aus einem fortlaufenden Prozess still stellen und gewissermaßen verewigen. Davon handeln etwa die dramatischen Bilder des Peter Paul Rubens. Insgesamt verhält sich Bildkunst komplementär zu Epik und Dramatik.

Ungeklärt blieb bisher, inwiefern es auch Analogien zwischen Lyrik und Bildkunst gibt. Dass dies eine sachlich bedeutsame Frage ist, zeigt die Geschichte der neueren Malerei. Diese wird üblicherweise als eine Geschichte der zunächst immer genaueren, gewissermaßen photographischen Abbildung der Wirklichkeit erzählt, auf die dann eine allmähliche und sich immer mehr radikalisierende Abkehr vom Ideal einer solcherart objektiven Bildkunst und hin zu einer immer weiter zunehmenden Subjektivierung der Darstellung folgte.[64] Als Grund für diesen Bruch wird meist die Erfindung der Photographie angegeben, welche eine auf genaue Erfassung der optisch sich darbietenden Gestalt von Personen und Gegenständen in der Welt obsolet habe werden lassen. Doch diese Geschichte kann nicht wahr sein. Denn sie ist anachronistisch. Die Abkehr von der so genannten ‚realistischen' Malerei vollzog sich zu einer Zeit, als die Photographie noch weit entfernt davon war, auch nur in die Nähe von Standards der akkuraten Abbildung zu kommen, wie sie der Malerei erreichbar waren. Die Entwicklung der Farbphotographie wird erst tief im 20. Jahrhundert abgeschlossen. Auch sind höchste Standards ‚naturgetreuer' Malerei, wie sie Teile der Bildkunst des 19. Jahrhunderts dominieren, schon in der niederländischen Malerei des 17. Jahrhunderts auf nicht mehr verbesserungsfähige Weise etabliert, ohne dass sich die europäische Bildkunst insgesamt daran orientierte. Allerdings stellt die scheinbare Rückbesinnung der ‚realistischen' Malerei des 19. Jahrhunderts auf die Standards des niederländischen 17. Jahrhunderts – etwa bei Repin, Whistler, Lenbach, Leibl oder Menzel – keineswegs eine schlichte Renaissance der künstlerischen Haltung dar, wie sie zuvor von Vermeer, de Hooch und anderen verkörpert wurde. Der Einfluss ist äußerlich und rein technischer Natur. Das prägende Moment der niederländischen Malerei ist die verdeckte Allegorie als Modus der Darstellung eines Allgemeinen im Einzelnen. Dazu gibt es in der ‚realistischen' Malerei des 19. Jahrhunderts kaum ein Gegenstück. Hier geht es im Großen und Ganzen vielmehr darum, etwas Einzelnes als Einzelnes so getreu wie möglich abzubilden, sei es wegen seiner historischen Bedeutsamkeit oder weil es anderweitig interessant ist. Wollte man also sagen, dass die ‚realistische' Malerei des 19. Jahrhunderts Standards der Abbildgenauigkeit setzt, denen später die Photographie folgt, kommt man der kunsthistorischen Wahrheit wohl näher als mit der umgekehrten These. Die Photographie erscheint kunsthistorisch betrachtet so eher als das Ergebnis denn als die Ursache eines Wandels im Verständnis von Ziel und Aufgabe der Bildkunst.

Diese kunsthistorische Betrachtung wird hier nicht um ihrer selbst willen eingeschoben, sondern weil sie für die begriffliche Frage nach möglichen Zusammenhängen zwischen Bildkunst und

Lyrik instruktiv ist. Denn was für die Entwicklung der nach-‚realistischen' modernen Bildkunst zumindest in ihren Anfängen den entscheidenden Anstoß gibt, ist nicht die Resignation vor der überlegenen Technik der Photographie, sondern die Suche nach piktorialer Expressivität und damit nach einem Pendant lyrischer Subjektivität. Die Entsprechung zur Haltung der lyrischen Persona im Gedicht soll dabei die subjektive Sichtweise des Bildkünstlers auf den Bildgegenstand sein. Die Bewegung vom Impressionismus zum Expressionismus stellt eine Radikalisierung dieser Bestrebung dar. Denn der expressionistischen Malerei geht es in hohem Maße auch darum, das Bild zum Ausdruck einer exemplarischen Haltung zu machen, etwa bei Marc, Macke, Kokoschka oder Beckmann. Der repräsentationale Sinn des Bildes soll, anders als in der impressionistischen Bildkunst, hinter die subjektive Expressivität der Darstellung zurücktreten.

Das Problem dieser programmatischen Idee ist die wesentliche *Objektivität* der Bildkunst, die den Spielraum für piktoriale Expressivität erheblich einschränkt. Ein Bild ist immer Bild von einem Gegenstand und nicht von einem Ich;[65] die Möglichkeit der reflexiven Bezugnahme des Künstlersubjekts auf sich selbst, die für Lyrik charakteristisch ist, steht ihr nicht offen. Bilder können Schreckliches zeigen, aber nicht den Schrecken. Expression kann in Bildern, anders als in Lyrik, allenfalls unbeholfen angedeutet werden. Der Expressionismus ist daher so etwas wie ein Anrennen gegen die Grenzen der Bildkunst. Als künstlerisches Programm ist er hoffnungslos. Das entwertet aber nicht die Werke expressionistischer Maler. Retrospektiv löst sich ihr Werk nämlich von dem ihm zu Grunde liegenden Programm und wird als Stufe in einer Entwicklungsgeschichte wahrnehmbar, die hin zu Verfahren der zunehmenden piktorialen Abstraktion führt.

Der Entwicklungsgang der Bildkunst im 20. Jahrhundert hin zu piktorialer Abstraktion hat ebenfalls etwas mit einer reflexiven Wende, einer Subjektivierungstendenz zu tun, allerdings in einem anderen Sinn als im anfänglichen Expressionismus. Hier geht es nicht um Expressivität, sondern um ein zunehmendes Interesse daran, nicht so sehr wahrnehmbare innerweltliche Objekte darzustellen, sondern vielmehr die Mittel, mit denen Bildkunst Objekte darstellt, nämlich die geordnete Verteilung dreidimensionaler Formen im Raum (Skulptur) oder von Farben und Figuren auf ebenen Flächen (Malerei und Graphik). Diese Verschiebung des Darstellungsgegenstandes trägt den Namen Abstraktion zu Recht. Denn die bildliche Abstraktion ist wie jede Abstraktion eine Vergegenständlichung; hier werden bestimmte *Eigenschaften* der Darstellungsform selbst zum *Gegenstand* der Darstellung, wobei der externe Objekt- und Weltbezug von Bildkunst ausgeblendet wird. Man kann auch sagen, dass abstrakte Bilder Bilder über Bildlichkeit sind. Als solche setzen sie nicht-abstrakte, also Welt darstellende Bilder voraus. Die Existenz abstrakter Bilder impliziert daher keinen Einwand gegen die These, dass die anschauliche Darstellung von Gegenständen in der Welt zum Begriff der Bildkunst gehört. Ohne Welt darstellenden Bilder wären abstrakte nicht möglich.[66] Die Rede von Subjektivierung ist insofern nicht verfehlt, als hier nicht der generische Gegenstand von Bildern, nämlich das Innerweltliche, dargestellt wird, sondern die dem darstellenden Subjekt verfügbaren Formen und Methoden der Darstellung.

6. Fazit: Der Gegenstand von Poesie und Bildkunst

Oben wurde als generischer Gegenstand der Bildkunst die visuelle Darstellung innerweltlicher Gegenstände angegeben. Allerdings scheint diese Bestimmung noch unspezifisch, verglichen mit der Bestimmung des generischen Themas der Poesie, nämlich der Darstellung der *conditio humana*, verstanden im Sinne der deutungsoffenen Repräsentation existenzieller Möglichkeiten und Notwendigkeiten (Epik, Dramatik) oder der reflexiven Artikulation von Haltungen zu diesen Möglichkeiten (Lyrik). Ist es aber nicht so, dass das Themenfeld der Bildkunst tatsächlich weiter gespannt ist, dass demnach eine Verknüpfung des Themas der Bildkunst mit dem der Poesie erstere ungebührlich einschränken müsste? Es scheint doch, als könne alles Sichtbare prinzipiell auch zum Gegenstand bildlicher Darstellung werden. Umgekehrt würde dies aber bedeuten, dass Bildkunst als solche für die Philosophie kaum interessant wäre. Eine allgemeine Theorie der Bildlichkeit hätte weder die spezifische theoretische Bedeutsamkeit einer philosophischen Ästhetik der Poesie, noch käme ihr das Niveau an Allgemeinheit zu, wie es für die Sprachphilosophie kennzeichnend ist. Denn Bilder beziehen sich auf Sichtbares; die Möglichkeiten sprachlicher Bezugnahme reichen aber darüber hinaus.

Nun sind Bildtheorie und Ästhetik der Bildkunst zwei sehr verschiedene Unternehmungen. Ist erstere ein Komplement der

Sprachphilosophie, so muss letztere integraler Bestandteil der Kunstphilosophie sein. Sie kann das aber nur sein, wenn sich Bildkunst in genuiner Weise als *Kunst* begreifen lässt. Der Kunstbezug der Bildkunst wurde in den voranstehenden Reflexionen über Formen bildlicher Darstellung ja auch schon stillschweigend unterstellt. Im Lichte dieses Gedankens erscheint es oberflächlich, sich mit der Feststellung zu begnügen, dass Bildkunst von allem Möglichen handeln könne, sofern es sichtbar sei; oberflächlich, nicht falsch. Ganz im Gegenteil, es handelt sich um eine nur allzu offensichtliche Wahrheit, wenn man an das Spektrum von (Arten von) Gegenständen denkt, welche tatsächlich zu Gegenständen der Bildkunst geworden sind, von Dürers *Feldhasen* bis zu Raffaels *Sixtinischer Madonna* und Michelangelos Gottvater, von Bildern wirklicher Individuen wie Tizians Portrait Johann Friedrichs von Sachsen bis zu völlig fiktionalen wie Dalís Uhren und Picassos Minotaurus-Bildern. Reale Bilder sind aber nicht schon als bloße Hasen-, Frauen- oder Männer-Bilder ästhetisch interessant, so gut und generisch treu sie auch gemacht sein mögen; und noch weniger gilt dies für phantasmagorische Bilder wie die Dalís oder Picassos. Bedeutsam werden sie erst durch den allgemeinen geistigen Gehalt, den zu erfassen bedeutet, das jeweilige Bild zu verstehen. Der geistige Gehalt eines Kunstbildes erschöpft sich aber nicht in der Darstellungstreue, auch dann nicht, wenn der dargestellte Gegenstand artexemplarisch ist. Ein bloß allgemeines Bild ist noch kein Werk der Bildkunst. Dürers Hasenbild, oft bewundert wegen der Genauigkeit und Treue von Zeichnung und Kolorit, ist ohne weiteres für zoologische Lehrbücher verwendbar, gilt aber dennoch als ein Werk künstlerisch geringeren Rangs. Denn es handelt sich eher um eine Bildetüde, die eine Probe des zeichnerischen und malerischen Könnens ihres Autors liefert, als dass sie etwas geistig Bedeutsames zeigte, das es betrachtend zu verstehen gälte. Zentrale Aspekte dessen, was es heißt, ein Bildkunstwerk zu verstehen, wurden oben bereits aufgeführt.

Als illustrierende Kunst ist Bildkunst poesiebezogen. Dies ist der Grund dafür, dass illustrative Bildkunst Gehalt und allgemeine Bedeutsamkeit von der Poesie erbt. Ihre spezifische Bedeutsamkeit besteht teils darin, dass sie den Gegenstand des poetischen Bezugstextes anschaulich darstellt und damit den Anschauungsbezug der Poesie sichert, teils auch darin, dass sie den Textgehalt variierend über den Bezugstext hinausgeht. Dies gilt in der einen oder anderen Weise für alle bedeutenden poesie- und mythenbezogenen Bilder, von Michelangelos Deckenfresken in der Sixtinischen Kapelle bis zu Wolfgang Mattheuers *Flucht des Sisyphos*. Eine andere Weise, einen geistigen Gehalt bildlich darzustellen, ist die – teils poesiegestützte, teils selbständige – Bildallegorik in ihren mannigfaltigen Erscheinungsweisen. Hierher gehören auch die einschlägigen Arbeiten Dalís und Picassos sowie Max Ernsts. Aber auch scheinbar ganz auf Einzelnes gehende Bildkunstwerke, z.B. Tizians Portrait Johann Friedrichs (Kunsthistorisches Museum Wien) oder Caspar David Friedrichs – geologisch ja völlig ‚unrichtige' – Darstellung des Watzmann (Berlin, Alte Nationalgalerie) repräsentieren ihren Gegenstand als allgemein bedeutsam, indem sie diejenigen allgemeinen Züge an ihrem Gegenstand hervorheben, welche auf Grundzüge und Möglichkeiten der *conditio humana* hinweisen. So zeigt Tizian Johann Friedrich als bereits abgedankten Kurfürsten, als in Ausdruck und Körperhaltung sichtbar Glücklosen und Gescheiterten, der aber dennoch zumindest den äußeren Schein von Herrscherstolz und fürstlicher Würde zu wahren versucht. Friedrich hingegen präsentiert den Watzmann als erhabene, entrückte und abweisende Landschaft ohne Menschen oder Spuren menschlicher Anwesenheit und damit als Allegorie eines bestimmten Naturbegriffs. Nicht jedes Portrait und nicht jedes Bild eines bestimmten Ortes oder einer lokalisierbaren Landschaft tut das, auch dann nicht, wenn es das Bild eines bedeutenden Künstlers ist. Das Bild selbst offenbart dem verständigen Betrachter seinen Anspruch, nämlich entweder als, vielleicht informatives, bloßes Portrait oder Landschaftsbild oder aber, darüber hinaus, als Kunstwerk. Allerdings bleibt hier in vielen Fällen auch Spielraum für gegenläufige Beurteilungen. Zwischen Friedrichs Bild und einer Ansichtskarte vom Watzmann sind Abstufungen und Übergänge zumindest denkbar, auch wenn Friedrich auf ganz irreale Weise den Watzmann aus einer Harzlandschaft aufsteigen lässt.

So betrachtet bewahrt auch die Bildkunst einen wenn auch vermittelten Bezug zum ethischen Gehalt, welcher Poesie als Kunst zukommt. Denn letzten Endes ist Bildkunst notwendig anthropozentrisch in ihren Themen, und zwar selbst dann, wenn sie nicht unmittelbar Menschen darstellt wie die allegorische Landschaftsmalerei des niederländischen Barock oder wie Friedrichs Naturbilder.[67] Gehalt und Interesse gewinnen diese Bilder daher, dass ihre Themen menschenbezogen sind, bezogen nämlich auf Möglichkeiten und Grenzen des menschlichen Seins.[68] Bildkunstwerke sind Darstellungen menschlichen Selbst- und Weltverständnisses und damit immer auch bildlicher Ausdruck menschlichen Selbstbewusstseins. Dies ist ein Wesensmerkmal der Bildkunst, gilt also nicht erst für die abstrakte, formbezogene Bildkunst der Moderne und die nicht mehr bildhafte, die Form verweigernde Objektkunst nach Duchamp und Beuys, auch wenn manche Theoretiker der modernen Kunst das gemeint haben. Allerdings tritt dieser subjektive, selbstreflexive Charakter der Bildkunst in der modernen Kunst immer stärker in den Vordergrund, und zwar durchaus auf Kosten des Weltbezugs und der Objektivität. Mehr als formal interessant sind diese Werke aber erst durch ihren Rückbezug auf die objektive Bildkunst, deren Formen und Methoden sie zum Gegenstand der Darstellung machen. Bildkunst entwickelt so insgesamt spezifische Modi bildlicher Allgemeinheit. Deswegen hat die Philosophie ein spezielles Interesse an Bildkunstwerken, welches in eine andere Richtung geht als das allgemeine bildtheoretische Interesse einer Bild- und Medienphilosophie.

Was abschließend die Möglichkeiten formaler Einbettung und formaler Bezugnahme auf andere Werke angeht, so hat die Bildkunst mannigfaltige Analoga zu den entsprechenden Verfahren der Poesie entwickelt, vom Aufgreifen der Bilder, Motive und formalen Elemente anderer Bilder bis hin zur vollständigen formalen Einbettung eines Bildes im Bild. Für solche Bilder im Bild gelten analoge Auslegungsprinzipien wie für Novellen im Roman und andere Texte im Text. Sie erweitern die Deutungsmöglichkeiten des Gesamtbildes. Umgekehrt werden sie ihrerseits hinsichtlich ihrer Auslegbarkeit durch den Bildzusammenhang, in dem sie stehen, begrenzt. Als Beispiel für ein Bild im Bild weist Franz von Kutschera auf Vermeers *Konzert* hin (Isabella Steward Gardner Museum, Boston).[69] Das Gesamtbild zeigt drei musizierende Personen, einen Mann und zwei Frauen. Doch an der Wand über dem Cembalo, welches eine der Frauen spielt, ist ein anderes Bild zu sehen, nämlich Dirck van Baburens *Bei der Kupplerin*, welches ebenfalls einen Mann und zwei Frauen zeigt, aber in einem äußerlich ganz anderen Zusammenhang. Dieses Bildzitat ist einerseits Ausdruck der Wertschätzung eines anderen Meisters, andererseits aber ein Hinweis auf die erotische Ambivalenz der im Rahmenbild dargestellten häuslichen Szene. Das Beispiel Vermeers zeigt zugleich, dass der Malerei neben den Mitteln formaler Bezugnahme nicht nur die Darstellungsmittel piktorialer Metaphorik, Hyperbolik und Metonymik offenstehen, welche sich, wie sich oben gezeigt hat, schon aus den illustrativen Möglichkeiten der Bildkunst ergeben, sondern dass es auch Formen piktorialer Ironie gibt, welche der objektiven Ironie in der Poesie entsprechen.

Bildkunst ist wie Poesie als Darstellung der *conditio humana* zugleich Ausdruck selbstbewusster künstlerischer und – allgemeiner – menschlicher Intentionalität. In unspezifischer Weise gilt dies auch für sonstige Artefakte, einschließlich außerkünstlerischer Texte und Bilder. Artefakte sind selbstbewusste Erzeugnisse des menschlichen Geistes und verraten häufig etwas über Weltbezug und Weltsicht ihrer Urheber. Doch die poetische Aktivität, wie ich die Kunstwerke hervorbringende Tätigkeit des Künstlers bezeichne, unterscheidet sich von sonstigen, ebenfalls selbstbewussten, ebenfalls spezifisch menschlichen Aktivitäten. Was poetisches Selbstbewusstsein und artistische Intentionalität zu *spezifischen Ausformungen* selbstbewusster menschlicher Intentionalität macht, ist eigens zu untersuchen, und zwar auch über das Feld der Sprach- und Bildkünste hinaus, um falsche Verallgemeinerungen zu vermeiden. Damit betritt die Untersuchung das Feld der Produktionsästhetik.

Kapitel 3: Ästhetische Einsicht und poetische Meisterschaft

1. Genie, Inspiration, Kreativität

Die produktionsästhetische Theorieentwicklung ist, nach einer Blütezeit in der psychologistischen Ästhetik des 19. und frühen 20. Jahrhunderts, die sich mit Namen wie Schopenhauer, Nietzsche, Freud, Konrad Fiedler oder Max Dessoir, Benedetto Croce oder R.G. Collingwood[1] verbindet, in den vergangenen Jahrzehnten weitgehend zum Erliegen gekommen, und zwar aus durchaus nachvollziehbaren Gründen. Produktionsästhetische Theorien schwanken nämlich bezüglich der Deutung des poetischen Akts notorisch zwischen den Extremen einer transzendenten Interpretation künstlerischer Produktion als ‚von höheren Mächten bewirkt' bzw., in säkularisierten Varianten des Inspirationsgedankens, durch unterbewusste Triebenergien und unbewusste Wünsche motiviert auf der einen Seite; einer immanent-prozeduralen Auffassung im Sinne eines durch und durch regelgeleiteten technischen Verfahrens andererseits. Dass an diesem Gegensatz etwas nicht stimmen kann, ist ein naheliegender Verdacht. Denn wie immer man die Idee einer Inspiration im Sinne einer transzendenten Verursachung des künstlerischen Schaffensprozesses ausbuchstabiert, es fällt – von allen übrigen Schwierigkeiten einmal ganz abgesehen – schwer, eine solche Vorstellung mit dem Phänomen künstlerischer Tätigkeit in Übereinstimmung zu bringen, vor allem mit der Vorstellung von Planung, Fleiß, Ausdauer und Disziplin, die nach den bekannten Selbstauskünften von Künstlern für das Gelingen von Kunstwerken unabdingbare Tugenden sind. Zwar mag produktive Begeisterung ein häufiges Ingrediens kreativer Prozesse in der Kunst sein. Aber nichts spricht dagegen, dass begeisterte künstlerische Tätigkeit auch zu mediokren oder misslungenen Werken führen kann und umgekehrt begeisterungslose Produktion zu gelungenen oder gar exzellenten. Wenn also der Einfluss ‚höherer Mächte' zugleich als Garant des poetischen Gelingens gedacht werden soll, dann ist Begeisterung kein Indiz für einen solchen Einfluss.

Inspirationstheorien der künstlerischen Produktion gelten daher verständlicherweise als völlig obsolet. Die Kritik daran ist auch keineswegs so neu, wie es die Kritiker solcher überholten ästhetischen Vorstellungen in den Achtziger Jahren des 20. Jahrhunderts meinten. Sie ist schon so alt wie die Philosophie der Kunst selbst. Schon Platon übt im Dialog *Ion* scharfe satirische Kritik an der Vorstellung, Rhapsoden und Poeten könnten buchstäblich von göttlichen Wesen inspirierte Seher sein. Und diese Satire hat sich als äußerst wirkmächtig erwiesen. *De facto* hat kaum jemals ein Kunstphilosoph ernsthaft eine Inspirationstheorie des künstlerischen Schaffens vertreten. Selbst Schelling, bei dem es heißt: „Die unmittelbare Ursache aller Kunst ist Gott",[2] meint damit keineswegs, dass Gott dem Dichter die Feder führe oder dem Maler den Pinsel. Gemeint ist vielmehr, wie er selbst erläuternd hinzufügt, das Vermögen zur Kunst sei das „innewohnende Göttliche des Menschen".[3] Das läuft auf den traditionellen Gedanken hinaus, dass der Mensch auch insofern das Ebenbild Gottes sei, als er wie Gott ein kreatives Vermögen besitze, welches mit seinen vernünftigen Vermögen einher geht. Nun sei Kunst, verstanden als das Vermögen, ein Kunstwerk zu schaffen, wie alle Vernunftvermögen unmittelbar von Gott verursacht. Es zeigt sich aber auch nach Schelling nicht etwa darin, dass ein kreativer Prozess durch eine transzendente Ursache ausgelöst würde, sondern ganz im Gegenteil darin, dass der Mensch dieses kreative Vermögen selbstbewusst aktualisiert, indem er künstlerisch tätig wird. Gott ist für Schelling die unmittelbare Ursache des menschlichen Kunst*vermögens*, nicht aber seiner Ausübung. Schellings Produktionsästhetik ist mithin keine Theorie der künstlerischen Inspiration; es handelt sich vielmehr um eine Variante von Genieästhetik. Allerdings gilt Genieästhetik heute als genauso obsolet wie eine Ästhetik der Inspiration, als verhängnisvolle Sackgasse der romantischen Ästhetik. Warum das so ist, versteht man, wenn man sich eine extreme Variante von Theorien des künstlerischen Genies ansieht, nämlich Schopenhauers Ausführungen über das ästhetische Genie.[4]

Schopenhauer rückt den genialen Künstler an die Seite des genialen Philosophen; beide erfassen vor allem kontemplativ das wahre Sein der Welt. Keiner von beiden lässt sich davon durch die alltäglichen Besorgungen und praktischen Interessen des gewöhnlichen Lebens ablenken. Der geniale Künstler ist wie der geniale Philosoph „rein erkennendes Subjekt, klares Weltauge".[5] Ästhetisches Genie wird hier als ein *primär rezeptives* Vermögen und keineswegs als ein poetisches gedeutet, weswegen Schopenhauer auch konsequent und durchgehend vom ästhetischen, also wahrnehmenden Genie spricht und nicht etwa vom poetischen oder hervorbringenden. Dessen künstlerische Äußerungen bleiben seinen Mitmenschen, der „Fabrikware der Natur",[6] ohnehin notwendig unverständlich, weswegen es keine entscheidende Rolle spielt, ob das Genie produktiv wird oder nicht. Zwischen dem Auffassen der Schönheit und der Darstellung derselben in der Kunst besteht für Schopenhauer keine bedeutsame Differenz.[7] Deswegen könnte die Darstellung auch unterbleiben. Genie ist allein durch die gewöhnlichen Menschen unzugängliche Auffassung der Welt definiert. Künstlerisches und philosophisches Genie erscheinen den übrigen Menschen häufig als weltfremd oder wahnsinnig, verständlich allenfalls der Nachwelt. Warum die Nachwelt verständnisvoller sein soll oder kann als die Mitwelt des Genies, wird von Schopenhauer allerdings nicht aufgeklärt. Am reinsten spricht sich das künstlerische Genie für Schopenhauer schließlich in der Musik aus, der flüchtigsten, am wenigsten materiellen, am wenigsten repräsentationalen Kunst. Auf Grund ihrer formalen Verfassung ist die Musik aus Schopenhauers Sicht auf paradoxe Weise besonders geeignet, die an sich undarstellbare Verfassung des Seins an sich, nämlich als ein grenzen- und unterscheidungsloses Streben, auf nichtdarstellende Weise abzubilden, nämlich vermittels der – von Schopenhauer behaupteten – Isomorphie von Musik und Sein an sich.

Schopenhauer trägt der in Kapitel 2 entwickelten These, dass man die Kunst als philosophisch bedeutsame Darstellung menschlichen Selbst- und Weltverständnisses auffassen müsse, einerseits auf seine Weise durchaus Rechnung. Doch andererseits koppelt er durch die Trennung von ästhetischer Kontemplation und poetischem Akt das künstlerische Genie von der tatsächlichen kreativen Tätigkeit des Künstlers völlig ab; über letztere hat er nichts zu sagen. So werden ästhetisches Genie und poetisches Vermögen bei Schopenhauer zu einem doppelten Rätsel, aber zu einem durch Mystifikation selbst erzeugten. Schopenhauer kann zur produktionsästhetischen Theoriebildung in Wahrheit nichts beitragen.[8] Die von ihm vorgeschlagene Perspektive auf den Künstler lässt sich nicht einmal kohärent durchhalten. Denn wie gelangt Schopenhauer zu seiner Einschätzung etwa des musikalischen Genies Beethovens, wenn nicht durch die Kenntnis seiner Werke? Also kann die Produktion doch nicht so gleichgültig sein, wie Schopenhauer uns glauben machen will. Sie muss in geeigneter Weise als *Ausdruck* des ästhetischen Genies verstanden werden. Wenn dies der Fall ist, dann kann aber auch die Beziehung zwischen der Weltsicht des Genies und dem Kunstmedium sowie der künstlerischen Form, in der sie zum Ausdruck kommt, keine äußerliche und beliebige sein; vielmehr muss es sich um eine interne, wesentliche Beziehung handeln. So kann es keine unwesentliche Tatsache sein, dass Beethovens Genie sich musikalisch ausdrückt, und zwar im Kanon der Formen, derer sich auch Haydn und Mozart bedient haben. Beethovens ästhetisches Genie muss mit einer genuin musikalischen Kreativität einher gehen, genauer mit einer sinfonischen und Sonatenkreativität, weniger einer Liedkreativität wie Schuberts Genie. Ganz gleich wie man an dieser Stelle Schopenhauers Gedanken gegen Schopenhauer fortsetzen mag: jede erdenkliche Fortsetzung bringt seine These unter Druck, dass Künstler und Philosoph verwandte Genies besitzen. Denn der Gedanke einer solchen Verwandtschaft steht in Spannung zu dem Gedanken, dass ein je spezifisches Genie auch zu einer je spezifischen Form der Äußerung seiner Weltwahrnehmung neigen muss. Dass die Weltsicht des Künstlers und die des Philosophen trotz dieses gravierenden Unterschieds noch vergleichbar sind, wird von Schopenhauer lediglich behauptet, nicht aber gezeigt.

Mag sich auch eine Genieästhetik im Sinne Schopenhauers als ebenso inkohärente wie anderweitig unattraktive produktionsästhetische Theorie erweisen wie eine Ästhetik der Inspiration, so ergeht es einer verfahrenstheoretischen Auffassung der künstlerischen Produktion als regelgeleiteter Technik nicht besser. Das zeigt sich bereits an einer frühen, den prozeduralen Charakter poetischer Tätigkeit eher pauschal behauptenden als im Detail zeigenden Theorie wie der John Deweys.[9] Dieser bemüht sich, seinerseits jede Mystifikation der künstlerischen Produktivität zu vermeiden. Deswegen verzichtet er durchgehend auf den Begriff des Genies und ersetzt ihn durch den Begriff der Kreativität, der bei ihm keinerlei theologische oder demiurgische Konnotationen hat. Kreativität ist bei Dewey gar nichts der Kunst Eigentümliches, sondern ein Aspekt menschlicher Erfahrung (experience), menschlichen Weltbezugs überhaupt. In der Erfahrung verhält sich der Mensch sowohl rezeptiv und passiv als auch spontan und aktiv, ersteres als wahrnehmendes, letzteres als denkendes und urteilendes Wesen. Die Transformation eines Wahrgenommenen in einen Gegenstand der

Erfahrung ist selbst ein kreativer Akt, eine Handlung. *Kunstproduktion* gibt es nur dort, wo es bereits eine Kultur des Umgangs mit Erfahrung und Weltbezug gibt. Da eine solche Erfahrungskultur aber aus Deweys Sicht zur Naturgeschichte des Menschen gehört, gibt es überall dort, wo es Menschen gibt, auch Kunst im engeren Sinn.[10]

Doch aus diesem Ansatz ergibt sich für Dewey ein methodisches Problem. Wenn er nämlich die *Kontinuität* zwischen der Kreativität der gewöhnlichen Erfahrung und der Kreativität der Kunst herausarbeitet, wirft das in der Folge die Frage auf, wie ‚Kunst als Erfahrung' und künstlerische Kreativität von außerkünstlerischer Erfahrung und Kreativität *zu unterscheiden* ist. Dass diese Frage beantwortet wird, ist eine entscheidende Gelingensbedingung für eine Theorie der Kunst.[11] Deweys Antwort lautet, dass die gewöhnliche Erfahrung in der Kunst ‚idealisiert' werde.[12] Dass diese Antwort aber nicht ausreicht, da Gleiches auch etwa für das Verhältnis der Geometrie zur gewöhnlichen Erfahrung gilt, ist ihm bewusst. Er setzt deshalb die ästhetische Differenz mitten in der gewöhnlichen Erfahrung selbst an und unterscheidet Erfahrung überhaupt von einer bestimmten, in sich abgeschlossenen Erfahrung, die er auch als Erfahrung von *Ganzheit, Vollständigkeit* oder *Erfüllung* bestimmt.[13]

Den Glückscharakter der Erfahrung von Erfüllung erklärt Dewey evolutionär: Die Wahrnehmung von Vollständigkeit und Erfüllung sei stammesgeschichtlich als Erfahrung befriedigter Bedürfnisse sowie der – wenn auch fragilen – Ordnung und Harmonie der Umwelt, die Beruhigung und Sicherheit in den eigenen Lebensvollzügen ermögliche, ins kollektive Gedächtnis der Menschheit eingegangen. Da ferner jede solche Wahrnehmung und Erfahrung auch emotional beladen sei, und zwar entsprechend dem Überlebenswert und der Bedeutsamkeit für die Bedürfnisbefriedigung, so sei die ästhetische Erfahrung von Vollständigkeit und Erfüllung von Glücksgefühlen begleitet.[14] Die Erfahrung von Vollständigkeit ist gewöhnliche ästhetische Erfahrung; als deren ‚Idealisierung' sieht Dewey die Erfahrung von Kunst an. Beispiele für Erfüllungserfahrung in bzw. mit Kunst im Sinne Deweys wären dann etwa das Erkennen einer Figur in einer Zeichnung, das Erlebnis der Coda als Abschluss eines Sonatensatzes oder das Begreifen der Katastrophe als Ende einer Tragödie. Solche ästhetischen Erfahrungen mit Kunst sind nach Dewey die ‚natürliche' Fortsetzung ästhetischer Erfahrung mit der Natur, beispielsweise der Wahrnehmung, dass eine Bewegung abgeschlossen oder eine Frucht reif zum Verzehr ist. Das Glück des Kunstgenusses und die ästhetische Lust haben dieser Theorie zu Folge ihre Wurzel letztlich in der Evolutionsgeschichte des Menschen.[15]

Dabei ergibt sich als naheliegende Konsequenz aus Deweys allgemeinen Überlegungen zur Kreativität der Erfahrung eine *Theorie der Kreativität ästhetischer Erfahrung* und damit einher gehend die *Assimilation von Kunstrezeption an die Kunstproduktion.* Beides stelle jeweils eine Kanalisierung kreativer Energie dar. Wie der erkennende Mensch im Akt des Erkennens bzw. der Erfahrung kreativ ist, so kreiert der Kunstrezipient das Werk in der ästhetischen Erfahrung gleichsam nach und neu: „Without an act of *recreation* the object is not perceived as a work of art."[16] Was es allerdings heißt, ein Objekt als Kunstwerk wahrzunehmen, bleibt völlig ungeklärt. Dewey verfügt über keinen bestimmten Begriff der schönen Kunst. Sie wird, völlig unzureichend, als besondere, ‚idealisierte' Form des Ausdrucks einer an sich omnipräsenten ästhetischen Erfahrung beschrieben, welche ihrerseits anderen die ästhetische Erfahrung – von Kunst – ermöglichen soll.[17] Die Verschiedenheit der Künste resultiert nach Dewey lediglich aus der Verschiedenheit der Kunstmedien (Sprache, Ton, Farbe, Stein etc.), wobei wieder völlig unbestimmt bleibt, was ein Medium der Kunst sein kann und aus welchem Grund.[18] Ferner gibt es bei ihm die vage Vorstellung einer *Abfolge* ästhetischer Erfahrungen, einer Wiederholung des kreativen künstlerischen Aktes und damit einer Neuschöpfung des Werkes durch Publikum bzw. Kritiker. Was die Rede von Neuschöpfung aber bedeuten soll, bleibt unklar. Eben daher sind Produktion und Rezeption nicht mehr aufeinander bezogen – mit paradoxen Konsequenzen. Eine davon ist, dass jeder Rezipient in seiner subjektiven ästhetischen Erfahrung sein eigenes Werk reproduziert, welches nicht notwendig das gleiche ist wie das Werk seines Mitrezipienten und Mitreproduzenten, ebenso wenig aber wie das rezipierte, die Neuschöpfung allererst auslösende Werk selbst. Dass diese Erfahrung dennoch öffentlich und geteilt ist, bleibt rein verbale Versicherung.[19]

Gegenüber Schopenhauers transzendenter Genieästhetik hat Deweys Theorie ästhetischer Kreativität immerhin den Vorzug, die Einheit des poetischen Akts zu bewahren, also den Zusammenhang zwischen dem geistigen Akt des Künstlers und seiner tätigen Verwirklichung im Werk nicht zu zerschneiden. So findet sich bei ihm zumindest im Ansatz eine Theorie ästhetischer und poetischer

Kompetenz, welche akt- und ergebnisbezogen ist. Schopenhauer wird von Dewey denn auch einer vehementen Kritik unterzogen.[20] Doch Dewey verfällt seinerseits in eine Fehlkonzeption ästhetischer Kreativität, die der Schopenhauers komplementär ist. Denn die poetische Tätigkeit kollabiert hier in eine allgemeine, konzeptuell nicht begrenzte ästhetische Erfahrung und kreative Agilität. Der Grund liegt darin, dass Dewey seine Konzeption nicht an einen bestimmten Begriff der Kunst und eines entsprechenden generischen Gehalts der Künste zurück bindet.

Eine ausgearbeitete prozedurale Theorie künstlerischer Produktion ist – nach Ansätzen in den Regelpoetiken des 17. und 18. Jahrhunderts – am weitesten in den Schriften der formalistischen und strukturalistischen Ästhetik und ihrer einzelkunstwissenschaftlichen Fortsetzungen ausgearbeitet.[21] Doch die formalistische und strukturalistische Theoriebildung zeigt zugleich, worin das Problem einer prozeduralen Produktionsästhetik besteht. Denn letztlich kann eine solche Theorie nicht mehr leisten, als bestimmte poetische ‚Verfahren' der Generierung und Kontrolle einzelner ästhetischer Effekte zu isolieren und zu klassifizieren, z. B. der Verteilung gewisser Alliterations- oder Assonanzmuster auf der syntaktischen oder gewisser Metaphern- und Metonymiebildungen auf der semantischen Ebene. Doch einzelne ästhetische Effekte setzen sich nicht von allein zu einem poetischen Verfahren zusammen. Die Verheißung, die künstlerische Gesamttechnik auch nur eines einzelnen Werkes rekonstruieren oder einen Algorithmus der Text- oder Bildkunsterzeugung oder der Komposition eines musikalischen Kunstwerks aufzeigen zu können, bleibt offenkundig ein leeres Versprechen. Denn in der prozeduralen Auffassung der poetischen Aktivität geht ein Phänomen verloren, dem die genieästhetische Auffassung Rechnung trägt: das Phänomen der spontanen und werkorientierten Intentionalität des Künstlers. Wenn es daher so etwas geben sollte wie beschreibbare, lehr- und lernbare Regeln der künstlerischen Tätigkeit, dann können sie ihren Sinn nur vom Ziel dieser Tätigkeit her gewinnen, nämlich vom Kunstwerk. Nur das Werk selbst kann die Regeln seiner Herstellung definieren. Der prozedurale Ansatz muss daher als methodisch verfehlt angesehen werden.[22] Mit ihm fallen zugleich alle poststrukturalistischen Thesen vom „Tod des Autors" (Roland Barthes), d. h. von der Entbehrlichkeit der Kategorie des Künstlers oder Werkurhebers. Diese Thesen stützen sich ganz auf die strukturalistische Verfahrensästhetik und verlieren mit dieser ihre rhetorische Kraft.

2. Genie als Kompetenzbegriff

Bis hierher ist das Resultat der produktionsästhetischen Reflexion negativ. Eine Genieästhetik wie die Schopenhauers erfasst in gewisser Hinsicht die spontane Intentionalität des Künstlers, kann aber den Zusammenhang zwischen dieser und dem Werk nicht erhellen. Umgekehrt vermag eine prozedural-technische Auffassung künstlerischer Tätigkeit nicht der Tatsache gerecht zu werden, dass das Werk selbst ein geformtes, geordnetes Ganzes ist, welches sich einer entwerfenden und planenden geistigen Tätigkeit verdankt. Wenn es im Rahmen einer prozeduralen Produktionsästhetik überhaupt Raum für diesen Gedanken gibt, dann allenfalls als stillschweigende Voraussetzung, die aber im Widerspruch zur Hauptidee steht, man könne „Kunst als Verfahren" (V. Schklowski), d.h. als Befolgung eines Regelsystems auffassen. In einer Theorie ästhetischer Kreativität wie bei Dewey schließlich verlieren sich die Bestimmtheit sowohl des Werkes als auch des besonderen Charakters der das Werk hervorbringenden Tätigkeit in einem diffusen Bild allgemeiner ästhetischer Erfahrung.

Das Bild verändert sich, wenn man hinter Schopenhauer zurückgeht und ältere Theorien des ästhetisch-poetischen Genies betrachtet. Wie schon oft bemerkt wurde, spielt der Begriff des Genies in der Ästhetik des späten 18. und frühen 19. Jahrhunderts eine zentrale Rolle in der Polemik gegen die Regelpoetiken etwa eines Opitz, Boileau oder Gottsched. Was dagegen häufig übersehen wird, ist, dass der dabei entwickelte Begriff des Genies keineswegs nur negativ bestimmt wird, sondern eine positive explikative Rolle bei der Klärung des Begriffs poetischer Vermögen spielt. Genie ist ein genuiner poetischer Kompetenzbegriff, kein bloß unklares oder übertriebenes Lobwort wie im heutigen Sprachgebrauch.

Genie, lateinisch *ingenium*, bezeichnet dabei zunächst eine klassische Erfinder- und Wissenschaftlertugend (derer sich z.B. Descartes besonders rühmte).[23] Genau genommen ist *ingenium* aber gar nicht als eigenständige Tugend oder Kompetenz aufgefasst. Wer Genie in dieser ursprünglichen Bedeutung besitzt, besitzt keine ungewöhnliche Fähigkeit, sondern ganz gewöhnliche Fähigkeiten, nämlich Verstand (intellectus)[24] und Einbildungskraft (imaginatio), in ungewöhnlichem Maß und in seltener Harmonie. Dieser Punkt wird unten noch einmal anzusprechen sein, denn er ist relevant für die vergleichende Betrachtung ästhetischer und philosophischer Kompetenz. Ob Genie eher ein Talent, mithin angeboren, oder eher eine Fertigkeit, mithin erworben und womöglich lehr- und lernbar ist, bleibt zunächst offen. In jedem Fall handelt es sich hier noch nicht um eine im eigentlichen Sinn *poetische* Tugend.

Baumgarten unterscheidet dann ein spezifisches ästhetisches *ingenium* von sonstigen Arten von geistiger Begabung und legt sich hinsichtlich seines Ursprungs fest. Er spricht von einem „anmutigen und wählerischen Gemüt“ (ingenium venustum et elegans), welche dem Künstler angeboren (connatum) sei.[25] Dieses gelte es allerdings durch Übung (exercitatio aesthetica)[26] und Lernen (disciplina aesthetica)[27] zu vollenden; die bloß angeborene Begabung reiche nicht aus, um ein guter Künstler (felix aestheticus) zu werden. Umgekehrt sei alles Üben und Lernen ohne die angeborene Begabung vergeblich. Diese zeigt sich in einem gewissen natürlichen Antrieb (impetus aestheticus)[28] zur Ausübung seiner ästhetischen und poetischen Vermögen und zur Beschäftigung mit schönen Dingen und Kunstwerken. Die ästhetische und poetische Begabung zeigt sich, kurz gesagt, darin, dass sich ihr Träger nicht bloß gern, sondern mit Vorliebe künstlerisch betätigt. Diese These Baumgartens ist zweifellos phänomenal gesättigt. Zahlreiche Beispiele aus den Biographien bedeutender Künstler bestätigen sie. Doch mit Baumgarten lässt sich noch eine zweite, eher logische Bestimmung festhalten: Ästhetisch-poetische Begabung ist keine Sache des Alles oder Nichts, sondern des Mehr oder Weniger. Begabung lässt Grade zu. Sie zeigt sich in der größeren oder geringeren Leichtigkeit, mit der sich ihr Träger ästhetisch übt und poetische Lehren aneignet. Auf diese Weise lässt sich auch der ästhetisch Begabte vom bloß Ehrgeizigen unterscheiden.

Auch wenn Baumgarten so die Besonderheiten des ästhetischen *ingenium* im Vergleich mit anderen Vernunftvermögen betont, ist er weit davon entfernt, das bloße *ingenium* für eine kunstspezifische Naturanlage zu halten. Er ist vielmehr überzeugt, dass es eine sehr viel allgemeinere Bedeutung für den Vernunftgebrauch überhaupt hat, beispielsweise für Philosophen und Mathematiker. Er nennt an dieser Stelle Sokrates, den Ironiker, Platon, Aristoteles, Grotius, Descartes und Leibniz als Beispiele für die glückliche Vereinigung schönen, ästhetischen und gründlichen, logischen Denkens.[29] Philosoph und Künstler unterscheiden sich nach Baumgarten nicht prinzipiell, sondern lediglich im Hinblick auf die jeweilige Stärke und Ausbildung ihrer ästhetischen und logischen Erkenntnisvermögen.

Kant bricht an dieser Stelle fundamental mit Baumgartens Ästhetik. Er begreift Genie von vornherein als genuin produktionsästhetisches Vermögen, dessen Aktualisierung die Herstellung von Werken der schönen Künste ist. „Schöne Kunst ist Kunst des Genies.“ [30] Anders als Baumgarten unterscheidet Kant ferner scharf zwischen den Kompetenzen des Wissenschaftlers und denen des Künstlers. Während wissenschaftliche Erkenntnis und Darstellung die Grenzen der Erfahrung achten müsse, könne der Poet in den schönen Künsten alle der Erfahrung gezogenen Grenzen überschreiten. Dies müsse er auch, denn Genie ist für Kant das Vermögen der Darstellung erfahrungstranszendenter ästhetischer Ideen, die darzustellen das eigentliche Ziel der Kunst sei. Wissenschaftliche Erkenntnis- und Darstellungskompetenz ist lehr- und lernbar, künstlerisches Genie nicht. Dieses Vermögen wird aber von Kant durchaus ambivalent beurteilt. Der geniale Künstler ist gleichsam selbst Natur, sofern er, ohne selbst Regeln zu folgen, musterhafte Werke schafft, ohne selbst sagen zu können wie.[31] Die Regeln der Kunst sind aus Kants Sicht weder lehr- noch lernbar. Aus diesem Grund ist es im Rahmen von Kants Produktionsästhetik auch durchaus fraglich, ob das Genie selbst tatsächlich als Vernunftvermögen anzusehen ist wie bei Baumgarten. Denn der rechte Vernunftgebrauch ist durchaus eine Sache des Lernens und der methodischen Unterweisung. Dies gilt selbst für die Urteilskraft, die als Vermögen zwar angeboren sein muss, sich aber durch Übung und Schulung dennoch schärfen lässt.[32] Die poetische Übung, von der auch Kant handelt, hat zwar eine gewisse Ähnlichkeit mit der Kultivierung des Denkvermögens in Philosophie, Logik und Mathematik, wird aber in der *Kritik der Urteilskraft* dennoch scharf davon getrennt. Der Künstler – und nicht nur sein Publikum – bedarf für die rechte Ausübung seiner künstlerischen Naturbegabung des Geschmacks. Dieser ist Korrektiv überbordender Genialität. Dabei ist Geschmack bestimmt als ästhetische Urteilskraft, Genie als poetische Schaffenskraft. Baumgarten unterscheidet poetische und ästhetische Vermögen noch nicht in dieser Weise. Kant baut hier einen Gegensatz auf, um dann die Möglichkeit eines Gleichgewichts zwischen den beiden entgegengesetzten Vermögen von der Möglichkeit eines Übergewichts des einen über das andere zu unterscheiden. Ein Überschuss an Genie bei gleichzeitigem Mangel an Geschmack führt nach Kant zu abgeschmackter Kunst, während das gegenteilige Ungleichgewicht die Herstellung eines Kunstwerks ganz verhindert. Künstlerische Produktivität verlangt die richtige Balance von Genie und Geschmack.[33]

Mit der schroffen Entgegensetzung von Kunst und Wissenschaft und mit seinem ambivalenten Begriff des Genies bezieht Kant eine durchaus extreme Position. Damit gilt er in vielen Darstellungen der Geschichte der Ästhetik als Urheber des romantischen Geniebegriffs. Aber diese verbreitete Einschätzung ist nicht haltbar.[34] In der auf die *Kritik der Urteilskraft* folgenden Entwicklung einer romantischen und idealistischen Ästhetik wird Kants extreme Darstellung des Genies nicht übernommen. Der romantische und idealistische Geniebegriff stellt, zumindest bis in die Mitte des 19. Jahrhunderts, eher die Rehabilitierung des traditionellen *Ingenium*-Begriffs dar. An zwei Punkten wird dies besonders deutlich: (1) Friedrich Schlegel bestimmt den Geniebegriff nicht in Entgegensetzung zum Begriff des Geschmacks, sondern als diesen einschließend. Genie ist das rechte Verhältnis einer entwickelten *Phantasie* oder *produktiven Einbildungskraft* einerseits und einer gebildeten *Kritikfähigkeit* oder *ästhetischen Urteilskraft*, des *Geschmacks*, andererseits. Ästhetisches Genie ist so etwas wie ein ‚Sinn für schöne Kunst'. Dies ist die romantische *Modifikation* des *ingenium*, wie man es noch bei Baumgarten findet. Im eminenten Sinn Genie für die Kunst besitzt allerdings erst eine Person, bei der Genie und *Poesie*, also das poetische Können, welches vom Einfall zum Werk führt, harmonisch vereint sind, als ‚poetisches Genie'. Wie Kant trennt Schlegel also Geschmack und Genie, geht aber, anders als Kant, von einer *Stufung* der Vermögen an Stelle eines Gegensatzes aus. Schon der Liebhaber der Kunst vereint in sich Phantasie und Geschmack; aber in der Poesie sind beide Vermögen vollendet. (2) Schlegels Überlegungen zum Verhältnis von Kunst und Wissenschaft ähneln mehr den Thesen Baumgartens als denen Kants. Denn er behauptet die Bedeutung des Wissens für die Kunst.[35] Er wendet sich damit vehement gegen Dilettantismus, Sentimentalismus und Irrationalismus in der Kunstauffassung, die später ironischerweise gerade ihm und der Romantik entweder affirmativ attestiert oder aber vorgeworfen wurden, tatsächlich aber eher Gefährdungen der Produktionsästhetik Kants sind.[36] Geschmack ist bei Schlegel nämlich, anders als bei Kant, kein *rein* ästhetisches Beurteilungsvermögen, sondern setzt Urteilskraft schlechthin und damit Wissen voraus, nämlich Wissen über das vom Kunstwerk Dargestellte, dessen *Weltbezug*. Gleichzeitig, so betont Schlegel, gibt es auch philosophisches und wissenschaftliches Genie, also eine besondere Begabung für philosophisches Denken oder für bestimmte Wissenschaften, welche für die exzellente Ausübung der jeweiligen Disziplin erforderlich, aber nicht durch methodische Unterweisung allein zu erwerben ist. Hier zeigen sich Parallelen zwischen wissenschaftlicher und künstlerischer Fähigkeit.[37] Die *Besonderheiten* der Kunst, welche künstlerische von wissenschaftlicher Tätigkeit unterscheiden, werden bei Schlegel nicht unterschlagen. Sie sind aber nicht dort zu finden, wo Kant sie sucht. Denn die Besonderheit der Kunst ist nicht, wie Kant zu meinen scheint, in ihrer Regellosigkeit zu suchen, sondern in ihrer *Geschichtlichkeit*.[38] Künstlerische Produktion zeichnet sich durch eine besondere Weise der geschichtlichen Selbstplatzierung innerhalb der Geschichte der Kunst und der Künste aus. Werke aus der Vergangenheit sind für den Künstler wichtig als Referenzwerke, auf die er Bezug nimmt, und zwar form- und selbstbewusst, oder, wie Schlegel es nennt, ‚ironisch'.[39] Der Formbezug der Kunst ist immer auch ein Geschichtsbezug. Der methodisch selbstbewusste Künstler versichert sich in seiner Tätigkeit zugleich der Geschichte derjenigen Kunst, in der er tätig ist. Indem Schlegel diese Asymmetrie von Kunst und Wissenschaft behauptet, unterschätzt er möglicherweise die Geschichtlichkeit der Wissenschaft und insbesondere der Philosophie, in der bestimmte Klassiker wie in der Kunst nicht veralten, sondern Referenzwerke bleiben oder immer neu werden können. Der Bedeutsamkeit seiner Bemerkungen zum besonderen Modus der Geschichtlichkeit der Kunst tut das aber keinen Abbruch.

Eine wichtige *Gemeinsamkeit* zwischen Baumgarten, Kant und Schlegel besteht darin, dass beide *ingenium* oder Genie überhaupt als einen Kompetenz-, Erfolgs- und Leistungsbegriff auffassen. Ästhetisches Genie zeigt sich im ästhetischen Urteil. Ob jemand poetisches Genie besitzt, lässt sich nicht unabhängig von der Bewertung der Resultate seiner künstlerischen Produktion entscheiden. Das Kunstwerk selbst ist das Kriterium der Beurteilung seines Urhebers als genial oder Stümper. Dies ist in der nachidealistischen Produktionsästhetik lange Zeit verkannt worden, und zwar durchaus unter Berufung auf Kant. Denn man las den Satz Kants: „Schöne Kunst ist Kunst des Genies", definitorisch. Dann scheint es, als sei ‚Genie' bei Kant Definiens von ‚schöner Kunst', was voraussetzt, dass es möglich ist, den Begriff des Genies zu explizieren, ohne schon auf seine Äußerung – z.B. Kunstwerke – Bezug zu nehmen. Andererseits sind aber Kunstwerke bei Kant abschließend als Darstellung ästhetischer Ideen definiert und Genie als das Vermögen zu solcher Darstellung. So verhält es sich bei Kant letztlich gerade umgekehrt: Der Begriff des Werks der schönen Kunst ist erforderlich, um den Begriff des Genies zu erläutern. Die Einsicht, dass Kompetenzen nicht unabhängig von ihren Äußerungen, den Akten, begriffen werden können, wird bei Schlegel unterstrichen und später von Hegel in aller wünschenswerten Deutlichkeit artikuliert, wenn er über den Künstler schreibt: „Die Art und Weise seiner Produktion muss ebenso beschaffen sein, wie die Bestimmung des Kunstwerks erfordert."[40] Das ist auf den ersten Blick zwar nur eine Tautologie, aber dennoch keine Trivialität, weil es die begrifflichen Verhältnisse in der richtigen Ordnung darstellt. Der romantische und idealistische Begriff des poetischen Genies benennt einen Standard künstlerischer Exzellenz, deren Maßstab das schöne Werk selbst ist.[41] Ein Künstler hat Genie, weil er ein schönes Kunstwerk produziert hat. Für die spätere, nachidealistische Genieästhetik des mittleren und späten 19. Jahrhunderts stellt es sich umgekehrt dar: Für sie ist ein Werk ästhetisch interessant, weil ein genialer Künstler es geschaffen hat.[42] Dass eine auf diesem Prinzip beruhende Ästhetik schließlich produktionsästhetische Theorien insgesamt in Misskredit gebracht hat, ist jetzt zumindest historisch verständlich.

3. Poetische Meisterschaft

Nun ist es eine Sache, traditionelle Begriffe wie *ingenium* oder Genie gegen moderne Missverständnisse zu verteidigen oder den Verfall eines bestimmten Begriffsverständnisses zu konstatieren, eine andere, das Phänomen zu begreifen, welches der recht verstandene Begriff bezeichnet. In systematischer Hinsicht steht die Produktionsästhetik vor der Aufgabe, sich den Gedanken künstlerischer Kompetenz wieder anzueignen, von dem die klassische Ästhetik von Baumgarten bis Hegel handelt. Das kann im vorliegenden Zusammenhang nicht geleistet werden. Aber die Grundzüge einer so verstandenen erneuerten Produktionsästhetik lassen sich doch andeuten. Dabei ist der Ausdruck ‚Genie' nicht entscheidend. Denn anders als Kant meint, ist Genie keine basale Kompetenz, sondern eher ein Ensemble bzw. ein geordnetes Verhältnis basaler Kompetenzen, von denen einige in einem ungewöhnlichen Ausmaß vorliegen. Genie ist kein grundlegender Kompetenzbegriff, sondern ein höherer oder abgeleiteter Begriff, der eine Kompetenz-*konstellation* bezeichnet. Wichtiger als die Frage, wie man diese Konstellation poetischer und sonstiger Kompetenzen nennt, die zusammen das Genie ausmachen, ist die Frage, welche basalen Kompetenzen es sind, die in diese Konstellation eingehen. Als methodischer Leitfaden der Produktionsästhetik lässt sich das vor allem von Hegel explizit formulierte, der Sache nach aber auch bei Baumgarten, Kant und Schlegel angewandte *Prinzip des theoretischen Primats des Kunstwerks vor seinem Urheber* verwenden. Die Idee des Werkes selbst gibt vor, welche Kompetenzen für seine Produktion erforderlich sind.[43]

‚Das Werk' ist hier allerdings als generischer Singular zu verstehen. Es ist nicht der Fall, dass jedes einzelne Kunstwerk jeweils singuläre poetische Kompetenzen erforderlich machte, die in seine Herstellung eingingen, nicht aber in die Herstellung irgendeines anderen Werkes. Poetische Kompetenzen beziehen sich nicht auf Einzelwerke, sondern auf *Arten*, *Gattungen* oder *Genres*. Denn von Kompetenz – anstatt von glücklichem Zufall – hat man im Allgemeinen erst dann Grund zu sprechen, wenn sie mehr als einmal aktualisiert wurde. Diese These ist ihrerseits generisch. In einzelnen Fällen wird ein Künstler auch dann als Meister beurteilt, wenn das Publikum nur ein Werk von ihm kennt. Wie alle menschlichen Fähigkeiten sind aber auch poetische Kompetenzen fallibel. Das heißt, auch ein fähiger Künstler kann an einem einzelnen Werk scheitern, ohne dass dadurch seine poetische Kompetenz im Grundsatz in Frage gestellt wäre.

Prinzipiell gilt, dass Kunstgattungen oder -genres zugleich Standards *poetischer Meisterschaft* definieren. Der Begriff der Meisterschaft ist dabei nicht primär kompetitiv zu verstehen. Meister ist nicht erst derjenige Künstler, der in irgendeinem Sinne besser oder kompetenter ist als alle anderen, sondern derjenige, der ein gutes Exemplar einer Kunstgattung herzustellen versteht. Meisterschaft bezeichnet kein Maximum, sondern ein Optimum, welches von mehreren Künstlern erreicht werden kann, deren Werke dann als gleich meisterlich anzusehen wären. Das lässt auch Raum dafür, dass sich gattungs- oder genregleiche Werke verschiedener Künstler stilistisch sehr voneinander unterscheiden können. Die Sinfonien Haydns und Beethovens sind bei häufig großer formaler Übereinstimmung denkbar unterschiedlich, ohne dass der eine ein größerer Sinfoniker wäre als der andere. Dass Wettbewerbe zwischen Künstlern möglich sind, zeigt nicht, dass die künstlerische Meisterschaft verschiedener Personen sich notwendig nach dem größeren oder geringeren Ausmaß ihres Vorliegens messen ließe, sondern dass ein Publikum, ganz gleich ob aus Kennern oder Laien zusammengesetzt, auch nach persönlichen Vorlieben urteilt und präferiert. Darin besteht ein zentraler Unterschied zwischen künstlerischen und sportlichen Wettkämpfen.

Dennoch lässt Meisterschaft auch Grade zu. Aber diese beziehen sich nicht auf das einzelne Werk, sondern auf die *Reichweite* des generischen poetischen Könnens. Wer in mehr als einem Genre gut zu arbeiten versteht, ist ein größerer Meister als eine Person, die nur in einem Genre mit künstlerischem Erfolg tätig ist. Als schlechthin meisterhaft gilt schließlich ein Künstler, dem zugetraut wird, in allen Genres einer Kunst oder sogar kunstübergreifend meisterlich zu arbeiten. Als mit einem solchen künstlerischen Universalgenie begabt wurden z. B., mit einem gewissen Recht, Bach, aber auch, mit etwas weniger Recht, Mozart und Beethoven angesehen. Richard Wagner bezog einen großen Teil seines Selbstbewusstseins als Künstler daher, dass er die Oper – zu Recht – als Gesamtkunstwerk ansah, sich selbst aber, da er Komponist, Librettist, Bühnenbildner, Regisseur, Dirigent und schließlich Baumeister in einer Person war, als Meister aller Künste. Obendrein nahm er für sich in Anspruch, die Maßstäbe künstlerischer Exzellenz in all diesen Künsten neu gesetzt zu haben.

Damit ist ein Begriff berührt, der in der bisherigen Erörterung poetischer Kompetenz zu fehlen scheint, nämlich der der *Originalität.* Ohne den Gedanken, dass poetisches Können Originalität einschließt, scheint jede Idee künstlerischer Produktivität und Kreativität in bloßen Klassizismus oder eine andere Art von ästhetischem Konventionalismus zu führen. Doch es ist daran zu erinnern, dass der Terminus ‚Originalität' eine ebenso wechselhafte Geschichte durchlaufen hat wie der Ausdruck ‚Genie'.[44] Seit Kant wird Originalität mit dem Genie zusammengedacht, aber meist lediglich *ex negativo* verstanden, als der Mut, mit etablierten Konventionen zu brechen und etwas Neues zu schaffen. Dieses Neue kann aber seinerseits nicht positiv verstanden werden, sondern nur als Negation der etablierten künstlerischen Formen und Konventionen. Besonders aus Adornos ästhetischer Theorie haben nachfolgende Ästhetiker und Theoretiker der Einzelkünste immer wieder gerade einen Imperativ der Negation und der Negativitätsästhetik herausgelesen.[45] Die negativitätsästhetische Deutung des Originalitätsbegriffs wird häufig begriffsgeschichtlich bis zu Kant zurückverfolgt, bei dem sich gewisse Aspekte eines solchen Ansatzes tatsächlich finden. Doch die terminologischen Verhältnisse sind hier insofern komplizierter, als Kant nicht nur mit diesem neuen Verständnis des Originalen arbeitet, welches sich aus seinem in sich spannungsvollen Geniebegriff ergibt, sondern daneben auch noch das traditionelle Originalitätsverständnis kennt und einsetzt. Der Begriff der Originalität erscheint in der *Kritik der Urteilskraft* zunächst im *Definiens* des Geniebegriffs, und zwar als eine negative Bedingung. Original ist das Genie, sofern es ein Talent, d.h. ein angeborenes Vermögen der nicht durch Regeln geleiteten Tätigkeit ist.[46] Aber damit ist nur die negative Seite des traditionellen Originalitätsverständnisses angesprochen. Original ist ein Kunstwerk dann, wenn es nicht die bloße Imitation oder gar Kopie eines anderen Werkes ist. In diesem Sinn sagt auch Kant, dass Genie dem „Nachahmungsgeiste" (KU, B 183), nämlich dem der Nachahmung anderer Werke, entgegengesetzt sei. Damit ist aber nur eine notwendige negative Bedingung von Originalität angesprochen. Original in der positiven Bestimmung ist ein Kunstwerk erst dann, wenn es seinen Gegenstand so darstellt, wie er nach seiner Natur beschaffen ist, wenn also das künstlerische Abbild dem Urbild deswegen entspricht, weil die Darstellung selbst aus der sorgfältigen Betrachtung des Gegenstandes gewonnen wurde. Originalität ist im traditionellen Sinn eine mimetische Norm, ein Standard akkurater Darstellung.[47] Für die mimesis-bezogene Hauptbedeutung von Originalität lässt Kant offiziell nur noch wenig Raum, da für ihn die Darstellung ästhetischer Ideen die Hauptaufgabe der schönen Kunst ist, ästhetische Ideen aber keinen Standard der angemessenen Darstellung definieren. Doch in den Erläuterungen und Beispielen, die Kant im Kontext der Explikation des Geniebegriffs anführt, zeigen sich noch Spuren des alten Originalitätsideals. (KU, § 47 ff.) Denn die Darstellung ästhetischer Ideen kann keinen anderen Weg nehmen als den über die Repräsentation von Gegenständen in der Welt, die so dargestellt werden müssen, dass die ästhetische Idee in ihnen anschaulich wird. Für die Darstellung innerweltlicher Gegenstände, auch für solche, welche allegorische Zusammensetzungen aus den Eigenschaften und Attributen anderer Gegenstände sind, gelten aber mimetische Standards, zu deren Erreichung „mühsame[...] Versuche" und Prozesse einer „langsamen und peinlichen Nachbesserung" erforderlich sind. (B 190) In Kants offizieller Darstellung ist mimetische Genauigkeit nur eine limitierende Randbedingung des Genies und wird deswegen in dessen Definition nicht aufgenommen. Das aber scheint insofern inkohärent, als Genie zugleich als das Vermögen der schönen Kunst bestimmt ist, Kunst aber nur dann schön ist, wenn sie mimetischen Standards genügt. Offenbar gehört der mimetische Standard also zur Sache selbst und nicht bloß zu ihren Randbedingungen.

Doch lassen wir diesen Punkt auf sich beruhen. Wichtiger ist, dass es möglich ist, eine positive Bestimmung von Originalität oder künstlerischer Ursprünglichkeit anzugeben und so über den bloß negativen, in letzter Konsequenz destruktiven Originalitätsgedanken der nachkantischen Ästhetik hinauszukommen. Originalität ist demnach vor allem eine *Werkeigenschaft*. Original ist ein *Werk*, welches eine Sache ursprünglich darstellt. Originalität als kreatives Vermögen ist, davon abgeleitet, die Fähigkeit zur Herstellung originaler Werke. Sie ist allerdings mit dem Formbezug und der Traditionsgebundenheit der Kunst durchaus vereinbar. Der Formbezug eines Werkes auf andere Werke macht das Werk noch nicht zu einem Imitat, sondern erst der oberflächliche, nicht sachangemessene, die sachlich richtige Darstellung zerstörende oder verhindernde Formbezug. Auf diese Weise wird auch deutlich, dass die sachlichen Erfordernisse der angemessenen Darstellung von Gegenständen in der Kunst ein starker Motor der Transformation und der Formentwicklung der Künste sind. Denn der originale Künstler formt sein Werk so, dass die Werkform dem dargestellten Inhalt entspricht. Nun kann ein neuartiger Gegenstand der Darstellung auch die Anpassung und Abwandlung tradierter Formen nötig machen. Die künstlerisch selbst- und formbewusste Darstellung führt dann notwendig auch zu einem kritischen, reflektierten Umgang mit dem tradierten Formenkanon. Dem epigonalen Künstler geht hingegen der Sinn für die Angemessenheit der Form an den darzustellenden Inhalt ab.

Nun scheint diese darstellungstheoretische Bestimmung von Originalität aber zu restriktiv zu sein. Denn nicht jede Kunst ist unmittelbar repräsentational. Mithin scheint ein Standard mimetischer Genauigkeit nicht auf jede Kunst anwendbar zu sein. Oben war schon die Rede von abstrakter Bildkunst und der nichtdarstellenden Kunst der modernen Avantgarden. Gleiches scheint auch für die so genannte ‚reine' oder ‚absolute', besser abstrakte Musik zu gelten. Aber in all diesen Bereichen unterscheidet man dennoch zwischen originalen und epigonalen, bloß imitierenden Werken.

Diese Beobachtung nötigt zu einer Verallgemeinerung der Explikation von Originalität, und zwar wie folgt: In den mimetischen Künsten ist original ein Werk, dessen Darstellungsform sich nach der darzustellenden Sache richtet. Die richtige und genaue Darstellung dieser Sache ist das, was man als *Werkidee* bezeichnen kann. In den nicht oder nicht unmittelbar repräsentationalen Künsten gibt es nun ebenfalls die poetische Tätigkeit leitende Werkideen, z.B. der harmonischen oder kontrastiven Anordnung bestimmter Farben und Formen oder auch der Erstellung zwischen Repräsentation und Abstraktion oszillierender Werke wie in der abstrakten Bildkunst, der sukzessiven harmonischen Transformation einer bestimmten Tonfolge oder der Auslotung expressiver Möglichkeiten klanglicher Parameter wie Klangdynamik, Rhythmik und Tempo in der abstrakten Musik. Dass Musik – wie Lyrik und anders als Bildkunst – ihrem Wesen nach offen für Expressivität ist, liegt wesentlich an ihrem nicht-objektiven Charakter. Musik für sich stellt keine Gegenstände dar. Gerade deswegen kann sie, als textbegleitende Musik, die expressiven Qualitäten eines Textes unterstützen – oder aber konterkarieren; aber sie kann auch, als abstrakte Musik, zu einer Art abstrakter Expressivität finden, wie sie nicht einmal der Lyrik möglich ist. Eben deswegen gilt Musik Kunstphilosophen wie Hegel als reine Ausdrucksform von Subjektivität. Allerdings muss man qualifizierend hinzufügen, dass Musik dies lediglich der Möglichkeit nach ist, die nicht in jedem gelungenen abstrakten musikalischen Kunstwerk aktualisiert wird.

In der Kunst der Avantgarden nimmt die Suche nach singulären, nur auf ein Werk anwendbaren Werkideen zu, ebenso aber eine Tendenz zur Wiederholung einer solchen singulären Idee in immer neuen Exemplaren eines Lebenswerks. Original ist in allen diesen Bereichen dann jeweils ein Werk, in dem die Werkform aus der Werkidee selbst folgt, anstatt dass zu einer bloß übernommenen Form eine Idee gesucht bzw. dass die Übereinstimmung zwischen Idee und Form gar nicht angestrebt wird. In dieser Perspektive erscheint mimetische Originalität als ein wenn auch zentraler Spezialfall künstlerischer Originalität.[48]

Der so umrissene Begriff der Originalität ist robust gegenüber der kunstontologischen Unterscheidung zwischen persistierenden und transitorischen bzw. zwischen Ding- und Ereigniskünsten. Denn ganz gleich ob das Kunstwerk ein durch die Arbeit des Künstlers erzeugter selbständiger und fortdauernder Gegenstand ist, wie in den Bildkünsten, der Architektur oder der geschriebenen

Dichtung, oder ob die Tätigkeit des Künstlers eben das Werk ist, wie im Schauspiel, in der (Aufführung von) Musik oder auch im modernen artistischen Happening, die Originalität des Werks und dann auch des Künstlers richtet sich nach der Treue zu der jeweils zu Grunde liegenden Werkidee.[49] Poetische Meisterschaft zeigt sich im Vermögen zu einer solchen Idee, aber auch im Festhalten daran.

4. Ästhetische Einsicht

Originalität ist aber nur eine Dimension künstlerischer Exzellenz. Beurteilt werden Werk und Urheber auch nach der *Tiefe* der Werkidee. Damit wird aber einerseits nach einer dianoietischen, intellektuellen oder kognitiven Tugend des Künstlers gefragt, nach seiner Einsicht in den Gegenstand seiner Darstellung, andererseits nach dem poetischen oder technischen Vermögen, diesen Gegenstand angemessenen darzustellen. Diese Frage hat also zwei Aspekte, einen inhaltlichen und einen formalen, und die ästhetische Kompetenz, um die es geht, umfasst beide. Ich bezeichne sie als *ästhetische Einsicht*.

Was die inhaltliche Seite betrifft, so ist ein Werk tief, wenn es das Wesentliche oder den Kern der Sache trifft, die es darstellt. Ein Werk, welches bloß die Affekte und Leidenschaften des Publikums aufwühlt, ist sentimental, wirkungsvoll oder manipulativ, aber nicht tief. Stifter, Tolstoi oder James gelten als tiefe Autoren, Dickens und Freytag als auf Wirkung zielende.[50] Ästhetische Tiefe und ästhetische Wirkung müssen einander nicht ausschließen, wie die Romane Dostojewskijs zeigen, ebenso wie die Tragödien des Sophokles, Shakespeares oder Schillers. Dennoch sind Tiefe und Wirksamkeit zwei distinkte ästhetische Werte, die in einen Gegensatz zueinander treten können. Dass aber ein tiefes Werk von größerer ästhetischer Einsicht auf Seiten seines Urhebers zeugt als ein bloß wirkungsvolles, zeigt eine einfache Überlegung. Ästhetisch wirkungsvoll ist ein Werk deswegen, weil und sofern es dem Publikum die affektive Ergriffenheit und emotionale Anteilnahme am dargestellten Gegenstand erlaubt. Dabei ist aber die Richtigkeit der Darstellung schon stillschweigend unterstellt. Es ist also unterstellt, dass der dargestellte Gegenstand tatsächlich ästhetisch repräsentativ ist, also exemplarisch oder metonymisch allgemeine Schicksale oder Züge des Menschseins anschaulich macht. Für eine bloß wirkungsvolle, allein auf Wirkung angelegte Kunst ist aber gar nicht entscheidend, dass der dargestellte Gegenstand ästhetisch repräsentativ ist, sondern lediglich, dass er dem Publikum so erscheint. Dass das Publikum seinerseits diese Gewichtung nicht bemerken darf, zeigt die Tatsache, dass manipulative, propagandistische Kunstwerke ihre ästhetische Wirksamkeit einbüßen, wenn die Manipulation durchschaut wird. Das gilt für den Antisemitismus bei Gustav Freytag oder Wilhelm Busch ebenso wie für die sentimentale Darstellung moderner Armut bei Charles Dickens, die viel von ihrer emotionalen Wirkung verliert, wenn man die durch Witz und Rührseligkeit kaschierte unrealistische und stereotype Darstellung der Figuren einmal durchschaut hat und den verdeckten Zynismus des darin wirksamen Erfolgskalküls bemerkt.[51] Eine künstlerische Darstellung kann übrigens auch dann manipulativ sein, wenn der Künstler subjektiv vom guten Zweck seiner Manipulation des Publikums überzeugt ist, wie etwa Hans Grimms Roman *Volk ohne Raum* von 1926 zeigt. Ästhetisches und moralisches Scheitern gehen mit einer ästhetisch wirkungsvollen, beim Publikum sehr erfolgreichen exemplarischen Darstellung der These einher, dass der tiefste Grund für die Probleme des deutschen Volkes die räumliche Enge und dass die Lösung dieser Probleme in der Eroberung von Kolonien in Afrika zu finden sei. Weniger spektakulär ist das ästhetische Scheitern auf Grund einer manipulativ auf Wirkung bedachten Darstellung des ‚einfachen' Lebens und der Warnung vor dem verderblichen Einfluss von Zivilisation und Kultur in Knut Hamsuns *Segen der Erde* (*Markens Grøde*, 1917). Immerhin wurde das schon relativ früh bemerkt, wie Halldór Laxness' Hamsun parodierender Roman *Sein eigener Herr* (*Sjalfstaett Folk*, 1935) zeigt. Eine manipulative Darstellung kann nicht tief sein. Denn sie eröffnet kein tieferes Verständnis der Sache, die sie darstellt.[52]

Eine tiefe Darstellung ist demnach das Werk eines Künstlers, der den Gegenstand seiner Darstellung sorgfältig bedacht und gründlich erfasst hat und deshalb in der Lage ist, als exemplarisch dasjenige darzustellen, was exemplarisch ist, das Vage und Typisierende hingegen als vage und typisierend kenntlich zu machen. Ästhetische Einsicht ist damit eine Ausformung der epistemischen Tugenden der Wahrhaftigkeit und der Gründlichkeit.[53] Allerdings scheint sich diese Idee von ästhetischer Tiefe lediglich auf die repräsentationalen Künste beziehen zu lassen, nicht aber auf abstrakte Künste wie Musik und abstrakte Bildkunst oder auf eine stark funktionale Kunst wie die Architektur. Zumindest in der Musik und der abstrakten Bildkunst unterscheidet man aber gleichwohl zwischen tiefen und bloß auf Wirkung angelegten Werken und entsprechend zwischen verschiedenen Graden von ästhetischer Einsicht bei deren Autoren.[54] Was die abstrakte Musik betrifft, so hat Peter Kivy vorgeschlagen, künstlerische Tiefe wenn überhaupt mit irgendetwas, dann mit der virtuosen Beherrschung des Kontrapunktes sowie der Beherrschung vergleichbarer handwerklich anspruchsvoller Kompositionstechniken gleichzusetzen.[55] In der Konsequenz liefe das darauf hinaus, den abstrakten Künsten die inhaltliche Tiefe ganz abzusprechen und ihnen lediglich formale zuzugestehen. Aber das kann kaum eine befriedigende Lösung der theoretischen Schwierigkeit sein. Denn die Tiefe eines Werkes bemisst sich gerade nicht an der technischen Virtuosität seiner Machart. Schuberts deutsches *Stabat Mater* ist nicht deswegen kein tiefes Werk, weil der Komponist den Kontrapunkt nicht so virtuos beherrscht wie Bach, Händel oder Haydn, und von seinen tiefen Werken sind nicht alle kompositorisch virtuos.

Es hilft an dieser Stelle, nicht mit abstrakter Musik zu beginnen, sondern in einem ersten Schritt textgebundene, menschlichen Gesang begleitende Musik zu betrachten. Die polyphone geistliche Musik des Guillaume Dufay, Josquin Desprez oder Johann Sebastian Bachs gilt nicht wegen der virtuosen Polyphonie allein allgemein als tief, sondern wegen der Übereinstimmung von Inhalt und Form, weil nämlich die komplexe Form der Komplexität des Inhalts genau angemessen ist. Zur Tiefe dieser Werke gehört aber in erster Linie, dass sie einen tiefen Gehalt haben, d.h. dass in ihnen ein ernster und wichtiger Gegenstand in angemessener Weise sprachlich dargestellt wird, sei dies in der Sprache der tradierten Liturgie wie bei Guillaume Dufay und Josquin oder in der für Bachs *Passionen* charakteristischen Mischung aus Evangelientext, Kirchenliedtext und kommentierender Lyrik. Was den Kontrapunkt betrifft, so machen sowohl die Kantate *Ich hatte viel Bekümmernis* als auch die *Kaffeekantate* reichlich Gebrauch davon, aber nur eine der beiden Kantaten ist ein musikalisch tiefes Werk.

In einem zweiten Schritt lässt sich nun tiefe abstrakte Musik zumindest tentativ etwas genauer beschreiben. Tiefe abstrakte Musik wie Bachs *Kunst der Fuge*, Schuberts Klaviersonate in A-Dur oder Brahms' Klavierquartette sind tief, weil sie auf einem hohen kompositionstechnischen Niveau an die Gehalte konkreter, textbezogener oder liturgisch gebundener Musik erinnern, Bachs

Fugen als Fortsetzung der ‚andächtigen', ‚zum Lob Gottes' komponierten Fugen für Klavier und Orgel, Schubert und Brahms durch die Liedhaftigkeit der Themen in den Hauptsätzen. ‚Erinnern' ist allerdings ein unbestimmter Ausdruck. Die genannten Werke nehmen Bezug auf tiefe konkrete Musik, indem sie deren Formen aufgreifen und transformieren. Sie liefern so Beispiele für eine formale Bezugnahme auf den Gehalt anderer Werke, wobei die komplexe neue Form zugleich auf den Abstand zwischen der alten und neuen Form verweist. So wird verständlicher, warum und in welchem Sinne Werke wie diese als ‚reflektiert' und ‚gedankenreich' gelten.[56]

Analoges gilt auch für abstrakte Bildkunst. Tief ist sie dann, wenn sie in geeigneter Weise formal Bezug nimmt auf die Form tiefer darstellender Bildwerke, wie das in einigen Werken Richters, Rothkos, Newmans oder Blinky Palermos der Fall ist. Sie sind abstrakt im Sinne der Aussparung von Bildlichkeit, nicht im Sinne eines bloßen Spiels mit Farben und geometrischen Formen. Im Fall des von Richter gestalteten Fensters im Kölner Dom (2007) ist diese Aussparung auch durch die Umgebung, nämlich die Bildlichkeit der anderen Domfenster, besonders hervorgehoben. Was dagegen Rothko angeht, so ist die düstere Farbigkeit mancher seiner Bilder mit Recht immer wieder als ‚nächtlich', ‚trauernd' oder ‚verzweifelt' charakterisiert worden, während Newmans Farbflächenbilder als ‚erhaben' oder ‚transzendent' beschrieben werden. Solche Beschreibungen sollen andeuten, dass diese Bilder in unbestimmter Weise auf das Bezug nehmen, was in konkreter Bildkunst mit Hilfe dieser Farben dargestellt wurde. Wie bei abstrakter Musik wird auch hier durch die Abstraktion zugleich der Abstand zu der Art von herkömmlicher Bildlichkeit betont, auf die derartige Werke Bezug nehmen (auch wenn Richters Werk ansonsten häufig zwischen Darstellung und Abstraktion oszilliert).

Verallgemeinert lässt sich also sagen, dass ästhetische Einsicht ein tiefes Verständnis der Gegenstände künstlerischer Darstellung, also der *conditio humana* bzw. der für die jeweilige Kunst relevanten Aspekte einschließt, und zwar selbst dann, wenn das Werk diese Gegenstände nicht oder nicht unmittelbar darstellt. Traditionell wurde diese Seite der künstlerischen Produktion auch als die *religiöse Dimension* der Kunst bezeichnet.[57] Damit ist nicht so sehr das Phänomen religiöser Kunst im Sinne einer Kunst gemeint, die eine bestimmte Konfession oder religiöse Dogmatik unterstützt, sondern viel allgemeiner die notwendige Rückgebundenheit der künstlerischen Darstellung an eine *allgemeine, geteilte Auffassung des menschlichen Seins.*[58]

Einer der tiefen Irrtümer im Zusammenhang mit der Idee einer Kunstreligion, wie sie von den Frühromantikern bis zu Richard Wagner und Stefan George gepflegt wurde, besteht in der Annahme, die Kunst vermöge aus sich heraus eine allgemeine Welt- und Lebensauffassung hervorzubringen. Das kann die Kunst ebenso wenig wie die modernen Naturwissenschaften. Als Mensch wird der Künstler in solche allgemeinen Auffassungen hineinsozialisiert; als denkendes Wesen orientiert er sich darin. Durch die künstlerische Arbeit selbst schließlich beteiligt er sich an der kooperativen Anstrengung der Weiterführung, Ausarbeitung und Kritik dieser allgemeinen Auffassungen, und zwar auch dann, wenn er dabei eine ganz individuelle, unpopuläre oder nicht leicht zugängliche Vorstellung vom menschlichen Leben entwickelt.

Kunst kann die so verstandene religiöse Dimension nicht aussparen. Ein Künstler, der sich über die allgemeinen Voraussetzungen und Implikationen seines Schaffens keine Rechenschaft geben und mit seinem Werk ‚Kunst um der Kunst willen betreiben' oder ‚bloß unterhalten' will, wird dennoch allgemeine Auffassungen von Mensch und Welt in seinem Werk zum Ausdruck bringen, aber schematische, seichte oder inkohärente. Das genau entgegengesetzte Extrem stellt das Streben nach einer möglichst originellen, unverwechselbaren Weltauffassung dar, welches ebenso unweigerlich zu inhaltlicher Frivolität, Abseitigkeit oder Schrulligkeit führt. Kunst ist Arbeit am Weltbild, so oder so.

Die formale Seite größerer oder geringerer ästhetischer Einsicht zeigt sich daran, auf welche Weise der vom Künstler mehr oder weniger begriffene Gegenstand im Werk dargestellt wird. Dabei besteht eine interessante Asymmetrie zwischen der inhaltlichen, theoretischen, dianoietischen Tugend des angemessenen Gegenstandsverständnisses und dem poetischen oder technischen Vermögen der ästhetisch angemessenen, richtigen Darstellung. Denn eine ästhetisch etwas unbeholfene oder nicht ganz stimmige Darstellung muss die ästhetische Einsicht des Künstlers nicht unbedingt in Frage stellen, nämlich dann nicht, wenn die Schwierigkeit der Darstellung sich aus dem Begreifen des Gegenstandes ergibt. Es kann eben sein, dass tradierte Darstellungsformen zur angemessenen Darstellung nicht ausreichen und dass die erforderlichen Transformationen noch nicht abgeschlossen sind, so dass im Ergebnis, dem Werk, die Form dem Gehalt nicht gemäß ist. Als Beispiele könnte man die Vorformen der Oper im szenischen Madrigal bei Monteverdi, die Sinfonien Carl Philipp Emanuel Bachs und des jungen Haydn sowie den Kubismus etwa Picassos nennen. Die Darstellungsform wirkt unfertig und ästhetisch ebenso unvollkommen wie die Erläuterungen dieser Form durch die Künstler unbefriedigend,[59] aber diese Unvollkommenheit verweist auf die desto größere ästhetische Einsicht des Künstlers in das Wesen seiner Kunst und die Grenzen der tradierten Darstellungsmöglichkeiten. Der naive Hinweis, dass Künstler wie Monteverdi keine technischen Dilettanten seien, sondern auch ‚richtig', d.h. herkömmlich polyphon komponieren und dass Maler wie Picasso auch ‚richtig', nämlich realistisch malen könnten, soll im besten Fall eben dies ausdrücken. Die Umkehrung gilt hingegen nicht. Ein Mangel an dianoietischer Durchdringung des Gegenstandes kann durch poetische Virtuosität nicht kompensiert werden. Ein technisch virtuoses, aber geistig flaches oder theoretisch verblasenes Werk zeugt niemals von der ästhetischen Einsicht seines Urhebers. Man denke an Liszts symphonische Dichtungen, an Klingers Bilder und Skulpturen oder eben auch an Hans Grimm. Der technische Virtuose ist noch kein ästhetisch einsichtiger Künstler.

Formales, technisches Können in dem so eingeschränkten, anspruchsvollen Sinn zeigt der Künstler, indem er unter möglichen Darstellungsverfahren das für die Sache geeignete oder, falls mehrere konkurrierende Verfahren in Frage kommen, das am besten geeignete aussucht. Diese Tautologie ist nicht mehr als ein Platzhalter, da sich die geeignete Darstellungsweise nach der darzustellenden Sache richtet, die Suche nach allgemeinen Regeln und Kriterien der Angemessenheit also verfehlt wäre. Allerdings kann die philosophische Ästhetik auf gelungene Beispiele verweisen. Genannt seien hier nur zwei künstlerisch wie ästhetisch besonders aufschlussreiche, nämlich Händels Oratorium *Der Messias* und Evelyn Waughs Roman *Brideshead Revisited* (1945). Händels Vorhaben, ein Oratorium über die Person Jesus Christus zu schreiben, stellt ihn vor ein massives Darstellungsproblem. Denn der gesamte Textkorpus der vier Evangelien ist bei weitem zu umfangreich, um ihn als Textgrundlage für das narrative Gerüst eines Oratoriums zu machen. Eine neu zu schreibende poetische Biographie Jesu bliebe gegenüber der biblischen Sprache notwendig blass. Ein Rückgriff auf zu montierende Auszüge aus einem oder mehreren Evangelien würde hingegen den narrativen Zusammenhang und damit die Werkeinheit zerstören. Händels Lösung[60] läuft darauf hinaus, ganz auf ein narratives Gerüst nach dem Muster sonstiger Oratorien zu verzichten und stattdessen die verschiedenen Phasen des Lebens Jesu und ihre jeweilige theologische Bedeutsamkeit lediglich lyrisch zu kommentieren, und zwar vor allem im Rückgriff auf Psalmen- und Prophetenworte des Alten Testaments. Die Narration wird als überflüssig eingespart, weil der Kommentargegenstand, das Leben und Sterben Jesu, als bekannt unterstellt wird. Das Ergebnis, nicht zufällig zur Zeit seiner Entstehung als blasphemisch kritisiert, ist gewissermaßen ein Meta-Oratorium und eine Pionierleistung in der Geschichte des Genres, die dann von Haydn über Mendelssohn bis zu Brittens *War Requiem* Schule macht.

Waughs Roman hat das Ziel, die „Einwirkung göttlicher Gnade auf eine Gruppe verschiedener, aber eng miteinander verbundener Charaktere" in einem Roman darzustellen.[61] Das bringt die künstlerische Schwierigkeit mit sich, einen Gegenstand darzustellen, der der Theologie gemäß der menschlichen Einsicht und Nachvollziehbarkeit notwendig entzogen und dunkel bleibt. Gottes Vorsehung entzieht sich der Darstellbarkeit, und damit *a fortiori* der narrativen. Dieses Problem löst Waugh, indem er die Familie Marchmain, welche die Protagonisten des Romans stellt, dem katholischen englischen Hochadel angehören lässt, zur Erzählerfigur aber den Maler und bekennenden Agnostiker Charles Ryder macht.[62] Dieser ist von den Marchmains fasziniert, reagiert auf deren Bekehrungsversuche aber ebenso irritiert wie auf ihren Glauben als solchen, einschließlich der damit verbundenen Krisen, religiösen Zweifel und existenziellen Verzweiflung. Damit nimmt er genau die Position ein, die der Autor auch auf Seiten seiner Leser vermutet. Zugleich bleibt Ryder die Sinndimension der Romanhandlung, um die es dem Autor Waugh geht, ganz und gar verschlossen, so dass der Leser sie sich durch Ryders Erzählung hindurch und gegen deren subjektiven Sinn erschließen muss. Möglich ist dies, weil dieser Erzähler ein ansonsten zuverlässiger, genauer und mitfühlender Beobachter ist, der allerdings nicht anders kann, als die religiösen Selbstdeutungen von Angehörigen der Familie Marchmain so unverständlich darzustellen, wie sie für ihn sind. Ryder selbst wird von seinem Urheber an keiner Stelle des Romans denunziert. Auch dass er schließlich depressiv wird, spricht nicht gegen ihn, da es einem großen Teil der Familie Marchmain ebenso ergeht. Waugh gelingt so eine moderne Adaption der Lehre vom mehrfachen Schriftsinn, indem der Romantext nicht einfach nur mehr als das, sondern in vielerlei Hinsicht das Gegenteil von dem bedeutet, was er dem buchstäblichen Sinn nach sagt.

5. Ästhetische Einsicht und philosophisches Denken

Die Überlegungen zur Rolle der ästhetischen *dianoia* führen zurück auf die Leitfrage nach dem Verhältnis von Kunst und Philosophie, hier allerdings im besonderen Zusammenhang produktionsästhetischer Fragen. Gibt es so etwas wie eine philosophische Seite der künstlerischen Tätigkeit, und falls es sie gibt, unterscheidet sich die künstlerische *dianoia* der Form nach von philosophischer Einsicht? Oder unterscheiden sich Kunst und Philosophie lediglich hinsichtlich der Formen ihrer Darstellung?

Die bisherigen Überlegungen scheinen in entgegengesetzte Richtungen zu weisen. Einerseits geht es Kunst wie Philosophie um die Darstellung eines Allgemeinen; andererseits stellt die Philosophie dieses Allgemeine allgemein dar, d.h. im Modus des diskursiven Denkens, während die Kunst Allgemeines – exemplarisch, metonymisch oder vage – im Einzelnen repräsentiert. Philosophie stellt begrifflich dar, Kunst, einschließlich der Poesie, anschaulich bzw., traditionell ausgedrückt, intuitiv. Dieser Kontrast hat Kunsttheoretiker von Cassirer und Collingwood bis zu Adorno und Lyotard immer wieder zu der These verleitet, dass es der Kunst gerade um das Individuelle und ‚Nichtidentische', begrifflich nicht Fassbare gehe. Doch dieser These liegt eher eine Verwechslung des Ziels der Kunst mit einer speziellen philosophischen Kritik der Philosophie und besonders des Begriffs des Allgemeinen zu Grunde. Der Gegensatz zwischen Allgemeinem und Einzelnem ist hier viel zu abstrakt gefasst, als dass er das Verhältnis von Philosophie und Kunst zu erhellen vermöchte. Zu speziell ist in diesem Zusammenhang auch Heideggers Auskunft, dass die Kunst das philosophische Denken daran erinnere, dass der Seinsbezug des Denkens ein Phänomenbezug sei und dass Dichtung die Phänomene bedenke.[63] Denn Heidegger beansprucht damit gar nicht, eine generische Differenz zwischen Kunst und Philosophie benannt zu haben, sondern lediglich das hervorzuheben, was seiner Auffassung nach ‚denkende Dichter' wie Pindar, Hölderlin und an manchen Stellen Rilke besonders auszeichnet. Später stellt er auch Celan in diese Reihe.

Die Annahme eines prinzipiellen Gegensatzes von Philosophie und Kunst übersieht insbesondere zweierlei: zum einen, dass allgemeine Aussagen keine Spezialität der Philosophie sind, sondern in wissenschaftlichem und alltäglichem Denken allgegenwärtig, zum anderen, dass das Geschäft der Philosophie gerade in der kritischen

Prüfung allgemeiner Aussagen besteht, wenn auch nicht in einer unterschiedslosen Verabschiedung des Allgemeinen, sondern in der Unterscheidung wahrer oder zumindest orientierender von falschen oder irreführenden. Ferner haben die obigen Überlegungen zur religiösen Seite des ästhetischen Denkens gezeigt, dass allgemeine Gedanken auch die künstlerische Tätigkeit immer schon leiten. Ein Gegensatz zwischen Kunst und Philosophie könnte angesichts dieser Beobachtung nur bedeuten, dass sich die Kunst gegen die kritische Prüfung allgemeiner Gedanken und damit auf die Seite einer je bloß faktisch dominierenden, konventionellen Weltauffassung stellte. Das aber wäre wohl das Gegenteil von dem, was Cassirer, Adorno oder Lyotard eigentlich sagen wollen. Wenn die Kunst also nicht darauf reduziert werden soll, bloß herrschende Meinungen zu illustrieren, dann ist sie auf die Möglichkeit philosophischen Denkens und philosophischer Kritik angewiesen, wenn vielleicht auch unterschiedliche Künste in unterschiedlichem Maß und im höchsten Maß die Poesie.

Historisch betrachtet sind die Beziehungen zumindest zwischen Philosophie und Poesie sehr lange eng gewesen. Im antiken Athen ist die Tragödie zugleich ein Weg, mit Mitteln der Dichtung philosophische Ethik *avant la lettre* zu betreiben. Und die Anfänge einer systematischen philosophischen Ethik bei Platon und Aristoteles setzen die wissenschaftliche, diskursive und theorieförmige Ethik gegen die Dichtkunst durch. Doch auch nach dieser Arbeitsteilung bleiben die Beziehungen zwischen Philosophie, besonders Ethik, und Kunst eng. Mittelalterliche Künstler wie die Philosophendichter Dante und Petrarca bezeugen das ebenso wie die späteren *poetae docti* der Renaissance, Aufklärung und Romantik, von Rabelais über Swift, Sterne und Wieland bis zu Goethe, Schiller, Jean Paul, Novalis, Coleridge und Wordsworth, deren Gelehrsamkeit zu einem erheblichen Teil aus einer soliden philosophischen Bildung bestand. Dass die Bindung der Dichtkunst an die Philosophie im 19. und 20. Jahrhundert sich lockert, hat viel mit der Krise einer sich teils skeptisch-resignativ auf theorieinterne Fragen oder auf historisch-philologische Forschung zurückziehenden, teils sich einem dogmatischen Szientismus ausliefernden Philosophie zu tun, die – so oder so – der Poesie nichts mehr zu sagen hat. Es stellt die grundsätzliche Angewiesenheit der Kunst auf philosophische Reflexion nicht in Frage, sondern beleuchtet ein gemeinsames Problem von Philosophie und Kunst in der Gegenwart.

Das Resultat dieser Betrachtung ist, dass sich ästhetisches Denken und ästhetische *dianoia* nicht der Form nach von philosophischem Denken unterscheiden, was die Ergebnisse betrifft, nämlich die allgemeinen Überzeugungen. Diesbezüglich ist vom Künstler weder ein besonderes Vermögen noch eine spezielle Fertigkeit verlangt, sondern die traditionell als philosophisch bezeichnete allgemeine intellektuelle Tugend sorgfältigen Denkens. Ästhetische *dianoia* ist mithin keine genuine Denk- oder Erkenntnisform. Dieser Terminus ist verzichtbar; ihm entspricht keine spezifische Tugend oder Leistung künstlerischen Denkens.

Was sich hingegen grundsätzlich unterscheidet, sind die Methoden der Darstellung dieser Einsichten in Philosophie und Kunst – und dementsprechend auch die jeweils einschlägigen Darstellungsvermögen und -fertigkeiten. Darstellungsmedium der Philosophie ist das diskursive, theoretische, argumentative und begriffsanalytische Sprechen; die Medien der Kunst sind anschaulich-narrative oder lyrisch-expressive Rede, anschaulich geformte Bilder oder Klänge. Von allen Darstellungsformen der Philosophie fällt einzig der sokratische Dialog als Unterform des Dramas auch in die Dichtkunst, wie der platonische Sokrates im *Symposion* bemerkt und wie Aristoteles in seiner *Poetik* bekräftigt.[64] Die Lehrgedichte des Parmenides oder Lukrez wiederum sind keine Werke der Dichtkunst, wenn man dem aristotelischen Gedanken folgt, dass die Versform einen Text noch nicht zu einem poetischen macht. Was die Formen philosophischer Darstellung angeht, so steht die Philosophie gerade nicht in der Nähe der Poesie, sondern eher der Rhetorik, während die Sophistik eine ungenügende Erscheinungsform der Philosophie ist. Insofern ist Platons Kritik an Rhetorik und Sophistik im *Gorgias* und im *Sophistes* erhellender und grundlegender für das Selbstverständnis der Philosophie als die Dichterkritik im *Ion* und in der *Politeia*.[65]

Die Kunst wiederum stellt ihre Gegenstände dar, ohne die Darstellung zu begründen oder theoretisch zu rechtfertigen, jedenfalls nicht nach Art der Philosophie. Wenn ein Künstler diskursiv Rechenschaft von seiner Darstellungsmethode ablegt, z. B. in einem Vorwort wie Monteverdi, Henry James oder Evelyn Waugh, dann tut er das in Erwartung von Verständnisschwierigkeiten auf Seiten des je zeitgenössischen Publikums. Eine solche Rechtfertigung soll die Rezeption des Werkes erleichtern, ist aber selbst nicht Bestandteil des Werkes. Kunsttheoretische Traktate hingegen, auch wenn sie von Künstlern verfasst sind, gehören in die Philosophie oder in die Didaktik der jeweiligen Kunst, sind aber keine Kunstwerke.

Die obigen Überlegungen zum Unterschied von tiefer und bloß wirkungsvoller Kunst haben aber auch schon ergeben, wie wichtig für den Künstler eine richtige, unverzerrte, nicht ideologisch verstellte Sicht auf die *conditio humana* ist. *Ex negativo* zeigt sich das auch an künstlerischen Darstellungen des Menschen nach Maßgabe eines deterministischen Welt- und Menschenbildes, etwa bei D.H. Lawrence oder neuerdings bei Michel Houellebecq. Beide unterstellen in ihren Romanen die Wahrheit des Determinismus und der These, dass Willensfreiheit unmöglich sei.[66] Lawrence präsentiert diesen Gedanken als befreiend und, im Hinblick auf Normen der tradierten Sittlichkeit, als emanzipatorisch, Houellebecq hingegen als zutiefst nihilistisch und deprimierend. Eben das weist ihn als den tieferen Denker und besseren Künstler aus, wenn auch begünstigt durch ein halbes Jahrhundert mehr an Erfahrung mit einer populär gewordenen szientistischen Ideologie.

An diesem Beispiel zeigt sich aber auch die Bedeutsamkeit einer geistigen und moralischen Haltung des Künstlers zum Gegenstand seiner Darstellung. Die Möglichkeit eines solchen künstlerischen Habitus wird allerdings von solchen Ästhetikern nicht gesehen, welche meinen, dass die Kunst es nur mit Fiktionen zu tun habe. Bloßen Fiktionen gegenüber ist eine geistige und moralische Haltung allerdings nicht erforderlich. Doch die Fiktionen der Kunst stehen, wie man im Anschluss an Aristoteles sagen kann, für Allgemeines. Daher ist der künstlerische Habitus, um den es hier geht, eine Haltung zu demjenigen Allgemeinen, welches das Werk darstellt. Unweigerlich wird das Werk zum Ausdruck derselben. Eine verständige und gründliche ästhetische Beurteilung des Werkes urteilt daher notwendig auch über die geistige und moralische Haltung seines Autors.

6. Fazit: Poetisches Können als Begabung und erworbene Kompetenz

Das Kapitel hat begonnen mit einer Diskussion über Natur, Herkunft und Reichweite des poetischen Vermögens, also der Kompetenz, Kunstwerke herzustellen. Dabei zeigen sich im Spannungsfeld der beiden tradierten Begriffe Genie und Inspiration zwei

Grundzüge künstlerischer Tätigkeit, die es kunsttheoretisch zu verstehen gilt. Der Begriff oder besser die theologische Metapher der Inspiration verweist auf den widerfahrnisartigen Charakter des künstlerisch produktiven Einfalls, von dessen Herkunft und Entwicklung bis zur tatsächlichen technischen Ausführung oder Ins-Werk-Setzung der Künstler selbst häufig keine Rechenschaft ablegen kann. ‚Inspiriert' werden kann aber nur der künstlerisch begabte Künstler, und eben darauf verweist der Begriff des *ingenium* oder des Genies. Für die philosophische Ästhetik ist es nun entscheidend, beide Gedanken zu verstehen; und das impliziert: sie nicht zu mystifizieren.

Was den Begriff des Genies angeht, so steckt darin, wie Baumgarten, Kant, Schlegel, Hegel und selbst Schopenhauer übereinstimmend sagen, ein Moment von Talent oder angeborener Begabung. Diese zeigt sich daran, dass eine Person von sich aus eine starke Neigung zu künstlerischen Tätigkeiten der relevanten Art an den Tag legt. Dieses Moment anzuerkennen heißt keineswegs, einen mystifizierenden Begriff des geborenen Genies einzuführen, und zwar deswegen nicht, weil das Phänomen der natürlichen Begabung, erstens, gar nichts Kunstspezifisches ist, sondern ein Merkmal menschlicher Personalität als solcher, weshalb es sich auch in allen Bereichen spezialisierter menschlicher Tätigkeit zeigt, und weil natürliche Begabungen, zweitens, nicht zwangsläufig zu entsprechenden Fähigkeiten und schließlich zur vollen Kunstfertigkeit ausgebildet werden müssen, sondern durch ungünstige Umstände an der Entwicklung gehindert werden können.

Die Entwicklung oder Bildung der poetischen Begabung muss von ihrer Vollendung her gedacht werden, und das heißt, vom vollendeten, schönen Kunstwerk her. Was es heißt, ein Kunstwerk schön zu nennen, wird in den folgenden zwei Kapiteln zu diskutieren sein. In jedem Fall müssen die Standards des Schönen für die verschiedenen Künste verschieden sein, und entsprechend unterscheiden sich auch die spezifischen Begabungen und deren Bildung zu spezifischen Fertigkeiten in den verschiedenen Künsten. Diese Mannigfaltigkeit je besonderer Fertigkeiten kann hier nicht genauer unterschieden werden; die Darstellung musste sich vielmehr auf den Begriff und die allgemeinsten Unterscheidungen poetisch-kreativer Vermögen überhaupt beschränken. Obendrein ist auch mit kontingenten historischen Anforderungen an künstlerische Kompetenz zu rechnen, die nichts mit künstlerischem Fortschritt im Sinne der Weiterentwicklung der Darstellungsformen und -möglichkeiten einer Kunst im oben diskutierten Sinn zu tun hat. Wechselnde Moden der Kolorierung jenseits der Darstellungstreue in Bildkunstwerken im Übergang vom 17. zum 18. Jahrhundert wären hier ebenso Beispiele für ästhetische Kontingenz wie die sich wandelnden Gepflogenheiten der Instrumentierung in der sinfonischen Musik, soweit sie sich lediglich aus den Anforderungen immer größerer Konzertsäle an Klangrobustheit und Lautstärke eines Orchesters seit dem 19. Jahrhundert ergeben. Solche Entwicklungen sind bloße Veränderungen der künstlerischen Technik und ihrer Instrumente, aber als solche keine inneren Fortschritte der Bild- oder Klangkunst. Dennoch verändern sie auch die Anforderungen an die künstlerische Kompetenz des Malers oder Komponisten.

Künstlerische Meisterschaft beruht wesentlich auf ästhetischer Einsicht in das Wesen der jeweiligen Kunst; und diese hat zwei Seiten: eine weltzugewandte, inhaltliche, dianoietische Fähigkeit der rechten Gegenstandsauffassung und eine kunstzugewandte, formale, poetische der dem Gegenstand angemessenen Darstellung oder Werkformung. Ästhetische Einsicht ist die Voraussetzung für künstlerische ‚Inspiration', deren Möglichkeit einzuräumen ebenfalls nicht schon Mystifikationen Vorschub zu leisten heißt. Denn dass die künstlerische Tätigkeit, abgesehen von den mechanischen Aspekten der Körperbeherrschung und des richtigen Werkzeuggebrauchs in einigen Künsten, nicht vollständig als durch Regeln geleitet beschreibbar und deshalb ihre einzelnen Schritte nicht methodisch oder poetologisch begründbar ist, dass es ferner in der Kunst eine große Mannigfaltigkeit individueller Arbeitstechniken gibt, deren Eignung als Methode zur Herstellung eines Kunstwerks nicht allgemein und werkunabhängig einleuchten muss, liegt in der Natur der künstlerischen Tätigkeit selbst. Denn Maßstab der guten künstlerischen Methode kann letztlich immer nur das gelungene Werk selbst sein, nicht umgekehrt das Einhalten einer Arbeitsregel Maßstab und Garant des gelungenen Werkes. Auch das ist nichts Kunstspezifisches, sondern gilt für diverse Arten freier, nicht schematisch regulierbarer menschlicher Tätigkeit.[67]

Kapitel 4: Ästhetische Wertschätzung

1. Eine Standardauffassung des ästhetischen Wohlgefallens

Die Schönheit eines Kunstwerkes scheint ein ebenso vieldeutiges und vielgestaltiges Phänomen zu sein wie die kulturelle und individuelle Variationsbreite ästhetischer Reaktionen darauf. Es ist außerdem ein verbreiteter Gedanke, dass ästhetische Erfahrung letztlich ein subjektiv-psychologisches Phänomen sei. Diese Meinung kann für sich zwei *prima facie* einleuchtende Gründe geltend machen: Zum einen gibt es die Vielfalt des Geschmacks. Menschen erfahren auf die eine oder andere Weise Gegenstände ästhetisch, d.h. als schön oder hässlich. Aber dabei handelt es sich anscheinend um höchst verschiedenartige Gegenstände. Und Konsens lässt sich anscheinend nicht argumentativ herbeiführen. Über Geschmack lässt sich nicht streiten. Denn der Sinn des Streits ist die Einigung. Das gehört zu den Grundgewissheiten des modernen ästhetischen Denkens und betrifft Kunstschönheiten noch viel mehr als Naturschönheiten. Es scheint nicht einmal möglich, Einigkeit über das Maß zu erzielen, in dem ein und demselben Gegenstand von verschiedenen Beurteilern Schönheit zuzubilligen ist. Mag der *Parsifal* für die einen Höhepunkt und Vollendung von Wagners Opernschaffen sein, ist er anderen, z.B. Nietzsche, ein Tiefpunkt musikalischer Frömmelei und christlich-schopenhauerianischer Pseudo-Mystik. Zwischen solchen extremen ästhetischen Urteilsweisen, von denen jede für sich beanspruchen wird, auf eine authentische ästhetische Erfahrung zurückzugehen, scheint kaum eine Vermittlung möglich.[1]

Hinzu kommt die Frage nach der allgemeinen Natur von Werten und Wertungen. Es sei unmöglich, so heißt es, das Schöne als ein Seiendes zu erfahren, denn Schönheit sei ein Wertprädikat. Wertprädikate bezögen sich aber nicht auf Eigenschaften von Dingen, sondern auf die *Wertungen* des urteilenden Subjekts selbst. Werte existierten nicht in der Welt, sondern im Geist des Wertenden. Entsprechend sei die vermeintlich objektive Schönheit oder Hässlichkeit von Gegenständen logischer Schein. In Wahrheit lägen Schönheit und Hässlichkeit im Auge des Betrachters. Beides scheint in hohem Maße für eine subjektivistische Auffassung der ästhetischen Wertschätzung zu sprechen.

Diese Reflexion über die Natur des Ästhetischen und die beiden Gründe, die zu ihren Gunsten angeführt werden, sind geistesgeschichtlich neueren Ursprungs. Sie gehen besonders auf David Hume zurück. Es lohnt sich, diese Reflexion in dem speziellen Kontext zu betrachten, in dem Hume sie vorbringt. Er beginnt nicht mit dem spezifischeren Argument der Pluralität des Geschmacks, sondern mit der generellen These, dass Werte keine Eigenschaften von Objekten sein können, sondern letztlich ‚gefühlsbasierte' Wertungen von Subjekten sein müssen. Denn dem Werten komme eine motivierende Kraft zu. D.h., das Werten bewegt uns, etwas zu tun oder zu lassen, etwas zu lieben oder zu hassen. Von bloßen Eigenschaften könne aber keinerlei motivierende Kraft ausgehen. So gehe von der Aussage, dass *X* eine bestimmte Beschaffenheit *F* aufweise oder sich auf eine bestimmte Weise Φ verhalte, keinerlei motivationale Kraft auf uns aus, die wir diese Aussage machen oder verstehen. Erst wenn wir hinzufügten, dass *F* eine hässliche Eigenschaft sei oder dass das Verhalten Φ den Tatbestand des Mordes erfülle, dann seien wir motiviert, *X* zu verabscheuen oder gar zu bestrafen. *F* und Φ stehen für Qualitäten von *X*, aber erst ‚hässlich' und ‚Mord' sind evaluative Begriffe, die zum Ausdruck bringen, dass *X* bestimmten Werten, in diesem Fall der Schönheit und Gerechtigkeit, nicht entspricht.

Nun beziehen sich aber, so Hume, die Ausdrücke ‚hässlich' und ‚Mord' auf *dieselben* Qualitäten wie *F* und Φ und nicht etwa auf zusätzliche Eigenschaften von *X*. In Rückgriff auf einen scholastischen Terminus ließe sich sagen, die Prädikate ‚hässlich' und ‚Mord' supervenieren auf die durch *F* und Φ bezeichneten Eigenschaften. In Humes Deutung heißt dies aber, dass ‚hässlich' und ‚Mord' gar keine Eigenschaftsbegriffe sind, sondern verdeckte Dispositionsbegriffe, mit denen wir unsere Gefühle gegenüber bestimmten Eigenschaften von Gegenständen artikulieren. Allgemein gelte, dass Werturteile weniger etwas über den beurteilten Gegenstand oder Sachverhalt aussagen als vielmehr etwas über *die urteilende Person*, ihre Gefühle und Einstellungen gegenüber dem Gegenstand oder Sachverhalt. Indem man einen Gegenstand als hässlich beurteile, bringe man zum Ausdruck, dass man ihn abstoßend finde. Indem man eine Handlung als Mord bezeichne, artikuliere man den Wunsch, den Handelnden zu bestrafen.[2] Hume sagt nicht, dass das alles ist, was man meint oder tut, wenn man einen Gegenstand oder ein Verhalten bewertet. Er meint aber, dass sich alles, was man sonst noch meinen oder tun mag, auf diese Artikulation von Gefühlen reduzieren lasse, auf Zuneigung oder Abscheu, Liebe oder Hass.

Dass dies eine extreme Sichtweise ist, ist Hume klar. Er weiß, dass wir glauben, über eine Handlung zu sprechen, wenn wir sie als Mord bezeichnen, und nicht bloß über unsere Gefühle und Einstellungen. Doch wir unterlägen eben einer Verwechslung; wir hielten nämlich unsere habituelle emotionale Reaktion auf einen Gegenstand für eine Eigenschaft des Gegenstandes selbst. Diese Verwechslung sei naheliegend, da unsere Reaktion ja durch eine Eigenschaft des Gegenstandes verursacht werde, aber dennoch eine Verwechslung, die Verwechslung der Wirkung einer Eigenschaft mit einer Eigenschaft. Eigenschaften sind natürliche Beschaffenheiten von Gegenständen, Wertungen hingegen nicht. Den Schluss von einer natürlichen Eigenschaft auf eine Wertung dieser Eigenschaft bezeichnet man in Nachfolge Humes – und das ist eine der Bedeutungen dieses schillernden Terminus – als naturalistischen Fehlschluss.[3]

Hume glaubt, anders als wir heute, dass er etwas Paradoxes sagt, wenn er diese allgemeine Theorie der Wertung auf ästhetische Werturteile anwendet. Denn er rechnet noch mit dem Einwand, dass ästhetische Werte ein hohes Maß an intersubjektiver, überzeitlicher und selbst interkultureller Übereinstimmung aufweisen können: „The same Homer who pleased in Athens and Rome two thousand years ago is still admired today at Paris and at London."[4] Doch diese Beobachtung spricht nach Hume nur scheinbar dafür, dass es so etwas gibt wie objektive Schönheit. Diese könne es nicht geben, da gilt: „Beauty is no quality in things themselves: it exists merely in the mind which contemplates them; and each mind perceives a different beauty".[5]

Es ist immerhin bemerkenswert, dass Hume diese These gewissermaßen als ein Axiom seiner Ästhetik behandelt, also als einen begründenden und selbst nicht zu begründenden Satz. Ganz offensichtlich hält er seine soeben zusammengefassten allgemeinen werttheoretischen Überlegungen für ausreichend, um die Geltung dieses Prinzips abzusichern. Die Wertschätzung des Schönen muss entsprechend so erklärt werden, dass sie mit diesem allgemeinen werttheoretischen Prinzip übereinstimmt, und zwar so, dass zugleich dem Phänomen überzeitlicher und interkultureller Übereinstimmung bei manchen ästhetischen Wertschätzungen Rechnung getragen wird. Denn Hume hält diese Übereinstimmung selbst für eine harte empirische Tatsache.

Wenn er sich in der Folge daran macht, einen Standard des Geschmacks aufzusuchen, also des Vermögens, ästhetisch zu urteilen, dann ist klar, dass die Gegenstände der Beurteilung nicht selbst der gesuchte Standard sein können. Der Standard muss vielmehr, wie der Grund des Urteils auch, im urteilenden Subjekt gesucht werden. Er muss ein subjektives Prinzip sein, da er objektiv nicht sein kann. Da Werturteile nach Hume mehr über den Urteilenden als über die beurteilte Sache sagen, geben Geschmacksurteile vor allem Auskunft über den Geschmack des urteilenden Subjekts. Diese Überlegungen führen ihn zu der Schlussfolgerung, dass es zwar keine objektive Schönheit oder Hässlichkeit gibt, wohl aber guten und schlechten Geschmack. Standard des Geschmacks, das versteht sich, ist der gute Geschmack, und die Inhaber guten Geschmacks stimmen in ihren Geschmacksurteilen häufig überein. So erklärt sich für ihn auch die überzeitliche ästhetische Wertschätzung beispielsweise der Epen Homers.

Damit scheint Hume nun aber eine Paradoxie mit einer Inkonsequenz zu erklären. Denn wie kann ein Geschmack selbst gut oder schlecht sein, wenn ‚gut' und ‚schlecht', ‚schön' und hässlich' lediglich subjektive Bedeutung haben? Muss sich nicht die Qualifikation eines Geschmacks als gut auf das subjektive Wohlgefallen einer weiteren Person an diesem Geschmack reduzieren lassen, und zwar letztendlich wohl unter der Bedingung, dass die Geschmäcker übereinstimmen? Heißt das nicht letztlich, dass man eben den Personen guten Geschmack zuschreibt, die mit dem eigenen Geschmack übereinstimmen?

Für Hume ist das nicht ganz richtig. Denn das Geschmacksurteil ist zwar subjektiv, aber nicht grundlos. Geschmacksurteile sind nämlich nicht unmittelbar, sondern beruhen – wie alle Werturteile – auf Wahrnehmungen. Nun nehmen unterschiedliche Subjekte unterschiedlich akkurat und gründlich wahr, und die Inhaber eines guten Geschmacks zeichnen sich durch eine exzellente, von Natur aus feine und durch Übung beständig verfeinerte Wahrnehmungsfähigkeit aus. Hume erläutert diesen Gedanken mit einer berühmt gewordenen Analogie zwischen einem Kunstkenner und einem Weinkenner. So wie wir das Urteil des Weinkenners deswegen schätzen, weil er einen Wein gründlicher und differenzierter wahrnimmt als wir, so schätzen wir auch das Urteil des Kunstkenners, weil er am Kunstwerk mehr sieht, hört und versteht als wir. Wir schätzen also das Urteil nicht grundlos, sondern auf Grundlage dessen, was ihm vorher geht, nämlich des Akts der Wahrnehmung des beurteilten Objekts. Deswegen sind Kunstkenner, wie Weinkenner, für uns Standards des Geschmacks, und indem wir selber ästhetisch urteilen, versuchen wir, so zu werden wie sie und es zum gleichen Maß von Wahrnehmungs- und Genussfähigkeit zu bringen. Daher schätzen wir auch nicht notwendig diejenigen, die in ihren ästhetischen Urteilen mit den unseren *übereinstimmen*, sondern diejenigen, deren Urteil uns etwas *gilt*. Die Übereinstimmung zwischen unseren und ihren Urteilen ist nicht die Voraussetzung, sondern allenfalls das Resultat unserer Bewunderung für und Orientierung an Kennern.

Man hat Humes Ästhetik einen Zug ins Elitäre zum Vorwurf gemacht, da er das eigenständige ästhetische Urteil eines jeden abwerte und das Urteil einiger weniger zum Maßstab des Richtigen erhebe. Dieser Vorwurf trifft allerdings nicht ganz das Problem. Denn richtige oder falsche ästhetische Urteile gibt es bei Hume eben nicht, sondern allenfalls relevante, weil auf gründlicher Wahrnehmung beruhende, und irrelevante. Logisch lässt das die Möglichkeit offen, dass zwei gleich exzellente Kunstkenner dasselbe Werk mit der gleichen Gründlichkeit wahrnehmen und verstehen und dennoch zu konträren ästhetischen Beurteilungen gelangen. Denn sie mögen dasselbe in der gleichen Weise wahrnehmen; ihr Geschmack kann dennoch verschieden sein. Eben deswegen kommt dem Geschmacksurteil des Kenners für sich genommen auch keinerlei Verbindlichkeit für unser eigenes Urteil zu.

Es wäre keine Verbesserung dieser Theorie, wenn man die Unterscheidung zwischen Kennern und Laien fallen ließe und die Unterscheidung zwischen relevanten und irrelevanten ästhetischen Urteilen kassierte. Denn damit verzichtete man zugleich auf die Erklärung des Phänomens, das Hume anerkennt, des Phänomens der überzeitlichen und interkulturellen Übereinstimmung ästhetischer Urteile. In einer stärker egalitär orientierten subjektivistischen Ästhetik müsste eine solche Übereinstimmung letztlich als kontingent, als bloßer, nicht erklärbarer Zufall faktischer Übereinstimmung erscheinen. Doch die fraglichen Phänomene stellen sich in einer solchen Perspektive ohnehin eher verwirrend und widersprüchlich dar. Mag derselbe Homer auch im heutigen Paris, London oder Berlin genauso hochgeschätzt und bewundert werden wie im alten Athen und Rom, so wird er doch keineswegs von jedermann geschätzt, weder damals noch heute. Wie kann von zeitübergreifender und interkultureller Übereinstimmung die Rede sein, wenn nicht einmal zu einer Zeit und in einer Kultur Übereinstimmung vorliegt? Allein die Fragestellung zeigt, dass die ihr zugrunde liegende Sichtweise nicht die richtige sein kann.

Dennoch wird Humes Theorie auch in der von ihm selbst präsentierten Fassung den Phänomenen nicht gerecht. Denn sie verkehrt Mittel und Zweck, Weg und Ziel des ästhetischen Urteilsakts. Für Hume richten wir uns als ästhetische Laien nach dem Urteil des Kenners, weil wir danach streben, durch Schulung und Übung unsere Wahrnehmungsfähigkeit auf sein Kompetenzniveau zu bringen. Wir wollen – dieser Theorie zu Folge – so werden wie er. Tatsächlich verhält es sich aber umgekehrt. Wir orientieren uns am Urteil der Kenner, weil wir *Kunstwerke* richtig und angemessen beurteilen wollen. Nicht der Kenner interessiert uns, sondern der Gegenstand seines Urteils. Die Orientierung am Kenner ist uns Mittel, nicht Zweck der Übung unserer ästhetischen Urteilskraft.

Daher folgt aus der Anerkennung des Kenners und seines guten Urteils über die Sachen auch noch nicht notwendigerweise, dass wir unser eigenes Urteilen dem Urteil des Kenners als faktischem Maßstab unterwerfen. Der Kenner könnte ja im Allgemeinen gut urteilen, aber unser Urteil aus kontigenten, etwa persönlich kompetitiven Gründen dennoch nicht als qualifiziert genug betrachten. Kurz: es gibt keine einfache Äquivalenz bzw. Symmetrie der gegenseitigen Anerkennung, welche eine Gruppe von Kennern definierte.

Der Kenner wird bei Hume aber auch insofern zu einer rätselhaften Figur, als unerklärt bleibt, warum die Beschäftigung mit Kunstwerken für ihn interessant und wichtig ist. Genauer gesagt, Hume bietet eine Erklärung an, aber diese kann nicht richtig sein. Denn er stellt den Kunstkenner selbst dar als jemanden, der einer letztlich nicht begründeten Vorliebe folgt. Humes Theorie der ästhetischen Erfahrung ist im Kern hedonistisch. Wir alle genießen Kunst, wie wir alle Wein schätzen; aber der Kunstkenner schätzt nur bestimmte Künstwerke, wie der Weinkenner nur bestimmte Weinsorten und Jahrgänge. Hinter diese Beobachtung will Hume nicht zurückgehen. Das Streben nach Kunstgenuss wird hier nicht begründet, sondern als unproblematisch vorausgesetzt, nämlich als natürliches menschliches Verlangen (desire) nach einer bestimmten Art von Lustgefühl; der Kunstgenuss selbst als Erfüllung dieses Verlangens. Begründet wird lediglich die Verschiedenheit des Geschmacks von Kennern und Laien. Damit bleibt aber ungeklärt, *warum* Kunstwerke und andere als schön beurteilte Gegenstände Lust bringend sein und warum sie ein Verlangen wecken können, sich mit ihnen zu beschäftigen. Denn der Hinweis darauf, dass ein derartiges Verlangen nun einmal in der menschlichen Natur liege, ist bloß eine Art, die Antwort zu verweigern. Dieses Manöver ist deswegen so wenig überzeugend, weil es sich keineswegs von selbst versteht, dass die Beschäftigung mit Kunst genussvoll sein muss. Hume kann uns nicht erklären, sondern muss voraussetzen, dass es für uns attraktiv ist, unseren Geschmack so zu schulen, dass wir den Abstand zwischen unserer ästhetischen Wahrnehmung und der des Kenners verringern. Er kann ferner nicht erklären, sondern muss, gewissermaßen als Naturtatsache, voraussetzen, dass es für den Kenner attraktiv ist, sich mit manchen Kunstwerken eher zu beschäftigen als mit anderen. Das verfehlt jedoch in eklatanter Weise die ästhetische Erfahrung des Kunstkenners selbst, der in der Regel sehr wohl Rechenschaft davon ablegen kann, warum er manche Kunstwerke liebt, andere nicht.

Wie schon bemerkt, wird der Subjektivismus des ästhetischen Urteils in Humes Ästhetik nicht begründet, sondern vorausgesetzt. Seine eigentliche ästhetische Theorie ist eher eine Neubeschreibung der Phänomene, und zwar so, dass diese danach besser zu seinem allgemeinen Wertsubjektivismus zu passen scheinen als vorher. Dass Humes *allgemeiner* Subjektivismus der Werte schlecht begründet ist, wurde schon oft gesehen, nicht zuletzt von ausgesprochenen Humeanern wie John Mackie.[6] Doch eine schlecht begründete These kann immerhin trotzdem wahr sein; die bessere Begründung müsste dann eben nachgeliefert werden, wie etwa Mackie selbst es versucht. Ich will mich an dieser Stelle aber nicht auf die allgemeine werttheoretische Debatte einlassen, sondern mich auf die Diskussion über ästhetische Wertschätzung beschränken.

2. Phänomene der ästhetischen Erfahrung

Die obigen Beobachtungen zu Humes Ästhetik legen die Schlussfolgerung nahe, dass diese gerade als Rekonstruktion subjektiver ästhetischer Erfahrung nicht plausibel ist. Denn in der subjektiven Perspektive auf Kunstwerke oder andere schöne Gegenstände interessiert uns der Gegenstand und nicht etwa das Gefühl, das er in uns auslöst. Das zeigt sich insbesondere an zwei Phänomenen ästhetischer Subjektivität, die uns wohl vertraut sind, die Hume aber schlicht nicht erklären kann: dem *ästhetischen Dissens* und dem *ästhetischen Zweifel*. Zum ersten: Wir können über die Schönheit oder Hässlichkeit von Gegenständen echte Meinungsverschiedenheiten austragen. Es lässt sich also doch streiten. Diese Tatsache ist für Humeaner ein Mysterium, da es echten Dissens, echte Meinungsverschiedenheiten nur da geben kann, wo es auch Raum für die Unterscheidung zwischen richtigen und falschen Meinungen gibt. Das bedeutet nicht, dass ästhetischer Dissens durch zwingende Argumente in Konsens überführbar sein müsste. Die Nichtverfügbarkeit zwingender Argumente ist uns aus ganz anderen Redekontexten, selbst wissenschaftlichen, durchaus vertraut, ohne dass wir auf die Idee verfielen zu schließen, dass es dort jeweils nur um den Austausch von Gefühlsbekundungen ginge. Zum zweiten: Wir zweifeln manchmal, ob bestimmte Gegenstände, die wir für schön halten, auch tatsächlich schön sind. Für einen solchen Zweifel lässt Humes Subjektivismus aber keinerlei logischen Raum, da er das an sich Schöne mit dem von jemandem jeweils für schön Gehaltenen zusammenfallen lässt. Ästhetischer Zweifel muss Hume zu Folge daher auf einer gedanklichen Verirrung beruhen. Aber das spricht eher gegen die Theorie als gegen unsere ästhetische Erfahrung. Um das am obigen Beispiel zu erläutern: Für Wagnerkenner ist es eine echte Frage, ob der *Parsifal* als ein Meisterwerk oder als eine künstlerische Entgleisung anzusehen ist. Gäbe man ihnen den Bescheid, dass sie doch wissen müssten, ob ihnen der *Parsifal* gefalle oder nicht, und mehr gebe es da nicht zu fragen, dann müssten sie einen solchen Bescheid wohl eher als Verhöhnung denn als ernste Antwort auffassen. Es ist ein bemerkenswerter Zug des ästhetischen Subjektivismus, dass er die subjektive Perspektive des ästhetisch Urteilenden letztlich gar nicht ernst nimmt.

Um nicht den gleichen Fehler zu begehen, wird es zunächst erforderlich sein, im Rahmen einer *Phänomenologie der ästhetischen Erfahrung von Kunst* an eigentlich vertraute Grundzüge der Kunstrezeption zu erinnern und sich auf dieser Grundlage einen angemessenen Begriff rezeptiver Subjektivität zu erarbeiten. Dieser Aufgabe wird der Rest des Kapitels gewidmet sein. Im folgenden Kapitel geht es dann darum, den Begriff des Schönen zu explizieren und davon ausgehend den spezielleren Begriff des Kunstschönen schärfer zu fassen.

Eine phänomenologische Sichtung der Grundzüge ästhetischer Rezeptivität ergibt, dass die damit verbundenen mentalen Vorgänge sich nicht anders als im Rückgriff auf ein kognitives Vokabular angemessen beschreiben lassen. Das gilt bereits für die ästhetische Aufmerksamkeit, den Beginn eines ästhetischen Interesses für ein Kunstwerk. Denn anders als Kant meint, sind schöne Gegenstände, und *a fortiori* auch schöne Kunstwerke, *interessante*, die verweilende Betrachtung *anziehende* Objekte.[7] Schönheit ist *attraktiv*. Kunstwerke attrahieren aber, und darin hat Kant Recht, nicht das praktische, begehrende Interesse, sondern das theoretische, auf Erfassen und Verstehen abzielende (wenn man von der Mentalität des Kunstsammlers und Kunsthändlers absieht). Sie erregen in dem Maße unsere Aufmerksamkeit, wie wir uns durch ihre Betrachtung „zu denken veranlasst" sehen, wie Kant sagt.[8] Es ist denkende Aufmerksamkeit, welche Kunstwerke von uns nicht so sehr fordern als vielmehr ungefordert bekommen. Kunstwerke sind *faszinierende* Gegenstände.

Diese Beobachtung bestätigt gerade nicht den ästhetischen Subjektivismus, sondern verweist auf eines der Probleme, die er nicht lösen kann. Denn Faszination kann in rein hedonistischen Begriffen nicht expliziert werden; diese sind aber das einzige Analyseinstrument, welches dem Subjektivisten im Feld des Ästhetischen zur Verfügung steht. Der formale Begriff einer ästhetischen Vorliebe oder Präferenz ist in diesem Zusammenhang irrelevant, da Kunstwerke, die den ästhetischen Präferenzen einer bestimmten Person entsprechen, diese Person überhaupt nicht faszinieren müssen, während faszinierend häufig gerade solche Werke sind, die ganz aus dem Rahmen vertrauter und präferierter ästhetischer Eigenschaften fallen. Letztlich kann die Betrachtung eines faszinierenden Kunstwerks sogar dazu führen, dass sich die ästhetischen Präferenzen des Betrachters erweitern oder ganz verändern.

Instruktiv ist ferner das Phänomen der *kognitiven Überforderung* durch Kunst, die dazu führt, dass ein Kunstwerk vom Betrachter nicht als schön erfahren werden kann. Der Grund dafür kann zum einen in Unkenntnis liegen. Der Betrachter kennt etwa den Referenzmythos nicht, auf den ein Bildkunstwerk Bezug nimmt, weiß z. B. nicht, wer Zeus ist oder was es mit dem Heiligen Sebastian auf sich hat. Deswegen können Bildkunstwerke, die Zeus oder Sebastian darstellen, nicht sein Interesse wecken; sie ‚sagen ihm nichts', sie langweilen ihn. Das geringe Interesse vieler Menschen, vor allem Jugendlicher, an Kunstmuseen liegt vor allem daran, dass ihnen Voraussetzungen des verstehenden Sehens abgehen: Sie kennen die Mythen, Geschichten und literarischen Vorlagen nicht, auf die sich ein großer Teil der Werke der Bildkunstgeschichte bezieht. Das Desinteresse des Unwissenden wird auch durch die mögliche Schönheit des Dargestellten nicht aufgehoben. Denn für ihn sind Zeus- oder Sebastian-Bilder lediglich Männerbilder wie andere auch, wenn auch vielleicht Bilder schöner Männer. Was an ihnen Besonderes sein mag, das ist gerade das Unverständliche an ihnen. Ein Bild eines schönen Mannes ist *per se* noch keineswegs interessant.

Das Phänomen des unverstandenen und deshalb langweiligen Werkes stellt übrigens auch die These vor ein Problem, dass Schönheit lediglich eine Frage der äußerlichen Gestalt(ung) und daher rein sinnlich erfahrbar sei. Denn das langweilig erscheinende Bild wird nicht als schön erfahren, auch dann nicht, wenn die Schönheit des dargestellten Gegenstandes wahrgenommen wird.

Zum anderen kann die Art der Darstellung dem Betrachter so unvertraut sein, dass er den Werkgehalt nicht zu erfassen vermag, besonders dann, wenn die Ordnung der Darstellung von der Ordnung des Dargestellten abweicht oder eine sonstige Komplexität aufweist. So fiel es dem kontinentalen Publikum des 18. Jahrhunderts schwer, in Shakespeares Dramen die Einheit der Handlung zu erfassen, weil diese Dramen komplexe und mehrsträngige Handlungen aufweisen, wie sie in der französischen klassizistischen Tragödie so nicht vorkommen. In analoger Weise fühlten sich viele zeitgenössische Leser avantgardistischer Romane wie Joyces *Ulysses*, Dos Passos' *Manhattan Transfer* oder Döblins *Berlin Alexanderplatz* von der Erzählweise dieser Texte kognitiv überfordert. Schließlich fällt es, um ein weiteres Beispiel zu nennen, auch kompetenten Lyrikinterpreten bis heute schwer anzugeben, was eigentlich das Thema mancher Oden und Hymnen Hölderlins, wie etwa *Mnemosyne* oder *Patmos*, ist. Unter gewissen kunsthistorischen Umständen kann aber auch eine überraschende Einfachheit der Darstellung vom Publikum als Überforderung erlebt werden, wie die anfänglichen Reaktionen von Hörern, die mit moderner Musik nach Schönberg vertraut waren, auf die *Minimal Music* eines Steve Reich oder Philip Glass oder die Werke Arvo Pärts zeigen. Überforderung durch Fremdheit der Form tritt häufig auch bei der Konfrontation mit sehr alter Kunst oder mit Kunst aus dem Betrachter unbekannten Kulturkreisen auf. Beide Spielarten von Überforderung als Zugangsbarrieren zu einem Kunstwerk sind durch Unterweisung und Studium zu überwinden.[9] Sobald ein Betrachter den Referenzmythos eines Bildes kennt, kann er die im Bild dargestellte Figur oder Szene in den Zusammenhang des Mythos einordnen und sich den Besonderheiten dieser Darstellung zuwenden, der Frage nämlich, was das Bild dem Mythos hinzufügt, den es illustriert. Die Darstellungsart wird dem Rezipienten dann zugänglich, wenn er mit ihrem Prinzip vertraut wird. Das gilt auch für alte oder fremde Kunst. Collingwood spricht in diesem Zusammenhang etwas abfällig davon, dass manches Spezialpublikum „abgerichtet" werde, Bilder oder Musik vergangener Epochen schön zu finden.[10] Diese Bemerkung ist jedoch ganz verfehlt. Durch Abrichtung, Training und Gewöhnung kann die Fremdheit einer anfänglich fremden Kunst überwunden werden. Doch kein bloßes Training kann einen Menschen dazu bringen, einen Gegenstand schön zu finden. ‚Training', also eigentlich aufmerksames Lernen, kann Hindernisse des ästhetischen Zugangs beseitigen und den Lernenden so in die Lage versetzen, ein Werk schließlich unbefangen von Unkenntnis ästhetisch zu beurteilen. Es macht den Weg zum ästhetischen Urteil frei. Mehr leistet es aber nicht. Weder wird ein ästhetisches Urteil durch Gewohnheit erzeugt, noch gar erzwungen. Das subjektive ästhetische Urteil bleibt, ganz im Gegenteil, frei.

Es gibt noch eine dritte Form kognitiver Überforderung durch Kunst, welche einer freien Wertschätzung im Wege stehen kann, und diese hat mit der Darstellung des Hässlichen oder Schrecklichen zu tun. Kunst kann, wie schon das Beispiel der Tragödie lehrt, schön sein, auch wenn sie Böses, Grausames oder Furchtbares darstellt. Aber gerade dieser Gegenstand kann den Betrachter daran hindern, die Schönheit des Werkes zu erfassen. Kleists Tragödien, v.a. die *Penthesilea*, erproben hier die Grenzen des ästhetisch Möglichen. Aber auch Matthias Grünewalds Darstellung der Kreuzigung Christi auf dem Isenheimer Altar kann von vielen Betrachtern nicht als ein Bild von tiefer Schönheit gewürdigt werden. Die tragödientheoretischen Überlegungen im ersten Kapitel haben den hier relevanten Unterschied implizit bereits markiert. Ein Kunstwerk, welches einen schlimmen Gegenstand darstellt, wie z.B. die Grausamkeit der Kreuzigung und die Gottverlassenheit des Gekreuzigten, kann dennoch schön sein, etwa wenn sie auf etwas allgemein Bedeutsames in vollendeter Weise verweist. Ansonsten wäre sie grässlich. Erst recht gilt dies für Darstellungen von Gewalt und Brutalität um ihrer selbst willen. Eben dies ist einer der zentralen Punkte in der ästhetischen Debatte über die Möglichkeit, den Holocaust künstlerisch darzustellen, wie sie seit Adorno und Lyotard geführt wird. Der Holocaust kann immer nur in sehr spezieller Hinsicht und unter besonderen Vorsichtsmaßnahmen in Kunst thematisiert werden. Die bloße *Darstellung* des Massenmordes ist bestenfalls aufwühlend.[11]

Es ist dabei eine Gelingensbedingung für Kunst, in der das Schreckliche und Grässliche Thema ist, dass Gewalt oder Brutalität in der dargestellten Sache selbst liegen und deswegen notwendigerweise dargestellt werden müssen. Das heißt in solchen Fällen umgekehrt, dass eine verharmlosende Darstellung geradezu obszön und daher künstlerisch verfehlt wäre, weil sie das unterschlägt, was an der dargestellten Sache verstören könnte. Schön kann daher eine Darstellung auch des Bösen und Grässlichen dann sein, wenn sie etwas Bedeutsames aufzeigt, dem Bedenken zugänglich macht oder der Besinnung erhält, gerade wenn dieses Ziel nicht anders erreicht werden kann als durch die Darstellung eines Bösen als böse oder von etwas Schrecklichem als schrecklich.

Die Betrachtung von Phänomenen kognitiver Überforderung durch Kunst verweist in der Umkehrung darauf, dass kognitive Zugänglichkeit zugleich eine Bedingung freier ästhetischer Wertschätzung ist. Die ästhetische Wertschätzung ist vom ästhetischen Verstehen nicht ablösbar. Diesen Zusammenhang muss daher jede Theorie des ästhetischen Wohlgefallens an Kunst berücksichtigen, genauso aber jede Theorie des Verstehens und Interpretierens von Kunst.

Ist aber am ästhetischen Subjektivismus nicht immerhin soviel richtig, dass er auf die Bedeutung der sinnlichen Wahrnehmung für die ästhetische Erfahrung und das ästhetische Verstehen aufmerksam macht? Zumindest heißt es oft, dass die verschiedenen Künste sich an verschiedene menschliche Sinne wenden, ohne dass allerdings klar wäre, was das impliziert. Ebenso verbreitet wie undurchsichtig ist auch die Rede, dass Kunstwerke ‚geschulte Sinne' auf Seiten des Publikums voraussetzten oder aber, ganz im Gegenteil, zur Schulung der Sinne beitrügen.

Es kann aber keine auszeichnende Besonderheit des Kunstkenners sein, dass er über besonders fein diskriminierende Sinne verfügt. Das hat die Auseinandersetzung mit Humes sensualistischer Theorie der Kunstrezeption ergeben. Das Unterscheidungsvermögen des Kunstkenners unterscheidet sich prinzipiell von dem des Weinkenners oder des Gourmets. Letzteres ist sinnlich, ersteres geistig. Was zur Kunstrezeption erforderlich ist, sind nicht ungewöhnliche, sondern typischerweise ganz gewöhnliche Fähigkeiten der sinnlichen Diskrimination. Offensichtlich ist dies beim sinnlichen Wahrnehmen von Poesie. Für das Lesen eines Textes ist Sehfähigkeit, für das Erfassen eines mündlich vorgetragenen Textes Hörvermögen erforderlich; alles Übrige ist keine Sache der Sinne. Denn schon die Einbildungskraft oder Phantasie, welche durch das Mitverfolgen eines poetischen Textes aktiviert wird, ist, auch wenn Kant sie eher den sinnlichen Erkenntnisvermögen zurechnet, eher ein geistiges als sinnliches Vermögen und hat mit sinnlicher Diskriminationsfähigkeit als solcher nichts zu tun.[12]

Weniger offensichtlich mag dies bei Bildkunst oder Musik sein. Hier hilft eine Klärung der Redeweise von einer Schulung der Sinne weiter. Denn was hier gemeint ist, ist eigentlich eine Schulung der Aufmerksamkeit für Bilder oder komplexe Klänge, die einen Weg zum Erfassen der Struktur und Artikulation dieser Gebilde eröffnet. Der geschulte Bildbetrachter oder Hörer von Musik nimmt, was den sinnlichen Eindruck als solchen angeht, nichts anderes wahr als der ungeschulte. Aber er unterscheidet die einzelnen Teile und Komponenten des Wahrgenommen, und zwar deswegen, weil er von ihrer Wichtigkeit für das Verständnis des Wahrgenommenen weiß. Einfach gesagt: Der Kunstkenner weiß, worauf er wahrnehmend achten muss. Dadurch wird, wenn man will, die Wahrnehmung verfeinert und ihrerseits artikulierter, aber damit kann dann nur die geistige Seite der vollendeten, denkenden, apperzeptiven Wahrnehmung gemeint sein. Der Musikkenner hört nicht physiologisch besser als der Ignorant; aber er hört mit Sachverstand.

Im Übrigen gilt, dass Kunstwerke eine so verstandene Schulung der Sinne nicht einfach voraussetzen, sondern attraktiv machen. Die Schulung des musikalischen Sachverstandes beim Hören von Musik ist selbst ein von ästhetischer Lust begleiteter Lernprozess. Denn er vertieft das Verständnis für musikalische Schönheit, welches seinerseits ein zentraler Grund ästhetischer Lust ist. Das ist der gute Sinn der Redeweise, dass Kunst eine Schule der Sinne sei.

Vorausgesetzt ist beim Kunstrezipienten dabei allerdings eine gewisse ästhetische Empfänglichkeit, welche das Pendant der poetischen Begabung des Künstlers, aber auch deren unentbehrliches Ingrediens ist. Denn ästhetische Empfänglichkeit ist eine basale Voraussetzung für die weiter entwickelten Stufen ästhetischer Einsicht, die ein Künstler für seine Tätigkeit braucht.[13] Auch der Rezipient muss diese Empfänglichkeit mitbringen, zu der die Offenheit für ästhetische Faszination ebenso gehört wie ästhetische Einbildungskraft.

3. Ästhetisches Verstehen

Dieses Zwischenergebnis nötigt zu einer Reflexion des Begriffs des Verstehens als eines unverzichtbaren Elements der Rezeptionsästhetik. Was heißt es, ein Kunstwerk zu verstehen? Gibt es auf diese Frage überhaupt eine allgemeine Antwort, oder richten sich die Weisen des Verstehens nach den Arten von Künsten und Kunstwerken, deren Mannigfaltigkeit bisher in Umrissen sichtbar geworden ist? Die bisherigen Überlegungen zu Begriff und Wesen der Kunst legen es nahe, beide Fragen affirmativ zu beantworten, also zu sagen, dass das Verstehen und Interpretieren von Kunstwerken sich so ausdifferenziert, wie die Künste selbst ausdifferenziert sind, dass aber eine Unterscheidung besonderer Weisen des Verstehens und Interpretierens die Möglichkeit allgemeiner Aussagen über Kunstverstehen nicht ausschließt.

Zum allgemeinen Begriff des Kunstverstehens lässt sich sagen, dass der Begriff auf näher zu erläuternde Weise auf einen geistigen Akt des Rezipienten verweist. ‚Verstehen' ist ein Erfolgsverb, welches von sich aus nicht unbedingt eine Aktivität bezeichnet, sondern eher ein Widerfahrnis oder allenfalls das sich einstellende Resultat einer Verstehensbemühung, eines Versuchs zu verstehen. Die Bemühung scheint aber nicht begrifflich notwendig. Eine Person kann etwas ungezwungen, spontan und ohne Anstrengung einfach verstehen, und nichts schließt aus, dass es ein solches müheloses Verstehen auch im Bereich des Kunstverstehens geben kann. Ein Rezipient kann z. B. ein Gedicht, ein Landschaftsbild oder ein musikalisches Charakterstück auf Anhieb betrachtend erfassen und verstehen, ohne in einen Prozess der methodisch geregelten Interpretation einzutreten. Ohne einen solchen Begriff des schlichten Verstehens wäre der Begriff der Interpretation ohne Gehalt, da jede Interpretationsanstrengung letztlich auf den Abschluss in einem schlichten Verstehen abzielen muss. Ohne schlichtes Verstehen wäre jede Interpretation vergeblich. Dies gilt auch für das Verstehen und Interpretieren von Kunstwerken.

Nun hat der Widerfahrnischarakter des schlichten Verstehens manche Hermeneutiker dazu verführt, das Verstehen im Allgemeinen und das Verstehen von Kunst im Besonderen als passiven Vorgang, als bloße Wahrnehmung aufzufassen. Auch der Begriff der Kunst*rezeption* verleitet zu einer solchen Vorstellung. Humes sensualistische Ästhetik überspringt entsprechend das ästhetische Verstehen ganz und geht von der ästhetischen Wahrnehmung direkt zu ästhetischem Genuss und Wohlgefallen über. Andere Hermeneutiker billigen der Kunstinterpretation wohl Tätigkeitscharakter zu, nicht aber dem Verstehen, wenn sie denn überhaupt einen Begriff des Verstehens neben dem der Interpretation vorsehen.[14] Aber die Fehldeutung oder das gänzliche Überspringen des Verstehens als eines einfachen geistigen Akts hat gravierende Folgen für die Kunsthermeneutik – von den Folgen für die allgemeine Hermeneutik ganz zu schweigen. Denn es führt zu einer sensualistischen Verzeichnung des wahrnehmenden Erfassens eines Kunstwerks und zu einer technizistischen Verzeichnung der ästhetischen Interpretation als eines der ästhetischen Rezeption äußerlichen Vorgangs. Die Interpretation von Kunst bliebe aber im Wesentlichen grundlos, wenn sich das einfache wahrnehmende Erfassen ohne aktive Beteiligung des Geistes vollziehen ließe. Sie kann nur dann ihren Grund in der ästhetischen Wahrnehmung haben, wenn diese selbst das Kunstwerk als einen *zu verstehenden* und ggf. *zu interpretierenden* Gegenstand erfasst. Das aber kann nur ein Akt des Verstandes leisten. Tiere nehmen Objekte wahr, aber niemals Kunstwerke als Kunstwerke. Ein solcher intellektueller Akt muss es auch sein, der zu einfachem Verstehen führt. Das Verstehen selbst ist ein Widerfahrnis, genau wie das Erkennen eines Objekts oder Sachverhalts, aber es setzt einen Akt voraus. Verstehen ist das Resultat eines geistigen Akts.[15]

Einen reicheren Begriff des ästhetischen Verstehens sowohl als der ästhetische Sensualismus in der Nachfolge Humes als auch als die ganz auf die ästhetische Interpretation fixierte Hermeneutik entwickelt Kant. Auch er konzentriert sich, wie Hume, ganz auf die Erfahrung von Schönheit, geht aber, anders als Hume, davon aus, dass das Schöne, was immer es sein mag, ohne Verstandestätigkeit nicht zugänglich werden kann, und zwar ganz gleich ob es sich um Natur- oder Kunstschönes handelt. Anders als bei Hume liegt der Schwerpunkt von Kants Betrachtung zunächst sogar ganz auf dem Naturschönen. Dennoch ist Kants Behandlung des ästhetischen Erfassens des Schönen für den hier interessierenden Zusammenhang lehrreich. Denn dieses Erfassen ist für Kant durch und durch rätselhaft, da es urteilsförmig ist, ohne die logischen Merkmale aufzuweisen, die Urteile ansonsten aufweisen. Nach Kant beurteilen wir einen Gegenstand dann als schön, wenn seine Wahrnehmung unsere Erkenntnisvermögen, nämlich Einbildungskraft einerseits und Verstand andererseits, in ein freies, harmonisches Spiel versetzt. Die Einbildungskraft fasst die mannigfaltigen Sinneseindrücke zum Ganzen einer Gestalt zusammen, welches der Verstand vermittels des Schematismus der Urteilskraft unter einen Begriff bringt. Harmonie zwischen Einbildungskraft und Verstand besteht jedoch *immer*, wenn ein Gegenstand erkannt wird, wenn z. B. was wie ein Hund aussieht, auch ein Hund ist und als Hund bestimmt wird. Aber nicht jeder Hund ist schön, auch nicht jeder Hund, der nicht hässlich ist. Das freie Spiel, von dem Kant redet, meint daher nicht einfach den Vorgang der Gegenstandserkenntnis, sondern scheint eher ein Mit- und Gegeneinander von Übereinstimmung und Spannung zwischen Sinnlichkeit und Verstand, zwischen Anschauung, Vorstellung und Begriff zu bezeichnen. Die anschaulich gegebene Vorstellung scheint zum Begriff zu passen, ohne in ihm aufzugehen, während der Begriff seinerseits hinter der Vorstellung zurückbleibt oder über sie hinausgeht. Eben dieser harmonische Kontrast geht nach Kant mit einem seinerseits begrifflosen Wohlgefallen an dem Gegenstand einher, das zugleich Lust am Spiel der eigenen Erkenntnisvermögen ist. Der schöne Gegenstand beschäftigt so zugleich die Sinnlichkeit und den Verstand, lockt erstere zur verweilenden Betrachtung, letzteren zum fortgesetzten Nachdenken, ohne in einer Bestimmung des Gegenstandes einen Abschluss zu finden.

Kants gesamte Darstellung von Momenten und Voraussetzungen des ästhetischen Urteils lädt vor allem deswegen zu derartigen metaphorischen Ausschmückungen ein, weil letztlich nicht ganz klar ist, wovon eigentlich die Rede ist. Was verbirgt sich hinter der Rede vom freien Spiel der Erkenntniskräfte, wenn das ästhetische Urteil gar kein Erkenntnisurteil ist, wie Kant ebenfalls sagt?[16] Wenn das freie Spiel die Erkenntniskräfte Einbildungskraft und Verstand aktiviert, ohne am Ende zu einer Erkenntnis zu führen, warum löst es nicht viel eher Unlust als Lust aus? Wie genau soll man sich ferner den Zusammenhang zwischen der ästhetischen Lust und dem Gegenstand des ästhetischen Urteils denken? Ist der Gegenstand bloßer Auslöser des lustbegleiteten freien Spiels der Erkenntniskräfte, oder handelt das ästhetische Urteil letztlich doch in irgendeiner Weise vom Urteilsgegenstand? Ist das ästhetische Urteil also objektiv? Kants Auskunft, dass das ästhetische Urteil „subjektiv allgemeingültig“ sei,[17] hilft hier nicht weiter. Denn was Kant unter der Fragestellung diskutiert, ob ästhetische Urteile subjektiv oder objektiv zu deuten seien, ist nicht die Objektivität im Sinne des *Objektbezugs* des ästhetischen Urteils, sondern es sind ausschließlich Fragen der *Geltung*. Auch fragt sich, wie Kant das Verhältnis von ästhetischem Urteil und ästhetischer Lust denkt. Seine Auskunft in § 9 der *Kritik der Urteilskraft*, dass das ästhetische Urteil der ästhetischen Lust vorhergehe, vermag diese Frage nicht restlos zu beantworten. Denn zwar läuft diese Auskunft, von allem terminologischen Ballast befreit, anscheinend auf die vernünftige These hinaus, dass das im Urteil ausgesprochene Schöne der Grund der ästhetischen Lust sei, während es sich beim Angenehmen genau umgekehrt verhalte. Doch die genaue Bestimmung dieses Grund-Folge-Verhältnisses lässt immer noch mannigfaltige, untereinander unvereinbare Alternativen zu. Die am nächsten liegende Deutung, dass nämlich die ästhetische Lust eine subjektives Gefühl sei, welches dem Erfassen objektiver Schönheit folgt, wird von Kant anscheinend gerade ausgeschlossen.

Diese Liste von Fragen an Kants Analytik des ästhetischen Urteils lässt sich wie folgt vereinfachen: Kann jeder beliebige Gegenstand schön sein, wenn es nur jemanden gibt, dem er auf die beschriebene Weise zum Gegenstand ästhetischer Erfahrung wird? Liegt die Schönheit also wie bei Hume im Auge des Betrachters oder aber im Gegenstand selbst? Die gleiche Frage ließe sich auch bezüglich des Hässlichen und des Erhabenen stellen. Eine Antwort lässt sich der *Kritik der Urteilskraft* nicht nur nicht entnehmen, sie lässt sich auch durch keine interpretative Bemühung daraus extrapolieren. Kant kann diese Frage nicht klar beantworten, und zwar aus systematischen Gründen. Mit der Tradition würde er gern sagen, dass die Dinge selbst schön oder hässlich, erhaben oder lächerlich sind. Aber genau das fällt ihm schwer, und zwar aus zwei Gründen, einem ganz allgemeinen und einem für seine Ästhetik spezifischen. Der allgemeine Grund hat damit zu tun, dass Kant Humes Auffassung von der strikten Verschiedenheit von Tatsachen und Werten im Grundsatz teilt und von Schlüssen aus Aussagen über Tatsachen auf solche über Werte ebenso wenig hält wie Hume. Anders als dieser glaubt Kant zwar nicht, dass die Verwendung evaluativen Vokabulars bei der Beschreibung von Naturgegenständen *per se* illegitim sei. Aber dieser Unterschied ist nicht prinzipiell. Denn auch Hume weiß, dass Natur oft so beschrieben wird, und zwar auf durchaus verständliche Weise. Er führt, wie oben schon bemerkt, den subjektiven Eindruck, dass solche wertenden Naturbeschreibungen objektiv sein könnten, auf eine „Neigung des [menschlichen] Geistes, sich auf äußere Gegenstände auszubreiten", zurück.[18] Er wird so zum Vater aller Irrtums-, Projektions- und Subreptionstheorien der Werte, die seitdem zum Standardrepertoire der naturalistischen Philosophie gehören.[19] Nun erklärt auch Kant den Eindruck, ästhetische Urteile seien Urteile über Objekte, zumindest was das Erhabene betrifft, als durch eine solche Subreption hervorgebracht.[20] Bezüglich des Schönen findet sich bei Kant aber keine vergleichbare Verwechslungs- oder Subreptionstheorie, ebenso wenig jedoch eine klare Alternative dazu. Denn auch er hält es für nicht denkbar, dass die objektiven Eigenschaften eines Gegenstandes im Betrachter ein Gefühl bewirken können sollten, wenn sie nicht zugleich als Gegenstände des Begehrens gedacht werden könnten. Von Gegenständen und ihren Eigenschaften, so Hume und Kant, geht keine emotive oder affektive Kraft aus, außer unter der Bedingung, dass ein entsprechendes subjektives Begehren oder Interesse schon gegeben ist.

Der andere, für Kants Ästhetik charakteristische Grund für das Zögern, Urteile über Schönheit als objektiv anzuerkennen, liegt in seiner Konzeption der Schönheit selbst. Denn das Schöne ist bei Kant als dasjenige bestimmt, was ohne allen Begriff gefällt.[21] Kants Ausleger haben immer wieder gerätselt, warum es zu dieser erstaunlichen These kommt. Der Grund dafür hängt mit dem ersten, allgemeinen zusammen. Das ästhetische Urteil hat die Form ‚*x* ist schön', wobei an Subjektstelle die Benennung eines sinnlich wahrnehmbaren Gegenstandes steht. Nun ist ein solches Urteil synthetisch im Sinne von Kants Urteilstheorie, denn das Prädikat ‚schön' kann nicht schon im Subjektbegriff enthalten sein. Ansonsten würde für jeden Gegenstand einer bestimmten Gegenstandssorte *G* gelten, dass er schön ist, weil alle *g* dieser Sorte schön sind. Es gibt aber in der sinnlich wahrnehmbaren Welt keine Sorte von Gegenständen oder Ereignissen, weder Rosen noch Hunde noch Sonnenuntergänge, die allesamt schön wären – von Kunstwerken ganz zu schweigen. Noch scheint es sich um ein Erfahrungsurteil zu handeln, da Schönheit, eben weil sie ein Grund von ästhetischer Lust ist, keine objektive, wahrnehmbare Eigenschaft sein zu können scheint. Vielmehr sei das ästhetische Urteil subjektiv, aber zugleich kein Urteil über ein bloß subjektives Wohlgefallen wie das

Urteil, dass ein bestimmter Gegenstand angenehm ist. Kants Auskunft ist, in formalen Termini ausgedrückt, dass das ästhetische Urteil ‚*x* ist schön' ein synthetisches Urteil a priori sei, aber dennoch ein singuläres Urteil, das, anders als die synthetischen Urteile der theoretischen und praktischen Vernunft, nicht in universalen Urteilen der Form ‚Alle *x* sind *F*' bzw. ‚Alle *x* sollen *F* sein' verankert ist. Das ästhetische Urteil sei also sowohl singulär als auch subjektiv-allgemeingültig. Die innersystematische Absonderlichkeit dieser Konstruktion ist vielleicht schon ein starkes Indiz dafür, dass Kants Analyse des Schönen zu einer ausgesprochenen Verlegenheitslösung führt. Darauf wird im folgenden Kapitel zurückzukommen sein.

Kants Verlegenheit lässt sich nur zum Teil damit erklären, dass er den Schwerpunkt seiner Analyse zunächst auf Urteile über Naturschönes verlegt und erst in einem zweiten Schritt Urteile über Kunstschönes thematisiert, die dann im Lichte der vorangegangenen Analyse offenbar nur noch als Urteile über gemischte Phänomene, über „anhängende Schönheit" gedeutet werden können.[22] Dieses Vorgehen ist allein schon deswegen theoretisch ungünstig, weil sich an Hand der Urteile über Kunstschönes der Zusammenhang von Verstehen und ästhetischer Wertschätzung viel weniger gezwungen explizieren ließe. Der tiefere Grund für die Verlegenheit liegt aber in der Unmöglichkeit, innerhalb des transzendentalphilosophischen Denkrahmens der subjektivistischen Werttheorie Humes im Feld des Ästhetischen etwas Substantielles entgegenzusetzen. Dass Kant dennoch die Rolle des Verstandes und der Reflexion in der ästhetischen Erfahrung hervorhebt, ist ein Vorzug seiner Theorie, da so die Richtung immerhin angedeutet ist, in die eine Analyse sich bewegen muss, wenn sie Humes sensualistischer Verkürzung der ästhetischen Erfahrung entgehen soll.

Unlängst päsentierte Andrea Kern einen Versuch, Kants Analyse von Urteilen über das Schöne zu einer Theorie des ästhetischen Verstehens von Kunst auszubauen, ohne dabei den Rahmen von Kants allgemeiner Theorie der Erfahrung und seiner speziellen Deutung ästhetischer Erfahrung zu verlassen.[23] Vielmehr geht sie explizit von Kants Theorie der ästhetischen Erfahrung aus und beschreibt sie als nicht (objektstufig) weltbezogen, sondern als (metastufig) erfahrungsbezogen. Ästhetische Erfahrung wird als eine Erfahrung gedeutet, die wir mit Erfahrungen haben und machen, kurz also als Erfahrung der Erfahrung.[24] So legt Kern Kants Idee des freien Spiels der Erkenntnisvermögen Einbildungskraft und

Verstand aus, die ja auch im Falle außerästhetischer Erfahrung aktualisiert werden. Kennzeichnend für ihre Argumentationsstrategie ist ferner der Versuch, auf der Grundlage einer solchen Theorie der ästhetischen Erfahrung bestimmte Gegenstände als besonders geeignet dafür auszuzeichnen. Damit soll ein Mangel oder „blinde[r] Fleck“[25] der Kantschen Analyse beseitigt werden. Im Gegensatz zu Kant privilegiert Kern in dieser Hinsicht Kunstwerke.[26] Damit stellt sie sich bewusst gegen Kant. Gegen Kant behauptet sie ferner, dass die ästhetische Erfahrung von Kunst nicht so sehr eine reflexive Erfahrung unserer Erkenntnisvermögen als solcher sei, sondern eine Erfahrung mit bestimmten Akten dieser Vermögen.[27] In Anlehnung an Derrida bestimmt sie die Form dieser Erfahrung als die Erfahrung einer ästhetischen Unentscheidbarkeit zwischen möglichen, aber einander ausschließenden Werkbedeutungen.[28] Kunstwerke, so fährt Kern fort, sind auf Grund ihrer („syntaktischen“) Vieldeutigkeit ausgezeichnete Gegenstände ästhetischer Erfahrung.[29] Diese Erfahrung habe aber deswegen allgemeine Bedeutung für uns, weil sie uns auf die Grundlosigkeit allen Verstehens hinweise.[30] Im Unterschied zu einer Philosophie der Erfahrung, welche theoretisch gelingende Erfahrung privilegieren müsse, erhelle die Erfahrung mit Kunst den Begriff der Erfahrung negativ von der Seite eines „radikalen Scheiterns“.[31] Das ästhetische Verstehen sei nämlich ein Verstehen, welches nicht an sein Ende kommen könne, und so erhelle es zugleich die Teleologie gewöhnlichen Verstehens.

Was immer es nun mit der Grundlosigkeit allen Verstehens auf sich haben mag, so fällt doch auf, dass Kerns Analyse ästhetischer Erfahrung bei allen Unterschieden im Detail letztlich in dieselbe Paradoxie hineinführt wie Kants Analyse des ästhetischen Urteils. Dieser zu Folge liegt der Grund der ästhetischen Lust in der Unabgeschlossenheit oder gar Unabschließbarkeit des freien Spiels der Erkenntnisvermögen und folglich in der begrifflichen Unbestimmtheit des Urteilsgegenstandes. Kern geht noch weiter, denn für sie gründet sich die ästhetische Lust sogar in einem Scheitern des Verstehens, in der Unverständlichkeit des Gegenstandes. In dieser Zuspitzung ist die Theorie aber selbst unverständlich. Wie kann ein Scheitern von Verstehensbemühungen ästhetisch lustvoll sein? Immerhin sind unverständliche Äußerungen oder Texte in der Regel nicht schön, und auf Unverständlichkeit abzielende Äußerungen oder Texte sind erst recht nicht ästhetisch lustvoll rezipierbar, sondern allenfalls ärgerlich. Dass die Unverständlichkeit des schönen Gegenstandes den Betrachter reflexiv auf die Vollzüge seiner Verstehenskompetenz zurückwirft, markiert keine Besonderheit; denn jede scheiternde Verstehensbemühung tut das. Wenn Kunstwerke also unverständlich und schön sein sollen, dann können sie schön allenfalls trotz und nicht etwa wegen ihrer Unverständlichkeit sein. Das aber zeigt, dass Kerns Theorie des Kunstverstehens nicht das leistet, was sie leisten soll: die Besonderheit des ästhetischen Verstehens von Kunst zu erhellen. Ein Grund für dieses Scheitern liegt darin, dass die Analyse der ästhetischen Erfahrung sich nicht in hinreichendem Umfang von Kants Analyserahmen unabhängig macht.

Es empfiehlt sich angesichts dieses Befundes, auf die methodische Maxime zurückzugreifen, die auch als Leitfaden der produktionsästhetischen Überlegungen gedient hat, und das ästhetische Verstehen als geistigen Akt vom Kunstwerk selbst her zu denken. Das Kunstwerk selbst begegnet dem Betrachter als ein Zu-Verstehendes; als solches zieht es seine Aufmerksamkeit auf sich. Kunstwerke sind als attraktive Gegenstände zugleich faszinierend, und die ästhetische Faszination, die von einem Kunstwerk ausgeht, ist zugleich der Beginn des Verstehens oder zumindest des Strebens danach.

4. Ästhetische Interpretation

Der Begriff der Interpretation bleibt auf den Begriff des einfachen Verstehens zurückverwiesen, und das gilt auch im Feld des Ästhetischen und der Kunst. Allerdings ist seine Anwendung in diesem Feld nicht ganz selbstverständlich, wie die Auseinandersetzung mit Hume und Kant gezeigt hat. Aber auch im Rahmen des hier vorgestellten Theorierahmens ist der Gehalt eines möglichen Begriffs einfachen ästhetischen Verstehens nicht offensichtlich. Wie verträgt sich ein solcher Begriff mit der Bestimmung von Kunstwerken als wesentlich deutungsoffen? Zwar darf Deutungsoffenheit nicht mit Mehrdeutigkeit verwechselt werden; deutungsoffen kann vielmehr auch ein eindeutiges Werk sein (Kap. 1.5). Aber auch hier scheint es so, als müsse die Deutungsoffenheit und Deutungstiefe eines Werkes erst durch eine ästhetische Interpretation ausgelotet werden, so dass der Begriff des einfachen Verstehens nicht einschlägig wäre.

Zwar muss ein Betrachter ein Kunstwerk schon als Kunstwerk bestimmt haben, um es ästhetisch zu interpretieren. Diese Bestimmung ist eine Leistung des Verstandes im Sinne Kants und deshalb könnte man meinen, dass es sich hierbei um einen Akt einfachen Verstehens handelt, des Verstehens, dass ein Gegenstand ein Kunstwerk ist.[32] Aber ein solcher Akt der Gegenstandserkenntnis oder, traditionell gesprochen, der Bestimmung der *generischen Form eines Gegenstandes*, z.B. als Kunstwerk, ist noch kein Verstehensakt, sondern eine Vorbedingung des Verstehens, gewissermaßen der Rahmen, innerhalb dessen die Verstehensbemühung sich bewegt. Wenn es so etwas wie einfaches Verstehen auch in der Kunstrezeption gibt, dann ist diese Vorbedingung, die Formerkenntnis eines Kunstwerks, darin immer schon stillschweigend miterfüllt. Wo das Bemühen um Verständnis scheitert, wird die generische Gegenstandsform möglicherweise zwar erkannt; nichtsdestoweniger bleibt das Werk unverstanden. Diese begriffliche Überlegung spricht nicht dafür, den Begriff des ästhetischen Verstehens in ein Stufenmodell auszufächern, sondern dafür, die Begriffe der Formerkenntnis und des Verstehens streng zu unterscheiden. Formerkenntnis ist ein Akt des Verstandes, aber nicht ein Akt des Verstehens.

Verstehen kommt erst dort ins Spiel, wo es um Bedeutungen geht. Ein Kunstwerk zu verstehen heißt wesentlich, seine Bedeutung zu erfassen. Ein Kunstwerk einfach zu verstehen, heißt, seine Bedeutung in einem einfachen Akt zu erfassen. Ob ein einfaches Verstehen von Kunstwerken möglich ist, ist aber erst dann zu klären, wenn der Begriff der ästhetischen Interpretation, also der methodischen Verstehensbemühung durch Werkauslegung eines Kunstwerks expliziert ist. Mag also der Begriff des einfachen Verstehens auch basaler sein als der der Interpretation, so muss dennoch die Ordnung der Explikation die Ordnung der Begriffe umkehren und mit dem komplexeren Begriff beginnen, um von dort einen besseren explikativen Zugriff auf den einfacheren und grundlegenden Begriff zu bekommen.

Im Laufe der hier angestellten Überlegungen zum Begriff der Kunst und zum Verhältnis von Kunst und Philosophie wurden grundsätzliche kunsthermeneutische Fragen zunächst im Zusammenhang mit der Deutung und Deutbarkeit von Poesie behandelt (Kapitel 1 und 2). Ferner wurde im Anschluss daran bereits eine ganze Reihe von exemplarischen Werken verschiedener Künste zumindest skizzenhaft ästhetisch interpretiert. Der Zusammenhang von Auslegung und Wertschätzung ist dabei bisher aber implizit geblieben. Was nun gefordert ist, ist eine verallgemeinerte Charakterisierung dessen, was man tut, wenn man ein Kunstwerk auslegt, und welche Rolle das evaluative ästhetische Urteil dabei spielt. Die ästhetische Interpretation muss dabei entsprechend der leitenden methodischen Maxime vom Werk her verstanden werden.

Gegen die Anwendung dieser Maxime könnte Folgendes eingewendet werden: Für die theoretische Explikation der ästhetischen Rezeption und Interpretation von Kunst können Werk und Werbedeutung gar kein Ausgangspunkt sein, und zwar weil die Bedeutung für den Rezipienten und Interpreten nichts Gegebenes und zu Findendes sei. Vielmehr werde sie durch den Akt der Rezeption allererst konstituiert, da es eben letztlich der Interpret sei, welcher die Bedeutung bestimme, und nicht das Werk selbst. Verbreitet ist in diesem Zusammenhang daher die Rede von der Kreativität der Interpretation, davon, dass ein Interpret Sinn und Bedeutung eines Werkes ‚schafft', ‚erfindet', ‚konstruiert' oder wenigstens ‚vollendet'. Dieser Gedanke ist bereits in Deweys Konzeption der ästhetischen Rezeption als Neuschöpfung (re-creation) enthalten, und er ist Grundgedanke und methodisches Prinzip der Rezeptionsästhetik und anderer Spielarten einer konstruktivistischen Hermeneutik. Oft wird auch Gadamers Philosophie des Verstehens mit dieser Vorstellung vom konstruktiven Charakter der Interpretation in Verbindung gebracht, aber Gadamer selbst distanziert sich scharf davon.[33] Mit Blick auf die Auslegung von Poesie wurde der konstruktivistische Gedanke bereits in Kapitel 1.5 zurückgewiesen. Eine allgemeine Erörterung steht aber noch aus. Ist der Interpret also ein Erfinder oder Konstrukteur ästhetischer Bedeutung? Dafür spricht nicht schon, dass das Interpretieren von Kunstwerken eine methodisch geordnete Handlung ist. Denn das gilt für das Untersuchen, Forschen und Entdecken gleichermaßen, die aber, als theoretische Tätigkeiten, der praktischen Aktivität des Erfindens und Konstruierens gerade entgegengesetzt sind.

Konstruktivistische Interpretationstheorien führen unweigerlich in den Subjektivismus, und zwar ganz gleich, ob der einzelne Interpret oder eine konkrete Gemeinschaft von Interpreten als Subjekt der hermeneutischen Tätigkeit angesehen wird.[34] Die Vertreter solcher Theorien sehen es als deren Vorzug an, dass mit ihrer Hilfe das Phänomen der Interpretationsvielfalt erklärt werden kann, also einer irreduziblen Mannigfaltigkeit miteinander unvereinbarer Auslegungen desselben Werkes, von denen anscheinend nicht eine mit Gründen den anderen vorgezogen werden kann.[35]

Doch in der obigen Diskussion der Rezeptionsästhetik hatte sich bereits gezeigt, dass der hermeneutische Konstruktivismus eher zuviel erklärt. Denn im Konstruktivismus wird die Erfindung von Bedeutung durch den interpretierenden Leser bzw. die Lesergemeinschaft zu einem so grundlegenden und vermeintlich unhintergehbaren Phänomen, dass nun das Phänomen des Streits um die richtige Interpretation unverständlich wird. Der hermeneutische Konstruktivist kann daher nicht umhin, seine Theorie um eine Irrtumstheorie des hermeneutischen Dissenses zu ergänzen.[36] Dieser Zug macht seine Position nicht überzeugender.

Der hermeneutische Konstruktivismus ist phänomenologisch vollkommen unplausibel, und das heißt, er wird dem Phänomen der Kunst nicht gerecht. Denn aus der Perspektive des Auslegers eines Kunstwerks gilt es, Sinn und Bedeutung eines Textes zu entdecken oder herauszufinden. Deswegen ist die traditionelle Hermeneutik mit Recht auf das Prinzip gegründet, dass die Werkbedeutung unabhängig vom Verständnis kontingenter Rezipienten oder Rezipientengemeinschaften schon im Werk selbst angelegt und dort zu suchen ist; zu suchen und nicht hineinzudeuten. Deswegen kann die traditionelle Hermeneutik Phänomene wie individuelle und kollektive Missverständnisse von Werken ebenso erklären wie das Phänomen, dass verschiedene Interpreten voneinander lernen können, und zwar auch über Kultur- und Epochengrenzen hinweg.

Als Alternative zum hermeneutischen Konstruktivismus wird von diesem selbst meist eine intentionalistische Theorie der Werkbedeutung angesehen, die aber deswegen als obsolet abgelehnt wird, weil dem Interpreten der Geist und die Aussageabsicht des Werkes des Autors nicht unabhängig vom Werk zugänglich seien. Deswegen sei die Berufung auf Autorintentionen in jedem Fall praktisch belanglos. Das ist zwar im Prinzip richtig, markiert die theoretischen Alternativen aber nicht zutreffend. Gegenstand der Auslegung ist ein Werk und damit das, was dessen Autor tatsächlich *sagt* oder zum Ausdruck *bringt*, und nicht das, was er vermeintlich ‚eigentlich sagen' oder zum Ausdruck bringen *wollte*. Die Intention des Künstlers wird als im Werk manifeste zum Gegenstand der Auslegung – auch wenn es für die Interpretation wichtig sein kann zu erfahren, dass sich die Intention im Zuge der Arbeit am Werk verändert hat, wie dies bei Goethes *Wahlverwandtschaften* der Fall gewesen ist. All das ändert nichts daran, dass die Werkbedeutung nicht anders gedacht und verstanden werden kann denn als Ergebnis und Ausdruck einer die Werkentstehung leitenden Intention. Interpretationen von Werken enthalten daher immer auch, ggf. stillschweigende, Bestimmungen von Künstlerintentionen, und diese sind wahrheitsfähig. Die konstruktivistische Hermeneutik bedroht sich selbst mit Unverständlichkeit, wenn sie die theoretische Bedeutsamkeit poetischer Intentionen für die ästhetische Interpretation leugnet. Das zeigt sich symptomatisch daran, wie konstruktivistische Hermeneutiker in der tatsächlichen Arbeit der Textauslegung jederzeit intentionales Vokabular verwenden, wenn sie Bezug auf den Werkautor nehmen,[37] zugleich aber den Beitrag, den dieses Vokabular leistet, in der theoretischen Erläuterung dieser Arbeit systematisch verschleiern und herunterspielen, etwa indem sie behaupten, dass der Autor und seine das Werk bestimmenden Intentionen durch die Interpretation des Rezipienten ‚mitkonstituiert' würden. Wie zutiefst widersprüchlich diese Behauptung ist, wird deutlich, wenn man den hermeneutischen Konstruktivisten mit der Frage konfrontiert, warum eine solche Konstitution oder Konstruktion des Autors durch den Rezipienten überhaupt nötig sein sollte, wo doch die Suche nach Intentionen angeblich ein so verfehltes hermeneutisches Unterfangen ist.

Neuerdings wird gegen den Gedanken, dass das Erfassen poetischer Intentionen wesentlich für die ästhetische Interpretation und Wertschätzung ist, auch die – vermeintliche – Möglichkeit einer automatischen Kunstproduktion vorgebracht. Deren Vorläufer werden in der surrealistischen Idee einer *écriture automatique* gesucht, einer nicht mehr intentional gesteuerten künstlerischen Agilität und Produktivität. Dabei sei aber immerhin noch die körperliche Bewegung von Menschen im Spiel gewesen, während es heute möglich sei, menschliche Aktivität durch die entsprechend programmierte Leistung von Computern zu ersetzen. So gebe es heutzutage Maschinen, welche dichteten wie Celan und malten wie Newman oder Rothko. Die Frage nach poetischen Intentionen sei für den Interpreten solcher automatisch generierter Werke notwendig gegenstandslos, weil es eben keine solchen Intentionen gebe. Das aber zeige, dass die Berücksichtigung poetischer Intentionen schon immer gegenstandslos gewesen sei. Der Denkfehler hinter diesem Argument besteht in der subjektivistischen Voraussetzung, dass es an solchen automatischen ‚Kunstwerken' überhaupt noch etwas zu verstehen und interpretieren gibt. Interessant sind die Resultate derartiger automatischer Produktion allenfalls deshalb, weil sie für den uninformierten Betrachter so aussehen wie Werke bestimmter Künstler – ganz wie traditionelle Fälschungen eine hinreichende Ähnlichkeit zu ihren Vorbildern aufweisen müssen. Aber niemand käme auf den Gedanken, eine Kunstfälschung zu interpretieren. Das Argument der automatischen Kunstproduktion stellt tatsächlich eher eine *reductio ad absurdum* der anti-intentionalistischen, konstruktivistischen Kunsthermeneutik dar.[38]

Allerdings muss betont werden, dass die Bestimmung poetischer Intentionen nicht alles ist, was eine Werkinterpretation leisten kann. Deswegen ist der hermeneutische Intentionalismus seinerseits zu eng. Vielmehr stellen Interpretationen auch Bezüge zum Leser oder zu anderen Werken oder Sachverhalten her, auch solche, die vom Künstler nicht intendiert sein können. Dieser Aspekt der Werkhermeneutik ist schon in der Lehre vom vierfachen Schriftsinn angelegt, nämlich im moralischen und anagogischen Sinnaspekt von Texten. Als allgemeine Sinndimension von Texten und Werken gehen beide Aspekte über das von einem Autor Intendierbare hinaus. Gadamer hat dieses Auslegungsphänomen unter den aus der juristischen Hermeneutik stammenden Begriff der *Applikation* oder *Anwendung* gebracht, nämlich der Anwendung einer Text- oder Werkbedeutung auf neue Sachzusammenhänge oder auf uns als Leser.[39] Hermeneutische Konstruktivisten verwandeln Gadamers Beobachtung in ein Argument für ihre Position. Denn, so sagen sie, wenn die Applikation eines Textes integraler Bestandteil der Textauslegung, die Textauslegung aber Fixierung der Textbedeutung ist und wenn ferner die Möglichkeiten der Applikation durch den Autor nicht antizipiert und deswegen auch nicht intendiert sein kann, dann ist die Textbedeutung durch die Intention des Autors nicht vollständig determiniert. Das Phänomen der hermeneutischen Applikation spricht allerdings keineswegs für den Konstruktivismus, da es, wie Gadamer selbst betont, sehr wohl möglich ist, zwischen legitimen und illegitimen Applikationen zu unterscheiden. Dazu muss ein Werk vor allem zwei Bedingungen erfüllen. Erstens muss es sich, wie in Kapitel 1.1 ausgeführt, an ein entgrenztes Publikum wenden und damit erst Raum für Applikation lassen, wie dies bei Kunstwerken der Fall ist, nicht aber bei jeder beliebigen Textsorte. Die tatsächliche Rede des Perikles an die Athener ist, anders als die bei Thukydides überlieferte, nicht auf andere Kontexte applizierbar, die Rede des Antonius in Shakespeares *Julius Caesar* sehr wohl. Zweitens ist ein Text oder Werk nur auf solche Gegenstände oder Sachverhalte applizierbar, die den im Text oder Werk dargestellten tatsächlich entsprechen. Die hermeneutische Applikation stellt externe Bezüge her und zeigt nicht intendierte externe Relationen auf, aber sie hat ihren Grund in der internen Werkbedeutung und damit in etwas Intendiertem. Mehr noch, auch die Möglichkeit von Applikation ist ihrerseits intendiert oder zumindest zugelassen. Das konstruktivistische Argument aus der Applikation ist daher fehlerhaft.[40]

Die hier entwickelte Auffassung von Kunst stützt die These, dass die Werkbedeutung etwas zu Findendes und der Werkinterpret ein Entdecker, kein Erfinder ist. Diese These belässt dem Interpretieren seinen aktiven, explorativen Charakter, entzieht es aber der subjektiven Willkür, da es der Idee eines Maßstabes der Interpretation Raum gibt. Dieser Maßstab kann nichts anderes sein als das Kunstwerk selbst. Damit ist allerdings noch nicht erklärt, wie interpretativer Dissens möglich und zu erklären ist. Darauf wird im folgenden Abschnitt zurückzukommen sein.

Ein angemessener Begriff der Interpretation muss vom Konzept der *vollständigen Interpretation* her verstanden und erläutert werden. Nun ist ‚Vollständigkeit' ein etwas unbestimmter Terminus. Der Ausdruck ‚vollständige Interpretation' scheint daher ähnlich vage wie der Ausdruck ‚vollständige Beschreibung' zu sein. Doch der Eindruck täuscht. Denn die wesentlichen Seiten eines Kunstwerks, Inhalt und Form, definieren auch ein Vollständigkeitskriterium der ästhetischen Interpretation. Der Inhalt des Werkes ist das, was das Werk entweder unmittelbar darstellt oder worauf es sich – im Falle der abstrakten, mehr vermittelt Bezug nehmenden Künste – eher mittelbar bezieht; die Form ist die Gestalt und Struktur einer solchen Darstellung oder Bezugnahme und damit dasjenige, was das Werk mit formgleichen und inhaltsverschiedenen Werken gemeinsam hat. Dabei ist hier die spezifische Form eines Kunstwerks als Tragödie, Roman, Stillleben oder Portrait gemeint, nicht die generische Form als Kunstwerk. Bezüglich des Werkinhalts muss ferner zwischen der Bedeutung, dem Gegenstandsbezug, und dem Sinn bzw. der Art der Darstellung unterschieden werden. Die Sinndimension berührt ihrerseits auch Formaspekte, denn die Art der Darstellung ist zum Teil durch den dargestellten Gegenstand bestimmt (Kreon kann nicht als moralischer Sieger im Konflikt mit Antigone dargestellt werden), teils aber auch durch die spezifische Werkform (sollte *Antigone* eine Komödie sein, dann müsste der Dichter den Antagonisten Kreon und Antigone zumindest andere Motive für ihr Handeln geben als

Sophokles, also nicht Sitte und Staatsräson). Vollständig ist eine Werkauslegung entsprechend dann, wenn sie alle drei Werkaspekte, nämlich Bedeutung, Sinn und Form, berücksichtigt. Lässt sie eine davon aus, so ist sie wesentlich unvollständig. Unvollständige Interpretationen können aber nicht der Ausgangspunkt für die Explikation des Begriffs der ästhetischen Interpretation sein.

Doch diese Bestimmung der vollständigen ästhetischen Interpretation ist noch insofern ungenau, als sie das Verhältnis der drei Interpretationshinsichten unbestimmt lässt. Sie lässt also noch Raum für die Möglichkeit, Vollständigkeit als eine Sache der bloß additiven Aneinanderreihung einer Bedeutungs-, einer Sinn- und einer Formauslegung aufzufassen. Solche Verfahren additiver Auslegung sind im Zuge der Bemühungen der Kunst- und Literaturwissenschaft um ‚Verwissenschaftlichung' in den Siebziger Jahren sehr verbreitet gewesen, da Wissenschaftlichkeit hier mit Schematisierung und schematischer Überprüfbarkeit gleichgesetzt wurde. Mittlerweile gelten sie mit Recht als veraltet. Jedes schematische Interpretationsverfahren im Bereich der Kunsthermeneutik verfehlt seinen Gegenstand. Es ist deshalb gerade als unwissenschaftlich anzusehen. Additive Interpretationen sind sogar als extreme Formen unwissenschaftlicher und unstrenger Exegese zu kritisieren, weil sie die Konstitution ihres Gegenstandes nicht berücksichtigen. Denn im Kunstwerk selbst bestehen Bedeutungs-, Sinn- und Formaspekt nicht nebeneinander, sondern ineinander verschränkt in einem Gefüge wechselseitiger Bedingtheit. Die ‚Methode' der additiven Auslegung von Kunstwerken verfehlt oder ignoriert diese innere Struktur ihrer Gegenstände. Sie scheitert damit an einer Grundbedingung von Strenge und Wissenschaftlichkeit: der Angemessenheit der Untersuchungsmethode an den Untersuchungsgegenstand.

Die vollständige Interpretation eines Kunstwerkes bezieht sich im Kontrast zu einer bloß additiven Auslegung auf alle drei Werkaspekte in ihrer wechselseitigen Abhängigkeit. Dabei nimmt der Ausleger immer schon eine ästhetisch evaluative Perspektive auf das Werk ein, und ohne eine solche Perspektive ist ein Kunstwerk überhaupt nicht interpretierbar. Denn der Ausleger muss fragen, ob und inwiefern die verschiedenen Aspekte eines Kunstwerkes zueinander *passen*, und das ist eine evaluative Frage. Dabei gilt eine methodische Maxime, welche man mit Gadamer als ‚Vorgriff auf Vollkommenheit' bezeichnen kann.[41] Der Interpret muss zunächst unterstellen, dass die ästhetische Passung, die wechselseitige Angemessenheit von Form und Inhalt, auch dann gegeben ist, wenn er sie zunächst nicht bemerkt. Denn manche Kunstwerke, und darunter manche besonders interessante, sind Erkundungen der Möglichkeiten, Spannungen und Gegensätze zwischen Bedeutung, Sinn und Form aufzubauen, ohne dabei die ästhetische Übereinstimmung der Werkaspekte zu zerstören. Die Fälle der gefundenen Balance zwischen ästhetischer Übereinstimmung und ästhetischer Spannung von Fällen des Scheiterns zu unterscheiden bleibt letztlich der ästhetischen Urteilskraft des Interpreten überlassen. Doch Gadamers Maxime ist die Vorbedingung dafür, überhaupt so unterscheiden zu können, und damit eine unabdingbare Voraussetzung für die Möglichkeit des *ästhetischen Lernens* und der *ästhetischen Bildung* des Interpreten. Denn ästhetische Bildung besteht nicht primär im Erwerb kunstbezogener Kenntnisse, sondern in der Entwicklung und Verfeinerung ästhetischer Urteilskraft. Dazu sind kunstbezogene Kenntnisse unabdingbar, wie insbesondere das Phänomen des Formbezugs in den Künsten zeigt. Die Möglichkeit formaler Bezugnahme ist ein wesentliches Charakteristikum des Formaspekts von Kunstwerken, welches eine vollständige Werkinterpretation nicht übergehen kann. Um formale Bezugnahme aber zu verstehen, muss der Interpret die auslegungsrelevanten kunstbezogenen Kenntnisse schon mitbringen. Dennoch garantieren sie noch nicht die ästhetische Urteilskraft. Denn die bloße Identifikation eines Referenzgegenstandes formaler Bezugnahme durch ein Kunstwerk sichert nicht schon deren angemessene Interpretation, wie sie der ästhetisch urteilskräftige Interpret zu leisten versteht. Wer daher ästhetische Bildung mit kunstbezogenen Kenntnissen gleichsetzt, verwechselt den Zweck mit dem Mittel.

Da die Einnahme einer evaluativen Perspektive Bedingung einer angemessenen Interpretation ist, ist die Vorstellung, man könne ein Kunstwerk zunächst wertneutral interpretieren und dann bewerten, wie sie zumindest als methodische Fiktion in Teilen der Kunst- und Literaturwissenschaft verbreitet ist, von vornherein verfehlt.[42] Sie erscheint denen attraktiv, welche von der Unausweichlichkeit einer subjektivistischen Deutung ästhetischer Wertungen überzeugt sind, aber an einem objektiven Begriff der Interpretation festhalten wollen. Wenn der ästhetische Subjektivismus seine Überzeugungskraft verliert, erscheint die der Sache nach nicht durchführbare Trennung der Interpretation von der ästhetischen Bewertung eines Kunstwerkes nicht mehr so dringlich. Wie sich der ästhetische Subjektivismus aber tatsächlich und effektiv vermeiden lässt, kann erst im folgenden Kapitel geklärt werden.

Eine ästhetische Interpretation ist notwendig zugleich die – gelegentlich implizite – Beurteilung eines Kunstwerkes als ästhetisch gelungen oder gescheitert. Im Hinblick auf die Unterscheidung der Momente oder Aspekte von Kunstwerken lässt sich diese Bestimmung differenzierend wie folgt erläutern: Beurteilt wird das Kunstwerk in der ästhetischen Interpretation im Hinblick darauf, ob Form und Inhalt übereinstimmen, d.h. ob Bedeutung, Sinn und Form einander angemessen sind. Stillschweigend ist dabei schon unterstellt, dass der Inhalt wichtig oder interessant für die Erhellung menschlichen Selbst- und Weltverständnisses ist.[43] Eben dies ist aber eine klassische Bestimmung des Kunstschönen, der zu Folge schön ein Kunstwerk dann ist, wenn seine Form und sein Inhalt zueinander passen. Die Erhellung des Begriffs der ästhetischen Interpretation führt ihrerseits in der Durchführung auf den Begriff des schönen Kunstwerks. Das ist nicht erstaunlich, wenn man sich daran erinnert, dass das Schöne die intrinsische normative Dimension ist, welche der Kunst das Maß gibt. Sie erklärt auch die ästhetische Faszination eines Kunstwerks für den Betrachter. Ästhetische Faszination ist der unsichere Vorschein der Schönheit. Sie legt sich, wenn es sich bei genauerer Betrachtung und Auslegung erweist, dass das anfangs faszinierende Werk gar nicht schön ist.

Das Verhältnis der ästhetischen Interpretation zum einfachen ästhetischen Verstehen wird aber erst dann genauer bestimmbar, wenn man zwei Arten oder genauer zwei Funktionen ästhetischer Interpretationen unterscheidet, nämlich die *erschließende* von der *vertiefenden* Interpretation. Erschließend ist eine ästhetische Interpretation dann, wenn sie das Verstehen eines Kunstwerks überhaupt ermöglicht, das Werk also dem Verstehen zugänglich macht. Vertiefend ist eine ästhetische Interpretation, wenn sie ein schon gegebenes Werkverständnis zu vertiefen und auszubauen hilft. Diese Unterscheidung lässt sich am besten an Hand von Beispielen erläutern.

Ich beginne mit Beispielen für erschließende Interpretationen: Als notorisch schwer zu verstehen gelten die Texte Franz Kafkas, ganz gleich ob es sich um seine Romane wie *Amerika*, das *Schloss* oder den *Prozess* handelt oder um Erzählungen und kürzere Texte wie die *Verwandlung*, *In der Strafkolonie* oder *Wunsch, Indianer zu werden*. Diese Texte sind keineswegs unverständlich, sondern gut lesbar geschrieben und klar erzählt, aber in den Handlungen und Widerfahrnissen ihrer Protagonisten oder auch in der Art der Darstellung gibt es meist ein mehr oder weniger aufdringliches

Moment des Unverständlichen, Rätselhaften oder Dunklen, sei dies gleich am Anfang wie in der *Verwandlung* oder im *Prozess* oder ganz am Ende wie in der *Strafkolonie*. Kafkas Texte wirken daher auf viele Leser wie faszinierende Rätsel, zu denen ein Lösungswort zu suchen ist. Resignation oder Bequemlichkeit haben manche Literaturwissenschaftler zu der These geführt, dass es keine Lösung und keinen Schlüssel zu diesen Texten gebe und dass Kafka tatsächlich absurde, jede Auslegungsbemühung notwendig frustrierende Texte verfasst habe. Eine solche Auskunft vermag aber die anhaltende ästhetische Faszination nicht zu erklären, welche von Kafkas Werk ausgeht. Dennoch könnte erst eine erschließende Interpretation seiner Texte den Verdacht der Absurdität zerstreuen.[44]

Als Beispiel für die Möglichkeiten vertiefender Interpretation sei auf den Film *Ferien* von Thomas Arslan (2007) verwiesen. Erzählt wird hier, wie sich die ansonsten zerstreut lebenden Angehörigen der verschiedenen Generationen einer Familie nach und nach zu einem Sommerferienaufenthalt im Waldhaus der Mutter und ihres zweiten Ehemanns in der Uckermark einfinden und wie dabei alte seelische Konflikte (die Mutter hat die Trennung von ihrem ersten Mann und Vater ihrer Töchter nie verwunden) und neue Schwierigkeiten (die älteste Tochter, ihrerseits Mutter zweier Kinder, gesteht ihrem Ehemann, dass sie eine heimliche Liebesbeziehung zu einem anderen eingegangen ist) nach und nach aufbrechen. Am Ende des Sommers ist die Großmutter an einer schweren Erkrankung verstorben, die Mutter und ihr Mann beschließen, das Waldhaus zu verkaufen und fortzuziehen, und die älteste Tochter und ihr Mann kommen überein, sich zumindest vorläufig zu trennen. Der Film zeigt diese Sommergeschichte in ruhigen, undramatischen, streng komponierten Bildern, fast ohne Großaufnahmen und immer wieder unterbrochen von längeren Landschaftsaufnahmen ohne Menschen und fast ohne Musik. Nach und nach entstehen so aus den verschiedenen Handlungssträngen, in welche die einzelnen Figuren verwickelt sind, recht differenzierte Portraits aller Angehörigen der Familie (bis auf den abwesenden ersten Ehemann der Mutter). Der Film ist weder rätselhaft noch anderweitig schwer zu verstehen. Alle Fragen, welche die Handlung aufwirft, werden im Film selbst nach und nach beantwortet. Jede der Figuren ist verständlich gezeichnet und handelt durchaus nachvollziehbar. Der Film *Ferien* erscheint – ganz wie einige der schönsten Erzählungen und Dramen Tschechows – auf den ersten Blick als durch und durch auslegungsunbedürftig. Das einfache aufmerksame und mitdenkende Zuschauen und Mitverfolgen des Films reicht aus, um ihn zu verstehen. Er liefert so ein klares Beispiel dafür, was das einfache Verstehen eines Kunstwerks ist. Dennoch ist Interpretation hier nicht überflüssig, denn sie kann das Verständnis vertiefen, etwa indem sie die Protagonisten und die Dynamik ihrer Beziehungen beschreibt und bestimmte Fragen zur Darstellungsweise stellt, z. B. welche formale Rolle die meist sprachlosen Spiele der Kinder innerhalb der filmischen Dramaturgie spielen. Vermitteln sie zwischen den Landschaftsbildern und den Dialogen und Handlungen der Erwachsenen, oder sind sie in anderer Weise deren Gegenbild? Wie verhalten sich Landschaftsbilder und Bilder von Menschen überhaupt zueinander? Welcher Art sind die Entsprechungen zwischen dem, was die Protagonisten tun, und der Art, wie die Filmbilder dieses Tun zeigen? Was trägt die äußerst sparsam eingesetzte Musik zur Darstellung bei?

Einfaches ästhetisches Verstehen steht am Anfang einer vertiefenden Interpretation, und im günstigen Fall steht es am Ende einer erschließenden Interpretation, dann als interpretationsgeleitetes und -gestütztes Verstehen. Im ungünstigen Fall ist es nur ein gebrochenes oder unvollständiges Verstehen oder auch ein Missverstehen. Dass ein Kunstwerk auch ohne Interpretation einfach verständlich ist, heißt allerdings nicht, dass ästhetisches Missverstehen ausgeschlossen wäre. Ästhetische Missverständnisse sind auch hier möglich, liegen dann allerdings nicht in einer objektiven Schwierigkeit des Werkes, sondern im subjektiven ästhetisch-hermeneutischen Unvermögen des Rezipienten begründet.

Doch nicht jedes schöne Kunstwerk ist einfach verständlich. Manche Werke sind so komplex, dass sie auch nach der Ausschöpfung der Möglichkeiten einer erschließenden und vertiefenden Interpretation immer wieder neu durchgegangen und bis in ihre Teile und Feinstrukturen hinein durchdrungen werden müssen. Homers *Odyssee*, Dantes *Divina Comedia*, Bachs *Johannes-* und *Matthäuspassion*, Musils *Mann ohne Eigenschaften* oder Tübkes Bauernkriegspanorama *Frühbürgerliche Revolution in Deutschland* in Frankenhausen sind solche Werke, die sich gegen einfaches Verstehen sperren.[45] Dass sie nicht einfach verständlich sind, heißt nun aber keineswegs, dass an ihnen das Verstehen scheitert, wie Kern meint. Denn zu begreifen, dass diese Werke sich dem einfachen Verstehen entziehen, ist eben ein Teil dessen, was es heißt, sie zu verstehen. Dass komplexe Werke wie diese auf wenn auch komplexe Weise dem Verstehen zugänglich sind, ist ein Aspekt ihrer Schönheit, welche es attraktiv macht, sich ihnen interpretierend zuzuwenden. Darin entsprechen sich komplexe und rätselhafte Kunstwerke wie die Texte Kafkas oder die Bilder Boschs oder Brueghels.[46]

Was das ästhetische Verstehen und Interpretieren von Kunstwerken der verschiedenen Künste betrifft, so gehen die wesentlichen Differenzen schon aus den oben angesprochenen offensichtlichen Differenzen der verschiedenen Künste hervor. Das Auslegen eines Bildkunstwerks stellt den Interpreten vor spezifische Aufgaben, die anders sind als im Fall der Interpretation von Poesie. Wieder anders verhält es sich mit der Interpretation von Musik, Architektur oder, wie im zuletzt diskutierten Beispiel, Film.

5. Ästhetischer Dissens und Objektivität

Mit dieser Klärung der Begriffe des Verstehens und der Interpretation im Bereich der Kunst im Hintergrund kann nun die in Abschnitt 2 begonnene Phänomenologie der ästhetischen Erfahrung weiter vorangetrieben werden. Das dort beschriebene Phänomen der kognitiven Überforderung eines Betrachters durch ein Kunstwerk hat bereits *ex negativo* auf den engen Zusammenhang von ästhetischem Verstehen und ästhetischer Wertschätzung verwiesen. Die Schönheit eines Kunstwerkes geht mit Verständlichkeit oder zumindest mit dem Versprechen der Verständlichkeit einher. Das schlechthin unverständliche Kunstwerk ist langweilig und ärgerlich; das subjektiv als unzugänglich oder unverständlich erfahrene Werk langweilt oder ärgert den überforderten Betrachter. Eben dies besagt auch der Begriff der Deutungsoffenheit. Das schöne Werk steht der Deutung offen; es lädt gleichsam dazu ein.[47] Dadurch unterscheidet es sich auch vom platten, einfältigen und nur allzu verständlichen Werk, welches eben nicht die Aufmerksamkeit attrahiert und nicht der Betrachtung und vertiefenden Deutung offensteht.

Doch wie ist dann hermeneutischer und ästhetischer Dissens über Kunst möglich? Beide Fragen hängen offenbar, anders als der ästhetische Sensualismus meint, sachlich sehr eng zusammen. Dabei ist das Dissensargument in der sensualistischen Ästhetik nach Hume zu einem Standardargument für den Subjektivismus der ästhetischen Wertschätzung von Kunst geworden, ganz so wie das

Phänomen des hermeneutischen Dissenses in Fragen der Kunstauslegung als Standardargument des hermeneutischen Konstruktivismus dient. Beide Argumente ähneln formal dem traditionellen skeptischen Schluss vom faktischen philosophischen Dissens über faktische Wissensansprüche auf die Unmöglichkeit von Wissen.[48]

Das Beispiel der Philosophie zeigt aber, dass der Schluss zumindest voreilig ist. Aus der bloßen Tatsache, dass es philosophischen Dissens zwischen den Anhängern verschiedener Grundrichtungen der Philosophie gibt, folgt noch nicht, dass die Begriffe der Wahrheit und des Wissens hier keine Anwendung finden, und zwar auch dann nicht, wenn der Streit anscheinend nicht mit Argumenten entscheidbar ist, die von allen Streitparteien gleichermaßen als gültig anerkannt werden. Wahrheit und Begründbarkeit müssen nicht zusammenfallen. Das skeptische Argument kommt hier immer zu schnell ins Spiel, nämlich als ein Mittel, den philosophischen Streit zu vermeiden, anstatt ihn diskursiv auszutragen, ggf. auch unter Verzicht auf ‚zwingende' Argumente.

Der Vergleich lehrt, dass das Dissensargument womöglich auch in der Ästhetik zu früh vom Subjektivismus ins Spiel gebracht wird. Der Subjektivismus macht nämlich, wie schon mehrfach ersichtlich geworden ist, das gesamte Phänomen der ästhetischen Erfahrung unverständlich und am Ende auch das, was er zu erklären beansprucht, nämlich den ästhetischen Dissens. Es empfiehlt sich also, zunächst noch einmal die ästhetische Erfahrung selbst in den Blick zu nehmen. Dabei muss neben den noch zu behandelnden Dissensphänomenen vor allem das Phänomen der ästhetischen Faszination berücksichtigt werden, die Tatsache, dass Kunstwerke den Betrachter anziehen. Der Subjektivismus verzichtet darauf, die Attraktivität des Schönen zu erklären, und ernennt die Attraktivität des Kunstwerks zu einem nicht weiter analysierbaren, gewissermaßen zufälligen Interferenzphänomen zwischen der objektiven Beschaffenheit des Werkes und der subjektiven sensuellen und mentalen Beschaffenheit des Betrachters. Aber aus der subjektiven Perspektive des Betrachters stellt sich ästhetische Attraktion ganz anders dar. Den Betrachter zieht es zu dem Werk hin, *weil es schön ist*. Entsprechend beurteilt er das Werk als schön. Aus seiner Perspektive ist das ästhetische Urteil *objektiv*, nämlich ein Urteil über ein Objekt, das schöne Kunstwerk. Im ästhetischen Urteil sagt der Betrachter aus, dass das Werk eine bestimmte Eigenschaft besitzt, nämlich Schönheit. Er erfährt die Schönheit des Werkes selbst als Grund und Wahrmacher seines Urteils. Die Phänomenologie der ästhetischen Erfahrung muss dieses subjektive Phänomen ernst nehmen. Der ästhetische Subjektivismus tut es nicht.

Zu sagen, dass ein schöner Gegenstand attraktiv ist, heißt, ihm motivationale Kraft zuzusprechen. Die Frage, wie das möglich ist, kann erst im folgenden Kapitel allgemeiner behandelt werden. An dieser Stelle beschränke ich mich auf die Beantwortung der spezielleren Frage, wie von einem schönen Kunstwerk motivationale Kraft ausgehen kann, da diese einfacher zu behandeln ist. Allerdings erscheint selbst dieser Gedanke manchem Ästhetiker so seltsam, dass er die Attraktivität der schönen Kunst lieber einfach leugnet. So behauptet Paul Ziff, die Schönheit eines Werkes sei eine vielleicht komplexe oder superveniente objektive Eigenschaft, die aber nichts mit Attraktivität oder den Gründen für subjektives Wohlgefallen zu tun habe.[49] Es sei nämlich nicht irrational zu sagen: ‚Dieses Werk ist schön, aber es gefällt mir nicht'. Da Urteile über objektive Schönheit und über subjektives Wohlgefallen in keinerlei logischen Beziehungen stünden, könnten sie einander auch nicht widersprechen. Dieses Argument überzeugt deswegen nicht, weil schon das ‚aber' zwischen den beiden Teilen der Aussage zeigt, dass hier etwas zumindest Extravagantes gesagt wird, etwas, wofür sich der Sprecher auf Nachfrage Gründe zu geben verpflichtet, und zwar nicht für die Zuschreibung von Schönheit, sondern für das subjektive Missfallen. Die Aussage ‚Dieses Werk ist schön, und es gefällt mir' wäre hingegen redundant, anders als die Aussage ‚Dieses Werk ist nicht schön, aber es gefällt mir', welche einen guten und verständlichen Sinn haben kann. Schon diese Überlegungen an der semantischen Oberfläche des obigen Beispielsatzes zeigen, dass Ziffs Erläuterung nicht mit dem gewöhnlichen Gebrauch der Ausdrücke ‚schön' und ‚gefallen' übereinstimmt. Der gewöhnliche Gebrauch setzt im Gegenteil voraus, dass es irgendeine Art von logischer Abhängigkeit zwischen Schönheit und ästhetischem Wohlgefallen gibt, und zwar nur in einer Richtung. Schönheit ist nämlich ein zentraler Grund für ästhetisches Wohlgefallen, nicht aber umgekehrt, wie auch Kant betont.[50] Dass es neben Schönheit auch andere Gründe für ästhetisches Wohlgefallen, neben Hässlichkeit auch andere Gründe für ästhetisches Missfallen geben kann, erklärt, warum der Beispielsatz nicht von vornherein unsinnig ist. Es wird aber auch ersichtlich, warum Ziffs These vielen Ästhetikern unplausibel erschienen ist.

Andere haben versucht, das subjektive Wohlgefallen am Kunstschönen konventionalistisch zu erklären. Ein schönes Kunstwerk, so sagen sie, sei ein Kunstwerk, das bestimmten konventionellen und kulturellen, historisch wandelbaren Kriterien und Normen des je genrespezifisch Schönen entspreche. Dass ein solches Werk attraktiv ist, wird auf die erlernte Beherrschung der entsprechenden Konventionen auf Seiten des Betrachters geschoben, dessen Wohlgefallen die positive affektive Sanktionierung normgerechter Produktion auf Seiten des Künstlers sei, so wie generell gelte, dass ein Verhalten gemäß den in einer Gemeinschaft geltenden Konventionen von anderen Mitgliedern der Gemeinschaft durch eine positive affektive Reaktion belohnt werde. Nun ist es unzweifelhaft richtig und wichtig für die Kunstphilosophie, auf die Bedeutung ästhetischer Konventionen in den Künsten hinzuweisen. Dennoch kann der ästhetische Konventionalismus in keiner Weise erklären, was er zu erklären beansprucht. Denn erstens erklärt er das Schöne in der Kunst nicht. Die konventionalistische Erklärung bricht bei den ästhetischen Konventionen ab, genauso wie der ästhetische Subjektivismus seine Erklärung bei den subjektiven Vorlieben abbricht, welche das ästhetische Wohlgefallen erklären sollen. Der Konventionalist stellt nicht die Frage, warum sich bestimmte Konventionen in den Künsten eingebürgert haben. Bloße Konventionalität macht ein Kunstwerk nicht schön, im Gegenteil. Auch erklärt er die Attraktivität der Schönheit eines Kunstwerks nicht, weil konventionelle Kunst oft nicht attraktiv ist, unkonventionelle dagegen sehr wohl. Sagte der ästhetische Konventionalist nun, der Vorrang des Unkonventionellen sei eben eine besondere ästhetische Konvention, dann löst er die Schwierigkeit nicht, sondern verstrickt sich lediglich in Widersprüche. Schließlich scheitert der Konventionalismus auch an der Tatsache, dass ein Betrachter von Kunstwerken aus ganz anderen Kulturkreisen mit ganz anderen, ihm ganz unbekannten ästhetischen Konventionen ästhetisch fasziniert sein kann.[51] Diese Beobachtungen legen es nahe, die Begriffe folgendermaßen in die richtige Ordnung zu bringen: Die Schönheit erklärt ästhetische Konventionen, nicht umgekehrt. Ästhetische Konventionen sind nichts anderes als zu weichen Regeln generalisierte Beobachtungen, dass schöne Kunstwerke gewisse formale und inhaltliche Eigenschaften besitzen. Ihren Status als weiche Regeln des Kunstschaffens gewinnen solche Konventionen daher, dass es ästhetisch zweckmäßig sein kann, sie zu beachten. Auf seine Weise bringt auch Kant diesen Gedanken zum Ausdruck, wenn er sagt, dass das Genie exemplarisch sei und anderen Produzenten schöner Kunst die Regel gebe.[52] Damit wird verständlich, warum ästhetische Konventionen nicht den Rang strikter ästhetischer Regeln oder gar Gesetze einnehmen können. Denn ihre Einhaltung garantiert noch keine Schönheit, so wie ihre Nichteinhaltung Schönheit nicht notwendig verhindert. Eben deswegen ist auch fremde Kunst als schön erfahrbar, und eben diese Erfahrung kann der Anfang von Vertrautheit mit den in der fremden Kultur geltenden ästhetischen Konventionen sein. Nun mag es Kulturen geben, in denen auf eine strikte Einhaltung bestimmter ästhetischer Konventionen geachtet wird. Aber das läge dann an den kontingenten Bedingungen eben dieser Kulturen; es liegt nicht in Begriff und Zweck ästhetischer Konventionen.

In der hier vorgeschlagenen Explikation wird die Schönheit in der Kunst in der wechselseitigen Entsprechung von Form und Gehalt gesucht. Kunst stellt, ob direkt oder vermittelt, Aspekte der *conditio humana* dar, und zwar am repräsentativen einzelnen Gegenstand. Darin liegt zugleich das Versprechen der schönen Kunst: Bedingungen des Menschseins zu erhellen. Eine solche Erhellung ist für ein endliches selbstbewusstes Wesen von immenser Bedeutung. Denn das bloß *formale Selbstbewusstsein*, welches mit Akten theoretischen und praktischen Denkens notwendig einhergeht als das „‚Ich denke', welches alle meine Vorstellungen (cogitationes) begleiten können muss" (so Kant in Anlehnung an Descartes),[53] kann für ein solches Wesen nicht ausreichen. Es bedarf darüber hinaus des *materialen Selbstbewusstseins*, also der Transformation der formalen Selbstreflexivität des Denkens und Handelns in eine *inhaltliche Selbstrepräsentation*. Erst darin vollendet sich ein solches Wesen als Person. Die individuelle Selbstrepräsentation einer Person vollzieht sich im Wechselspiel von Selbst- und Fremdbeschreibungen.[54] Doch bloß individuelle Selbstrepräsentation reicht nicht aus. Sie muss sich gründen in und orientieren an der allgemeinen oder generischen menschlichen Selbstreflexion, am Nachdenken des Menschen über das Wesen des Menschen, die Gattung Mensch. Individuelle Selbsterkenntnis setzt ein zumindest basales Verständnis des Menschen als Gattungswesen schon voraus und vollendet sich in der generischen menschlichen Selbsterkenntnis. Es gibt nur zwei Formen der generischen Selbstreflexion und Selbsterkenntnis des Menschen, Philosophie und Kunst.[55] Worin sie sich formal unterscheiden, wurde im ersten Kapitel bestimmt. Was dieser Unterschied der Form für die Rezeption von Kunst und Philosophie bedeutet, wird am Schluss dieses Kapitels zu diskutieren sein.

Das Versprechen der schönen Kunst ist also nicht oder nicht unmittelbar ein Glücksversprechen, wie Adorno, eine Sentenz Stendhals aufgreifend, meinte,[56] sondern ein Versprechen der Selbstverständigung. Kunst kann dem Betrachter im besten Fall zeigen, wer und wie er ist. Die Form des schönen Kunstwerks zeigt dem Betrachter an, was das Werk inhaltlich leisten kann, nämlich sein Welt- und Selbstverständnis zu vertiefen. Für ein denkendes und selbstbewusstes Wesen ist eine solche Aussicht immens attraktiv. Aus diesem Grund ist die formale Schönheit eines Kunstwerkes anziehend. Das Glück, welches Adorno gemeint haben könnte, kann nur das theoretische Glück der Selbsterkenntnis sein.[57]

Bloß formale Schönheit kann aber dann enttäuschen, wenn der Werkinhalt das Versprechen der Form nicht hält, wenn das Werk seicht, manipulativ oder irreführend ist. Dass es sich bei einem Werk so verhalten könnte, ist die wichtigste Quelle für eine bestimmte Sorte des ästhetischen Zweifels, nämlich ob ein Werk tatsächlich die Wertschätzung verdient, die man ihm entgegenbringt. Umgekehrt verhält es sich mit formalen Mängeln. Diese lassen ein Werk unattraktiv erscheinen und damit als ungeeignet für die generische Selbstreflexion. Allerdings kann dieser Eindruck täuschen, wie die oben erwähnten Beispiele der noch unentwickelten neuen Form zeigen. Die entsprechende Sorte des ästhetischen Zweifels hat deshalb mit der Frage zu tun, ob ein Werk tatsächlich die Missachtung verdient, die man ihm bisher entgegengebracht hat.

Ob Form und Inhalt sich entsprechen, ist eine Frage, die sich nicht nach allgemeinen, kunstgattungsübergreifenden Kriterien beantworten lässt. Letztlich richtet sich die Antwort nach der dargestellten Sache selbst. Das kompetente ästhetische Urteil des Rezipienten setzt entsprechend ein hinreichendes Verständnis der dargestellten Sache bzw. allgemeiner der Werkidee voraus. In Ergänzung zu den oben gegebenen Beispielen seien hier lediglich noch zwei Beispiele für Nichtentsprechungen von Form und Inhalt erörtert. Max Klingers von Skulpturen gerahmtes Bild *Christus im Olymp* (Museum der bildenden Künste, Leipzig) soll die Begegnung und Versöhnung des christlichen Gottes (-sohnes) mit den olympischen Göttern zeigen. Dieses Werk ist geradezu ein Paradebeispiel für eine unmögliche Darstellung, da sich der christlich-monotheistische und der polytheistische Gottesbegriff logisch ausschließen. Sie können daher auch nicht zusammen in einem Bild dargestellt werden. Für diese Art von Fehler liefert das Werk Klingers eine ganze Reihe von Beispielen. So zeigt eine seiner Zeichnungen einen

Engel, und zwar als muskulösen Mann im Stil Michelangelos oder Rubens', aus dessen Rücken zwei üppige, weiß gefiederte Flügel wachsen. Selten ist das für die gesamte christliche Bildkunst virulente Problem der angemessenen Darstellung von Engeln wohl schlechter und gedankenloser gelöst worden. Das zweite Beispiel ist der Film *Heaven* von Tom Tykwer (2002). Der Film beruht auf einem Drehbuch von Krzysztof Kieslowski, der damit eine Trilogie unter dem Titel *Himmel, Hölle, Fegefeuer* eröffnen wollte, aber zuvor verstarb. Erzählt wird die Geschichte einer Frau, die mit Hilfe einer Bombe einen von der korrupten örtlichen Polizei geschützten Mafioso und Drogendealer umbringen will, aber durch ein Missgeschick stattdessen Unschuldige tötet. Der Untersuchungshaft entflieht sie mit Hilfe eines Polizisten, der sich in sie verliebt hat und ihr hilft, den Mafioso doch noch zu töten. Der Film verfügt über alles, was Schönheit und ästhetischen Erfolg verspricht, ein moralisch interessantes Thema, ein ausgezeichnetes Drehbuch, einen begabten Regisseur und exzellente Schauspieler, aber das Ergebnis ist ein fader Film, der in hübschen Bildern schwelgt, die zum Verständnis des Grundkonflikts und der beteiligten Akteure nichts beitragen, und schließlich zu einem vollständig unverständlichen Ende führt: die Frau möchte sich am Ende gern der Polizei stellen, doch stattdessen kapern ihr Liebhaber und sie einen Polizeihubschrauber und steigen darin himmelwärts. Beides sind Beispiele dafür, was Hegel meint, wenn er sagt, dass die Mangelhaftigkeit der künstlerischen Form häufig von einem Mangel des Inhalts herrührt, d. h. einem Mangel an künstlerischem Verständnis des Werkgegenstands.[58]

Ist aber nicht das ästhetische Urteil im bisher explizierten Sinn in einem viel zu schwachen Sinn objektiv, um dem Subjektivismus wirklich etwas entgegenzusetzen? Fordert ein auch nur einigermaßen robuster Begriff der Objektivität des ästhetischen Urteils nicht auch ein gewisses Maß an Intersubjektivität? Muss sich ein ästhetisches Urteil nicht begründen lassen, wenn es Anspruch auf Objektivität erheben soll? Es mag sein, dass Kant die Begriffe der Objektivität und Geltung in der *Kritik der Urteilskraft* allzu eng miteinander verknüpft, aber dieser Zug ist nicht gänzlich grundlos, denn immerhin hängen die Begriffe ja der Sache nach zusammen, wenn auch nicht so eng, wie Kant suggeriert.

Nun lässt die hier vorgeschlagene Deutung ästhetischer Urteile durchaus breiten Raum für die Intersubjektivität des ästhetischen Diskurses. Allein das Phänomen des ästhetischen Zweifels zeigt an, dass Kunstbetrachter auf den ästhetischen Diskurs, den Vergleich ihrer Werkinterpretationen und -beurteilungen angewiesen sind. Nur lässt sich das Urteil, dass ein Werk schön ist, nicht *kriterial* begründen. Für hässliche oder misslungene Werke lassen sich schon eher Kriterien anführen, wenn auch keine allgemeinen, sondern werkbezogene. Allerdings ist auch hier der entsprechende Aufweis nicht ganz einfach. Warum es sich so verhält, lässt sich folgendermaßen erklären: Thomas von Aquin führt, im Anschluss an Aristoteles, aus, dass eine Sache nur dann wirklich gut ist, wenn alles an ihr gut ist, aber schon dann schlecht, wenn irgendetwas an ihr schlecht ist.[59] Dieses Prinzip lässt sich auf die Kunst anwenden. Ein Werk ist nur dann schön, wenn es ganz und gar schön ist. Jeder Makel ist ein Hindernis der Schönheit.

Oben hatte sich bereits ergeben, dass dieser Gedanke gewisser Qualifikationen bedarf, wie sie Thomas parallel auch in der ethischen Durchführung seines Prinzips einführt. Nicht jeder ästhetische Makel zerstört die Schönheit eines Werkes, so wie nicht jede moralische Unvollkommenheit eine Handlung schlecht oder einen Menschen böse macht. Es gibt im Ästhetischen wie im Ethischen geringfügige Schwächen. Bedenkt man die Implikationen des so qualifizierten thomistischen Prinzips der Asymmetrie zwischen Gut und Schlecht in seiner Anwendung auf die Differenz zwischen Schön und Hässlich, dann ist die Möglichkeit des ästhetischen Dissenses innerhalb einer objektivistischen Konzeption ästhetischer Urteile im Grunde schon erklärt. Es ist unmöglich, einem Betrachter die Schönheit eines Kunstwerks anzudemonstrieren, denn dazu wäre der argumentative Nachweis erforderlich, dass das Werk formal und inhaltlich makellos ist. Dieser Nachweis lässt sich aber nicht führen. Umgekehrt lässt sich die ästhetische Mangelhaftigkeit eines Werkes sehr wohl argumentativ aufweisen; ein solcher Aufweis muss aber nicht notwendig den ästhetischen Disput über ein Werk entscheiden, da strittig bleiben kann, wie schwer der Mangel im ästhetischen Gesamturteil wiegen sollte. Dennoch gilt, dass sich unzweifelhafte Beispiele für das Kunsthässliche leichter finden lassen als für das Kunstschöne.

Das alles macht den ästhetischen Diskurs keineswegs unmöglich, aber anspruchsvoll, da hier das freie Urteil der Beteiligten gefordert ist. Denn da zwingende Argumente nicht verfügbar sind, muss es um den Austausch und Vergleich ästhetischer Interpretationen gehen, in deren Licht ein Werk jeweils beurteilt wird. Ein solcher Austausch ist seiner Form nach kooperativ, d. h. er zielt an sich auf die Erzielung einer gemeinsamen Werkdeutung. ‚An sich' deswegen, weil im kooperativen ästhetischen Diskurs wie in allen Feldern möglicher Kooperation jederzeit die Möglichkeit der Obstruktion besteht, z.B. durch Diskursverweigerung, autoritäre Argumentation etc. Ein solches Diskursverhalten verletzt jedoch eine grundlegende Sinnbedingung der ästhetischen Konversation.

Dass sich die Behauptung, ein Werk sei schön, nicht mit Gründen rechtfertigen lässt, heißt ferner keineswegs, dass an dieser Stelle nicht mehr argumentiert, sondern nur noch ein Bekenntnis abgelegt werden kann. Die argumentative Situation ähnelt strukturell vielmehr derjenigen, die Aristoteles im vierten Buch der *Metaphysik* beschreibt: der eines Philosophen, der aufgefordert ist, den Satz des Widerspruchs zu begründen. Diese Aufforderung kann er nicht befolgen, denn jede Begründung dieses Prinzips muss das Prinzip selbst schon in Anspruch nehmen. Doch er kann diejenigen widerlegen, welche die Geltung des Satzes vom Widerspruch bestreiten.[60] Analog dazu kann ein Kunstbetrachter, dessen Urteil, dass ein bestimmtes Werk schön sei, von einem anderen Betrachter angefochten wird, diesen auffordern, einen Makel an dem Werk aufzuzeigen. Die Begründungslast trägt zunächst immer, wer einem Werk die Schönheit abspricht. Formelle Widerlegungen sind im ästhetischen Diskurs nicht zu haben, aber für kooperative und tatsächlich an der Frage, ob das fragliche Werk schön ist oder nicht, interessierte Diskursteilnehmer auch nicht erforderlich. Denn ästhetischer Dissens unter Kunstbetrachtern ist für jeden von ihnen zumindest *prima facie* immer auch ein Grund zum Zweifel am eigenen Urteil. Allerdings kann der Grund für den Dissens durchaus in der ästhetischen Inkompetenz, dem mangelnden Kunst- und Sachverstand mindestens eines Betrachters liegen. Doch das ist keine Besonderheit des ästhetischen Diskurses.

Die Nichtverfügbarkeit fixer Kriterien erklärt auch, warum die ästhetische Urteilskraft seit dem 18. Jahrhundert allgemein als ‚Geschmack' bezeichnet wird. Es handelt sich dabei um eine sensuelle Metapher, ganz analog zur metaphorischen Rede von ‚Sinn' und ‚Gefühl' in Bereichen, in denen kriterienbasierte Gründe ebenfalls subjektiv oder objektiv nicht bereit stehen. So ist eine Person mit einem starken ‚Sinn für Gerechtigkeit' eine Person, die alle Arten von Ungerechtigkeit bemerkt, ohne immer davon Rechenschaft geben zu können, worin die Ungerechtigkeit jeweils besteht. Ebenso verhält es sich mit dem epistemischen ‚Gefühl, das etwas an einer Sache nicht stimmt'. Was hier durch die Metaphern des Sinns bzw. des Gefühls gekennzeichnet wird, sind im Grunde unbestimmte Urteile, für die der Urteilende eine gewisse Evidenz beansprucht, ohne diesen Anspruch durch Gründe stützen zu können.

Dass ein vernünftiger Diskurs auch ohne fixierte Urteilskriterien möglich ist, ist ebenfalls kein Spezifikum des Ästhetischen, auch wenn es an der Rede über Kunst besonders augenfällig zu sein scheint. Manche ästhetische Subjektivisten haben das Fehlen solcher Kriterien irrtümlich für ein solches Spezifikum gehalten. Sie haben sich deshalb dazu verleiten lassen, die Ansicht Humes zu übernehmen, dass der ästhetische Diskurs eigentlich nur ein Austausch subjektiver Befindlichkeiten sei. Damit verfehlen sie das Wesen dieser Diskursart aber grundsätzlich. Demgegenüber zeigt das Feld der moralischen Beurteilung von Personen und Handlungen, dass auch hier die Rolle fixierter Urteilskriterien viel begrenzter ist, als in der Nachfolge Kants und des Utilitarismus meist angenommen wird. Darauf kann im Anschluss an Aristoteles und Thomas hingewiesen werden. Die Kriterien des Bösen sind durchaus klar definierbar; das Gute ist hingegen nicht kriterial bestimmbar. Für das moralische Urteil über Menschen und ihre Entscheidungen und Taten bleibt daher jenseits des schlechten Extrems viel Raum für freie und anfechtbare Einschätzungen.

6. Philosophische Einsicht und ästhetische Urteilskraft

Die hier entwickelte Erklärung der ästhetischen Wertschätzung von Kunst beansprucht für sich, keine Erfindung oder philosophische Zurechtlegung ästhetischer Phänomene zum Zweck einer philosophischen Entmündigung der Kunst zu sein, sondern eine Erklärung, die erhellt, was Rezipienten von Kunst tatsächlich tun, wenn sie sich mit Kunstwerken auseinandersetzen, warum ihnen diese Beschäftigung tatsächlich wichtig und attraktiv erscheint und warum die Begegnung mit Kunstwerken wirklich als befriedigend oder enttäuschend erfahren werden kann. Gesucht oder konstruiert muss sie demjenigen erscheinen, der die ihr zu Grunde liegende Phänomenologie ästhetischer Erfahrung nicht mit vollzieht. Allerdings scheint mir, dass die Verweigerung hier nur um den Preis der Missachtung der subjektiven Perspektive durchzuhalten ist, und das heißt: der Missachtung der je eigenen ästhetischen Erfahrung. Denn der ästhetische Subjektivismus entfremdet eine Person, die ihn ernsthaft vertritt, notwendig von ihrem eigenen Zugang zu ästhetischen Phänomenen.

Wenn es heißt, dass die Beschäftigung mit Kunst eigentlich nur ‚der Unterhaltung' diene, so ist nachzufragen, was Unterhaltung sein und warum Kunst ihr dienlich sein soll. Tatsächlich spielt der Begriff der Unterhaltung in den vermeintlich ‚nüchternen' und ‚realistischen' Erklärungsversuchen des Phänomens der freiwilligen gemeinschaftlichen Beschäftigung mit Kunst eine ähnliche Rolle wie der Begriff der ästhetischen Präferenz im Subjektivismus: die Rolle des Terminus, bei dem die Erklärungen abbrechen. Dagegen ist zu sagen: Unterhaltsam kann nur ein in irgendeiner Hinsicht interessanter Gegenstand oder Prozess sein. Nun können verschiedenartige Dinge in vielerlei Hinsicht interessant sein, aber das intrinsisch motivierte Interesse an Kunst hat notwendig mit dem Interesse an generischer Selbstreflexion zu tun. Etwas von diesem Interesse zeigt sich, so behaupte ich, auch in der Beschäftigung mit kunstähnlichen Artefakten, mit sogenanntem Kitsch, seichter, trivialer oder ‚bloß unterhaltender' Kunst, wie enttäuschend und im Grunde langweilig solche Gebilde der genaueren ästhetischen Betrachtung auch erscheinen müssen. Bloch und Adorno hatten noch ein deutliches Bewusstsein von dem tieferen Grund des verbreiteten Interesses an solcher Unterhaltung.[61]

Kunst und Philosophie sind Formen generischer menschlicher Selbsterkenntnis. Doch die Philosophie ist anscheinend in viel höherem Maße esoterisch, als es die Kunst ist. An diesem Unterschied ändert auch die Tatsache, dass es einerseits durchaus zugängliche philosophische Werke, andererseits ausgesprochen anspruchsvolle und schwer verständliche Kunstwerke gibt, nichts im Grundsatz. Der vergleichsweise exoterische Charakter der Kunst lässt sich aus dem Unterschied der Darstellungsform zwanglos erklären. Philosophie stellt das Allgemeine auch allgemein dar, und das heißt, begrifflich und theoretisch. Um theoretisch-diskursiven Darstellungen aber folgen zu können und sich gedanklich auf dem Niveau von Allgemeinheit zu bewegen, welches ein philosophischer Text von seinem Leser verlangt, ist ein gewisses Maß an Übung, Disziplin und ggf. Schulung erforderlich. Bloß gewöhnliche Sprachkompetenz reicht hier nicht aus. Im Gegensatz dazu stellt Kunst das Allgemeine im repräsentativen Einzelnen dar. Sie steht damit der Form unserer alltäglichen Selbst- und Fremdbeschreibungen formal sehr viel näher als die Philosophie. Es gibt in gewisser Hinsicht einen kontinuierlichen Übergang von den Formen alltäglicher

Rede über Menschen zu den Formen künstlerischer Darstellung des Menschen. Deshalb erscheint die Kunst den meisten Menschen zugänglicher als die Philosophie.

Allerdings kann es auch in der Kunst, zumindest in der Poesie und in allen Künsten, in denen Poesie eine tragende Rolle spielt, Formen allgemeiner, philosophischer Rede geben, z. B. in den reflektierenden Monologen im Drama oder, vor allem, in der Lyrik, z. B. bei Hölderlin oder Brecht. Diese Redeform ist allerdings ästhetisch riskant. Denn ein ‚philosophisches' Gedicht kann leicht daran scheitern, dass der ausgedrückte Gedanke inhaltlich nicht das Niveau an Einsicht erreicht, welches die allgemeine Redeform verlangt, wie man etwa an einigen der Gedichte und Sprüche Erich Frieds ersehen kann. Umgekehrt ist philosophische Einsicht der ästhetischen Urteilskraft schlechthin zuträglich, da sie der inhaltlichen Beurteilung von Kunstwerken mehr Halt und Sicherheit gibt. Das gilt für die Produktions- wie die Rezeptionsseite der Kunst gleichermaßen.

Kapitel 5: Schönheit

1. Schönheit als Idee

Die Kunstphilosophie kommt um eine Auseinandersetzung mit dem Begriff der Schönheit ebenso wenig herum wie die Ethik um den Begriff des Guten. Auf ironische Weise zeigt das selbst noch die Rede von den ‚nicht mehr schönen Künsten' in der Moderne.[1] Die hier angestellten Überlegungen zum Begriff der Kunst und zu dem Verhältnis von Kunst und Philosophie konvergieren ihrerseits notwendig im Begriff des Schönen und dem Zusammenhang zwischen Schönheit und Wahrheit. Implizit ist dieser Zusammenhang in allem bisher Gesagten gegenwärtig. Doch der Versuch seiner allgemeinen Explikation kann erst jetzt unternommen werden.

Das liegt auch daran, dass der Begriff der Schönheit das Denken über den Bereich der Kunst hinausführt. Nicht nur Kunst ist schön. Schönheit ist vielmehr ein allgemeines und allgegenwärtiges Phänomen. Kant hielt das Kunstschöne sogar für weit weniger bedeutsam und theoretisch zentral als das Naturschöne. Auch wer ihm in diesem Punkt nicht folgen mag, muss sich die Frage stellen, wie sich der spezielle Begriff der schönen Kunst zum allgemeinen Begriff der Schönheit verhält. Und zwar schon deswegen, weil die Schönheit eines Kunstwerks zumindest in vielen paradigmatischen Fällen von der Schönheit des dargestellten Gegenstandes abhängt. Dieser aber ist typischerweise nicht seinerseits ein Kunstwerk, sondern anderer Art, z. B. ein schöner Mensch oder eine schöne Landschaft. Zu dem Schönen, welches Kunst darstellt, gehört auch das Naturschöne. Deswegen muss die schöne Natur ein Thema auch der Kunstphilosophie sein. Aber das Verhältnis von Natur- und Kunstschönheit lässt sich ohne eine hinreichende Klärung des allgemeinen Begriffs der Schönheit nicht bestimmen. Die Frage nach Begriff und Natur des Schönen ist daher eine Grundfrage philosophischer Ästhetik.

Die älteste und prominenteste Antwort auf diese Frage geht auf Platon zurück und lautet, dass Schönheit eine Idee ist. Die Quelle für diesen Gedanken ist letztlich das *Symposion*. Hier erzählt Sokrates den Freunden beim Gastmahl, wie ihm die Diotima aus Mantinea in seiner Jugend das wahre Wesen der Schönheit und den wahren Grund der Liebe zur Schönheit enthüllt habe. Denn alles irdische Schöne habe durch seine Schönheit Anteil an der Unsterblichkeit, und alle Liebe sei ihrem eigentlichen Sinn nach Streben nach Unsterblichkeit.[2] Diesen Gedanken entwickelt sie weiter zum Begriff eines Schönen an sich, an welchem die endlichen und veränderlichen Dinge lediglich teilhätten. Denn nicht sofern die irdischen Dinge, Lebewesen, Kunstwerke oder Staatsverfassungen vergänglich seien, seien sie schön, sondern ihre Vergänglichkeit sei eine Begrenzung ihrer Schönheit. Das Schöne als solches müsse daher ein Unvergängliches sein, zu dem man durch Betrachtung der verschiedenen Erscheinungsweisen und Rangstufen des vergänglichen Schönen wie auf einer Stufenleiter hinaufsteigen könne.[3]

Wie weit dieser Gedanke für bare Münze zu nehmen ist, scheint nicht ganz klar. Was zu beachten ist, ist die innere Ironie des platonischen Textes. Denn hier spricht nicht Sokrates, der Philosoph und Dialektiker, sondern er präsentiert sich als überforderten Schüler einer Lehrerin, der wiederholt deutlich macht, dass er ihre Worte kaum versteht.[4] Er stellt sich damit zunächst einmal auf die Seite des von Diotimas Worten ebenfalls überforderten Lesers. Das bedeutet aber keineswegs, dass Platon sich von diesen Ausführungen ganz distanzierte. Im Gegenteil, hier wird der Grundgedanken einer Lehre skizziert, die allerdings noch nicht ausgearbeitet ist. Eben dies wird, wie so oft in den platonischen Dialogen, insbesondere dort, wo Mythen als Argumente verwendet werden, durch die Ironie der Darstellung hervorgehoben. Dass es ein unvergängliches Schönes an sich gebe oder, was der Sache nach dasselbe ist, dass das Schöne eine Idee sei, an der schöne Gegenstände mehr oder minder teilhätten, ist ein Gedanke, den Platon im *Symposion* gewissermaßen experimentell vorträgt.

Zur metaphysischen Doktrin erhoben wird dieser platonische Gedanke bei Plotin. Dieser versucht, ganz gemäß den Hinweisen der Diotima, zunächst alles irdische Schöne in eine Rangordnung zu bringen und so eine Stufenfolge zu bilden, auf der die philosophische Betrachtung bis zur Idee des reinen Schönen gelangen kann, welches mit dem Einen und Guten zusammenfällt.[5] Die Rangordnung beginnt mit der Schönheit der Körper, schreitet fort zur Schönheit der Musik, von dort zur Schönheit der Seele, nämlich zu deren Tugenden, und gelangt so schließlich zum Schönen an sich, „rein, nicht mit Fleisch, nicht mit Körper belastet, nicht auf der Erde, nicht am Himmel, so dass es wirklich rein ist".[6] Als Idee ist das Schöne ewig, unendlich, nicht lokalisierbar und nur mit dem Geist zu schauen, nicht mit den Sinnen. Die Attraktivität des Schönen erklärt Plotin, ähnlich wie Platons Diotima, mit dem Streben der Seele nach der unsterblichen Idee als einem Streben danach, dieser Idee so weit wie möglich ähnlich zu werden und so die Glückseligkeit zu erreichen, wobei die Glückseligkeit ihrerseits als Unsterblichkeit und damit als Teilhabe am Ewigen und Unwandelbaren aufgefasst wird.

Hier kann nicht der Ort sein, die ausgearbeitete Ideenlehre als solche und die damit verbundenen Schwierigkeiten der neuplatonischen Ideenontologie zu diskutieren. Beschränkt man sich auf den Vorschlag, Schönheit als Idee zu denken, so wirft dieser Gedanke eine Reihe von spezifischen Schwierigkeiten auf. Zunächst einmal lehrt Plotin, und das folgt aus seinem ideenontologischen Ansatz, dass zumindest die Schönheit der Körper unabhängig davon ist, um was für eine Art von Dingen es sich handelt; erst das überkörperliche Seiende könne schön seiner Art nach sein: „Manches ist nämlich nicht von den zugrunde liegenden Gegenständen selbst her schön – z. B. die Körper –, sondern nur durch Teilhabe, während anderes selber Schönheit ist, wie etwa die Natur der Tugend."[7] Das widerspricht aber den Phänomenen, denn die Schönheit einer Eiche scheint doch eine spezifische Schönheit zu sein. Eine Eiche ist auf eine den Eichen gemäße Weise schön, anders als ein schöner Kristall oder als ein schöner Tiger. Ferner können für Plotin Unterschiede der Schönheit nur von unterschiedlichen Graden der Teilhabe an der Idee der Schönheit herrühren. Es scheint aber, als seien die Schönheit eines Kristalls, einer Eiche und eines Tigers untereinander schlichtweg inkommensurabel, so dass von Graden von Schönheit speziesübergreifend nicht oder nicht ohne Weiteres die Rede sein kann. Oder wäre es etwa sinnvoll zu sagen, dass Tiger schöner seien als Eichen, oder umgekehrt? Vergleichen lässt sich die Schönheit von Tigern mit der von Tigern, von Eichen mit der von Eichen. Stellt man solche Vergleiche aber an, dann ist Maßstab eines solchen Vergleichs offenbar nicht so sehr eine allgemeine Idee des Schönen als vielmehr eine spezifische Vorstellung davon, was eine Eiche oder einen Tiger zu einem schönen Exemplar seiner Art macht.[8]

Spätestens diese Beobachtung wirft die Frage auf, ob Schönheit überhaupt ein Begriff mit einer einheitlichen Bedeutung ist. Die ideenontologische These Plotins würde eine solche Bedeutung fixieren wollen. Schönheit würde so allererst zu einem Begriff gemacht. Aber das scheint auf Kosten der phänomenalen Sättigung des Begriffs zu gehen. Es ist nicht recht verständlich, was die mannigfaltigen Schönheiten in der Welt mit der vermeintlichen einheitlichen Schönheit des Einen zu tun haben sollen. Das Schöne als einfache und ewige Idee vermag jedenfalls nicht, oder nicht anders als verbal, die Möglichkeit von Teilhabe der endlichen Dinge an dieser Idee zu erklären. Daher ist auch nicht verständlich, warum die Betrachtung dieser angeblich einfachen Idee von aller Betrachtung von Schönheit die am meisten beglückende sein soll. Anders ausgedrückt: Die Idee eines am meisten seienden Schönen scheint eine philosophische Erfindung zu sein, mit deren Hilfe ästhetische Phänomene erklärt werden sollen. Aber in der Philosophie taugen Erfindungen nicht zu Erklärungszwecken.

Die gesamte Pointe der ideenontologischen Explikation des Schönen geht aber verloren, wenn man den Gedanken, dass Schönheit eine Idee sei, in eine lediglich erkenntnis- oder sprachphilosophische These umdeutet. Einer solchen Deutung gemäß wäre die ‚Schönheit an sich' lediglich ein abstrakter Begriff, dessen Abstraktionsbasis Urteile sind, in denen das Prädikat ‚schön' vorkommt. Was entsprechend als Idee der Schönheit bezeichnet werden könnte, wäre dann ein Titelwort oder Dachbegriff für den weit verzweigten Gebrauch dieses Prädikats. Dem Aufstieg zur Idee entspräche die sprachphilosophische Einsicht in die Mannigfaltigkeit des einschlägigen Sprachgebrauchs. Der Unwandelbarkeit der Idee entspräche die Tatsache, dass das ästhetische Prädikat ‚schön' die Wirrungen und den jederzeit möglichen Wandel in den kontingenten Auffassungen davon, was als schön gelten sollte, übersteht und dass das so verstandene Schöne eine größere Beständigkeit aufweist als die je lokalen, kulturhistorisch bedingten Weisen oder gar Regeln seines Gebrauchs.

Eines lässt sich aber in dieser sprachphilosophischen Neuinterpretation nicht sagen, was aus ideenontologischer Sicht gerade eine Kernaussage der Ästhetik sein muss, nämlich dass das Schöne an sich nicht nur selbst schön, sondern sogar das Schönste ist. Eine solche Aussage kann in der sprachphilosophischen Rekonstruktion keinerlei Sinn haben. Allein schon diese Differenz deutet darauf hin, dass die skizzierte sprachphilosophische Explikation des Begriffs der Schönheit als Interpretation der platonisch-neuplatonischen Ästhetik ungeeignet ist. Es handelt sich vielmehr um ein

,immanentes' Gegenstück dazu, mithin um einen philosophischen Neuansatz. Dieser hat Vorzüge, zu denen nicht zuletzt der Hinweis gehört, dass eine philosophische Begriffsexplikation immer auch eine kritische Phänomenologie des Sprachgebrauchs sein muss. Er hat aber auch Nachteile, und der gravierendste besteht darin, dass er die *Abstraktionsbasis,* die ästhetischen Urteile in ihrer Mannigfaltigkeit, nicht untersucht, sondern als irgendwie gegeben voraussetzt. Damit bleibt er neutral gegenüber den konkurrierenden Deutungen dieser Urteile, subjektivistischen, konventionalistischen und objektiv-realistischen. Diese Neutralität ist deswegen nachteilig, weil so alle Grundsatzfragen ungeklärt bleiben, nämlich die nach dem Grund und der Bedeutung des Urteils, dass ein Gegenstand schön oder hässlich ist. Damit fiele der sprachphilosophische Ansatz letztlich hinter die Ansprüche zurück, welche die konkurrierenden ästhetischen Theorien erheben. Das unterscheidet ihn eben von der platonisch-plotinischen Auffassung, das Schöne sei eine Idee.

2. Schönheit als natürliche Eigenschaft

Die Preisgabe der von Plotin und dem ästhetischen Platonismus unterstützten These, dass Schönheit ein Begriff mit einheitlicher Bedeutung sei, führt aber erst recht in theoretische Probleme und in Konflikt mit den Phänomenen. Die am meisten verbreitete Gegenthese zum ästhetischen Platonismus ist der ästhetische Subjektivismus. Dieser scheitert wie oben gesehen am Kunstschönen, weil er der Phänomenologie der ästhetischen Erfahrung von Kunst nicht gerecht werden kann. Das ästhetische Urteil zielt aus der Perspektive des urteilenden Subjekts gerade auf Objektivität; nur so sind ästhetischer Zweifel und ästhetischer Dissens möglich. Aus Sicht des Subjekts ist es gerade die Schönheit des Kunstwerks, welches seine Aufmerksamkeit anzieht und bindet, und nicht etwa seine eigene, kontingente subjektive Präferenzstruktur. Entgegen dem eigenen Anspruch muss der Subjektivismus gerade diese grundlegenden Phänomene ästhetischer Subjektivität missachten oder wegerklären, wenn er bei seinen Grundaussagen bleiben will. Wenn Phänomene in der Philosophie ein Kriterium der Unterscheidung des Wahren vom Falschen sind, dann ist der ästhetische Subjektivismus eine falsche Theorie ästhetischer Subjektivität. Das gilt aber auch für das Schöne außerhalb der Kunst, auch wenn es auf den ersten Blick weniger offensichtlich scheint. Die natürliche Schönheit z.B. einer Eiche, eines Tigers oder eines anderen Menschen, einer Landschaft oder einer Wolkenkonstellation ist aus subjektiver Sicht genauso eine objektive Eigenschaft wie die Schönheit eines Kunstwerks. Die subjektive Ergriffenheit davon ist entsprechend Ergriffenheit von etwas Objektivem, nämlich der Beschaffenheit eines Naturobjekts. Diese Analogie zwischen Kunst- und Naturschönem gilt unbeschadet der ontologischen Differenz zwischen Kunstwerken und natürlichen Gegenständen und Prozessen und der damit einhergehenden Differenz zwischen ästhetischer Kunst- und Naturbetrachtung. Kunstwerke sind bedeutungsvolle, der Deutung offen stehende Artefakte; die Schönheit eines Kunstwerks appelliert an das Verstehens- und Interpretationsvermögen des Betrachters. Das gilt für schöne Naturobjekte nicht. Sie sind keine Gegenstände möglicher ästhetischer Interpretation. Dennoch gilt auch hier, was oben an allgemeinen Zügen der ästhetischen Erfahrung von Kunst herausgearbeitet wurde. Schöne Naturgegenstände sind attraktiv, und zwar unabhängig von zuvor fixierten subjektiven ästhetischen Präferenzen und Gewohnheiten. Gerade die ungewohnte und unvertraute Schönheit der Natur kann als ästhetisch besonders eindrucksvoll erlebt werden. Die so erlebte Schönheit lässt sich umgekehrt nicht auf die Neuheit der Erfahrung reduzieren, weil ein subjektiv als neuartig erfahrenes Naturobjekt genauso gut als hässlich, abstoßend oder uninteressant erfahren werden kann. Die Beschreibung der ästhetischen Erfahrung, welche Diotima dem Sokrates gibt und welche Plotin in den *Enneaden* wiederholt, scheint die Phänomene mithin durchaus akkurater zu erfassen als das, was der Subjektivismus dazu zu sagen vermag. Da Plotin die Erfahrung aber nicht erklären kann, gerät die Kontroverse zwischen Platonismus und Subjektivismus an dieser Stelle in eine argumentative Pattsituation.

Woran der ästhetische Subjektivismus scheitert, das vermag ein allgemeiner ästhetischer Konventionalismus mit seinen kulturrelativistischen Konsequenzen ebenso wenig zu erklären. Die Unangemessenheit konventionalistischer Ansätze ist im Bereich des Naturschönen sogar noch offener ersichtlich als beim Kunstschönen. Denn im Bereich der Kunst sind immerhin überhaupt Konventionen, Regeln und tradierte Handlungsweisen im Spiel, welche die Kunstproduktion leiten und deswegen in der Rezeption zu berücksichtigen sind. Nichts davon gibt es im Bereich des Naturschönen.

Es heißt zwar oft, dass die Ideale menschlicher Schönheit[9] kulturrelativ und an lokale Traditionen und Konventionen gebunden seien. Aber das kann schon deswegen nicht richtig sein, weil sich diese vermeintlich kulturell fixierten Schönheitsideale lediglich auf diejenige Variationsbreite menschlicher Gesichtszüge und körperlicher Gestalt beziehen können, die jeweils schon bekannt sind. Für neuartige Fälle legen sie nichts fest. Es stimmt auch nicht, dass Menschen diejenigen Menschen notwendig als hässlich beurteilen, welche der äußeren Erscheinung nach diesem vermeintlichen Ideal nicht entsprechen. Vielmehr sind Menschen mehr oder weniger auf Anhieb in der Lage, auch die Schönheit fremdartiger Menschen zu sehen, wenn sie nicht durch Rassismus oder Eigendünkel daran gehindert werden. Jenseits menschlicher Schönheit hat der ästhetische Konventionalismus ohnehin keinen Raum. Denn anzunehmen, dass Sonnenuntergänge oder hügelige Flusslandschaften auf Grund einer entsprechenden ästhetischen Konvention als schön beurteilt werden, wäre einfach lächerlich.

Gibt es aber nicht eine Möglichkeit, der ästhetischen Erfahrung eine ontologische Basis zu geben, ohne den Preis der Anerkennung eines an sich Schönen und damit des ästhetischen Platonismus zahlen zu müssen? Es scheint, als zeigten die heute verbreiteten naturalistischen, evolutionstheoretisch gestützten ästhetischen Theorien einen solchen Weg auf.[10] Naturalistische Ästhetiker behaupten, dass die Wertschätzung des Schönen in der biologischen Natur des Menschen verankert sei, und zwar wie bei anderen Tieren auch. Höhere Tiere lassen sich bei der Wahl ihrer Sexualpartner von äußeren, ästhetischen Kriterien leiten. Sie wählen ein ‚schönes' Exemplar, weil die äußere Schönheit ein Indiz für Gesundheit und Kraft ist und weil die Paarung mit einem solchen Exemplar einen großen Reproduktionserfolg wahrscheinlich macht. Für einen ästhetischen Naturalisten empfiehlt sich diese Art der Erklärung durch zweierlei. Erstens ist Schönheit hier keine obskure Qualität mehr, sondern – *grosso modo* empirisch überprüfbares – Korrelat bestimmter innerer Eigenschaften und Dispositionen eines Organismus einerseits, der ebenfalls empirisch überprüfbaren Präferenzen konspezifischer Organismen andererseits. Ein schöner Tiger ist demzufolge ein Tier, um dessen Gunst andere Tiger konkurrieren, und zwar deshalb, weil er seinem Äußeren nach das Seine zu gesundem, robustem Nachwuchs beizusteuern verspricht. Wichtig ist, zweitens, dass dieses ‚deshalb' selbst nicht als Wahlmotiv, d.h. als dem wählenden Tier irgendwie bewusstes Präferenzkriterium gedacht werden muss. Dass sich Tiere am liebsten mit solchen Artgenossen paaren, welche robust und gesund aussehen, wäre vielmehr als Evolutionsergebnis anzusehen, da sich Tiere, die ein derartiges Paarungsverhalten an den Tag legen, damit einen Selektionsvorteil für ihren Nachwuchs gegenüber solchen Artgenossen verschaffen, die anders wählen. Dieser evolutionäre ‚Grund' für die entsprechende Präferenz ist den Tieren selbst nicht bewusst; Tigern gefallen bestimmte Tiger einfach besser als andere.

Damit scheinen nun auch zumindest bestimmte Teile menschlicher ästhetischer Wertschätzung einer ‚natürlichen', evolutionären Erklärung zugänglich zu werden, allen voran unsere Urteile über Mitmenschen im Hinblick auf ihre Schönheit oder Hässlichkeit. Die entsprechenden Präferenzen werden in der einen oder anderen Weise auf sexuelle Attraktivität zurückgeführt, welche ihrerseits artgeschichtlich entstandene und verfestigte ästhetische Indizien für – uns unbewusste – reproduktive Leistungsfähigkeit sein sollen. Ohne uns dessen bewusst zu sein, so sagt der ästhetische Naturalist, bewundern wir im schönen Mitmenschen den attraktiven Partner für unsere genetische Reproduktion, oder wir beneiden in ihm den Konkurrenten um einen solchen Partner. Ebenso scheuen wir in unserer Aversion gegen menschliche Hässlichkeit den Umgang mit einem unattraktiven potentiellen Sexualpartner, oder aber wir schätzen ihn als schwachen Konkurrenten. Die Verborgenheit des evolutionären Grundes soll auch hier erklären, warum Schönheit oder Hässlichkeit uns subjektiv als letzte und unhintergehbare Gründe ästhetischen Wohlgefallens oder Missfallens erscheinen.

Das menschliche Interesse an schöner Kunst kann allerdings nicht auf diese Weise erklärt werden. Kunstrezeption als solche bringt keine Vorteile für die genetische Reproduktion mit sich. Evolutionäre Ästhetiker gehen hier anders und, wie meist zugegeben wird, ‚spekulativer' vor. Dewey hat diese evolutionäre Theorie des menschlichen Kunstinteresses im Prinzip schon vorgezeichnet.[11] Man geht zunächst davon aus, dass die Entwicklung erweiterter kognitiver Vermögen für den Menschen einen Selektions- und Überlebensvorteil mit sich bringt. Dieser Überlebensvorteil kann dadurch ausgebaut werden, dass Menschen ihre kognitiven Fähigkeiten durch bestimmte kognitiv anspruchsvolle Tätigkeiten schulen. Auf der Ebene der Perzeption bietet die Beschäftigung mit Kunst, vor allem mit Bildkunst, Musik und Architektur, die Möglichkeit, die Fähigkeiten der Diskriminierung auch von nicht auffälligen Formen und Mustern an wahrgenommenen Objekten zu erweitern, ganz so wie Mathematik und Logik das Denkvermögen schulen. Weil aber alle Tätigkeiten, deren Ausübung zugleich Selektionsvorteile mit sich bringe, von den tätigen Organismen auf Grund eines eingebauten Belohnungsmechanismus als lustvoll und daher als in sich erstrebenswert erlebt würden, so heißt es weiter, sei für uns die Beschäftigung mit Kunst lustvoll, ohne dass wir uns des ‚evolutionären Sinns' dieser Beschäftigung bewusst wären. Als schön erlebten wir entsprechend diejenigen Kunstwerke, welche uns kognitiv am meisten förderlich seien, ohne ein entsprechendes Bewusstsein des damit verbundenen Nutzens.

Allerdings ist dies nur ein Strang evolutionärer Erklärungen von Kunst. Die meisten evolutionären Ästhetiker vertreten die Ansicht, dass die ästhetische Wertschätzung für heterogene Kunstwerke auch in heterogener Weise ästhetisch erklärt werden müsse und dürfe. So sei neben kognitiven Vorteilen auch die soziale Seite der gemeinsamen Beschäftigung mit Kunst zu beachten, die ebenfalls günstig für die Arterhaltung sei, und schließlich stellten manche Kunstwerke Vorgänge dar, die für unser individuelles und stammesgeschichtliches Überleben als solche bedeutsam seien, z.B. menschliche Sexualität, und solche Darstellungen seien für uns, evolutionär bedingt, immer interessant.

Es ist offensichtlich fraglich, wie weit solche ‚Erklärungen' des Ästhetischen und der Kunst überhaupt an das Phänomen heranreichen, das zu erklären sie beanspruchen. Zu Zwecken des perzeptiven Trainings sind Kunstwerke weder erforderlich noch in besonderer Weise geeignet; die Testbilder, mit denen die kognitive Psychologie arbeitet, leisten hier mehr, werden aber kaum zu Gegenständen ästhetischer Erfahrung. Auch die anderen evolutionären ‚Funktionen' der Kunst sind durchweg zumindest nicht kunstspezifisch. Es scheint, als beruhe die evolutionäre Ästhetik der Kunst in erster Linie auf einem ungeklärten Kunstbegriff.

Mit anderen Phänomenen der ästhetischen Wertschätzung hat die naturalistische Ästhetik noch größere Probleme, nämlich mit allem, was mit der ästhetischen Wertschätzung unserer nichtmenschlichen Umwelt zu tun hat. Wir nehmen eben nicht nur andere Menschen als schön wahr. Wie Kant schon betont, ist diese Wertschätzung unabhängig von dem Nutzen, den diese Gegenstände für uns haben mögen.[12] Prähistorische Spekulationen über die Erfahrungen unserer stammesgeschichtlichen Vorfahren lösen das Problem nicht. Denn uns werden auf nichtkontingente, systematische Weise auch solche Objekte Gegenstände ästhetischer Wertschätzung, die für uns selbst überhaupt keinerlei Nutzen haben, sei es, weil sie für unser Leben gleichgültig, oder sei es, weil sie uns sogar potentiell gefährlich sind. So nehmen nicht nur Tiger die Schönheit von Tigern wahr, sondern auch wir Menschen. Evolutionär erläutern lässt sich, dass es vorteilhaft ist, Tiger auch unter perzeptuell schwierigen Bedingungen wahrnehmen zu können. Nicht erläutern lässt sich, warum es vorteilhaft sein sollte, zwischen schönen und hässlichen Tigern zu unterscheiden. Für uns Menschen hat Schönheit *universale* Bedeutung; unsere ästhetische Wahrnehmung erstreckt sich, zumindest *in potentia*, auf die gesamte wahrnehmbare Welt und nicht bloß auf den Weltausschnitt, der für uns selbst als biologische Organismen bedeutsam ist. Der ästhetische Naturalismus muss an der Universalität der ästhetischen Erfahrung scheitern.

Die Versuchung, eine Satire auf die evolutionäre Ästhetik im Allgemeinen, die des Kunstinteresses im Besonderen zu schreiben, ist groß. Ihr soll hier aber widerstanden werden. Denn man muss dem ästhetischen Naturalismus zumindest zugute halten, dass er der einzige ernsthafte Versuch in der Geschichte der neueren und neuesten Ästhetik ist, einen objektiven, in den Sachen selbst verankerten Begriff der Schönheit zu erläutern, ohne platonistisch zu argumentieren. Die evolutionäre Ästhetik scheitert an der Universalität möglicher Objekte ästhetischer Wertschätzung. Indem sie aber eine Verbindung herstellt zwischen der äußeren und inneren Beschaffenheit eines Organismus und seiner Schönheit oder Hässlichkeit, eröffnet sie zumindest für einen gewissen Teil der ästhetischen Urteile die Möglichkeit von Objektivität. Sie erlaubt es nämlich, von manchen Lebewesen auszusagen, dass sie tatsächlich schön sind. Obendrein kann sie Raum lassen für eine Unterscheidung zwischen solchen Lebewesen, die tatsächlich schön sind, und solchen, die lediglich schön zu sein scheinen. Sie lässt damit Raum für die Möglichkeit von ästhetischem Dissens und ästhetischem Zweifel über die vermeintliche oder tatsächliche Schönheit mancher Lebewesen.[13]

3. Schönheit als Vollkommenheit

Dennoch ist die evolutionäre Ästhetik nicht geeignet, aus dem oben beschriebenen argumentativen Patt zwischen dem platonistischen Objektivismus einerseits und dem relativistischen Subjektivismus oder Konventionalismus andererseits herauszuführen. Dazu ist sie, von allen sonstigen Schwierigkeiten einmal abgesehen, einfach zu speziell. Eine radikale Alternative stellt erst eine *teleologische* Auffassung der Schönheit als Vollkommenheit dar. Prominent wird eine solche Theorie des Schönen etwa von Baumgarten vertreten, der Schönheit als sinnlich erkennbare Vollkommenheit definiert.[14] Es fällt sofort ins Auge, dass diese Definition nicht nur auf Kunstschönes anzuwenden ist, sondern ebenso auf die Schönheit von Lebewesen, von der auch die naturalistische und evolutionäre Ästhetik handelt. Die natürliche Beschaffenheit eines animalischen Organismus, welche diesen schön und begehrenswert macht, lässt sich relativ zwanglos als natürliche und sinnlich wahrnehmbare Vollkommenheit dieses Organismus bezeichnen. Daraus kann man die *prima facie* vielleicht überraschende Schlussfolgerung ziehen, dass Schönheit im Sinne der naturalistischen Ästhetik ein Teilbereich der Schönheit im Sinne Baumgartens ist. Dieser objektivistische Zug in seiner Ästhetik wird von den heutigen Befürwortern einer Baumgarten-Renaissance in der philosophischen Ästhetik allerdings weitgehend ignoriert.[15]

Für Baumgarten ist die *Vollkommenheit* eines wahrnehmbaren Objekts eine sich zeigende, wahrnehmbare Eigenschaft; sie zeigt sich als Schönheit. Dass wir das Vermögen haben, die Schönheit solcher Objekte wahrzunehmen, beweise ferner, dass wir als Vernunftwesen Vollkommenheit nicht nur denken, sondern sogar sinnlich erfassen können, und zwar nicht bloß in dem begrenzten Radius der eigenen Lebenssphäre wie die höheren Tiere, sondern soweit es Schönheit überhaupt gibt. Schönheit ist universal; sie kann in allen Bereichen des wahrnehmbaren Seienden auftreten. Wir sind aber als Vernunftwesen auf Universalität angelegt. Als denkende Wesen interessieren wir uns für alle Bereiche des Seins und nicht bloß für das Seiende in unserer unmittelbaren Umwelt. Eben deswegen ist unser Sinn für das Schöne ebenfalls universal.[16] Dass wir uns hier wie bei allen objektiven Urteilen auch täuschen und von dem bloßen äußeren Schein dazu verleiten lassen können, einen unvollkommenen Gegenstand für vollkommen zu halten, zeigt unsere Endlichkeit und kognitive Fehlbarkeit, spricht aber nicht grundsätzlich gegen die Möglichkeit von Objektivität im Feld der ästhetischen Urteile.

Der stärkste und wirkmächtigste Opponent gegen diese Art von teleologischer Ästhetik ist Kant. Im Gegensatz zu Baumgarten unterscheidet er rigoros zwischen Schönheit und Vollkommenheit.[17] Das Schöne habe nämlich mit dem Vollkommenen ebenso wenig etwas zu tun wie mit dem Angenehmen und Nützlichen – wobei sich letzteres gegen Hume richtet und nicht gegen Baumgarten. Das Angenehme und Nützliche sind nämlich Spielarten extrinsischer Zweckmäßigkeit, d.h. sie sind zweckmäßig für jemand oder etwas anderes als den Gegenstand selbst. Das gilt nicht für Vollkommenheit, denn diese ist, wie Kant betont, eine Form intrinsischer Zweckmäßigkeit. Er schließt sich damit Baumgartens Verständnis von Vollkommenheit an. Wie dieser bindet auch Kant den Begriff des Vollkommenen an den Artbegriff. Vollkommenheit ist immer spezifisch. Denn vollkommen, soviel an Teleologie lässt Kant zu, ist ein Gegenstand, wenn er die Eigenschaften vorbildlich exemplifiziert, die Gegenstände seiner Art im Allgemeinen besitzen oder besitzen sollten. Vollkommenheit ist, anders als z.B. Vollständigkeit, ein Exzellenzbegriff. Schönheit scheint das ebenfalls zu sein, aber aus Sicht Kants handelt es sich bei der Schönheit eines Gegenstandes nicht um artbezogene, sondern um singuläre Exzellenz. Kant behauptet mithin die strikte logische Unabhängigkeit von Schönheit und Vollkommenheit. Er muss dies auch, wenn er die Behauptung aufrecht erhalten will, dass ästhetische Urteile ihrem Wesen nach singulär seien.[18] Im Rückgriff auf eine vertraute Unterscheidung Peter Geachs[19] ließe sich diese These auch so reformulieren: ‚Vollkommen' ist ein attributiver Terminus, ‚schön' ein prädikativer. D.h., Vollkommenheit ist gebunden an einen Qualitätsstandard, der in gewisser Weise schon im jeweiligen Subjektbegriff enthalten ist. Im Begriff der Leselampe z.B. ist ein interner Vollkommenheitsmaßstab implizit enthalten, welcher bestimmt, was eine vollkommene Leselampe ist. Die Schönheit einer Rose habe dagegen nichts damit zu tun, dass der Träger der Schönheit eine Rose ist. Ihre Schönheit verbinde die schöne Rose weniger mit anderen Rosen als vielmehr mit anderen schönen Gegenständen, z.B. schönen Pferden oder schönen Menschen. Wie man sieht, folgt Kant hier einer Argumentationslinie, die Plotin und der Neuplatonismus vorgegeben haben.

Diese These ist aber nicht plausibel, denn eine Rose ist doch gerade als Rose schön, ein Mensch als Mensch. Kant tut diesen

Einwand ab, indem er die Unterscheidung von freier und anhängender Schönheit einführt; anhängend sei die Schönheit eines Gegenstandes dann, wenn die Sorte von Gegenständen, zu der das schöne Objekt gehört, nur bestimmte Weisen, schön zu sein, zulässt; ansonsten sei sie frei. So hat etwa eine in sich schöne tragische Szene nichts in einer Komödie zu suchen. Tragische und komische Schönheit seien Fälle anhängender Schönheit, anders als z.B. die Schönheit von Ornamenten. Kant sieht die Begriffsgebundenheit der anhängenden Schönheit aber letztlich als externe Beschränkung des Schönen, nicht als dessen inneres Maß.[20] So hebt sich die gerade eingeführte Unterscheidung gleich wieder auf. Es gibt nach Kant eigentlich gar nicht zwei Arten von Schönheit, sondern letztlich nur mehr oder weniger freie Schönheit.

Auffällig ist, dass die gesamte Trennung von Schönheit und Vollkommenheit lediglich durch Kants vorher schon fixierte Charakteristik des ästhetischen Urteils, d.h. dogmatisch begründet wird. Diese Begriffe seien deshalb so verschieden, so führt Kant in den einschlägigen Passagen der *Kritik der Urteilskraft aus*, weil das Vollkommene jeweils als Exemplar einer Gattung vollkommen sei. Dieser Gattungsbezug gehe dem Schönen ab; jedes Schöne sei vielmehr als ein Singuläres schön. Das begründet nicht die Unterscheidung des Schönen vom Vollkommenen, sondern setzt schlicht voraus, dass Kants Analyse richtig ist. Deren Richtigkeit soll aber ihrerseits durch die Unterscheidung untermauert werden. Ein unabhängiges Argument dafür bietet Kant nicht nur nicht auf. Es fällt auch schwer anzugeben, wie ein solches Argument überhaupt aussehen könnte.

Im Folgenden wird daher zu überlegen sein, ob sich das Schöne nicht doch als eine Art Vollkommenheit begreifen lässt, wie Baumgarten meint. So wird letztlich genau der Gedanke verfolgt, angesichts dessen Kant unsicher wird, ob es besser ist, ihn subjektivistisch zu unterbieten oder platonistisch zu übersteigen: der Gedanke, dass Schönheit eine Eigenschaft der Dinge selbst sein könnte. Das Verständnis von Schönheit als Vollkommenheit ist anscheinend geeignet, die größten Schwierigkeiten zu überwinden, welche die gegensätzlichen Auffassungen der Schönheit jeweils mit sich bringen. Denn zunächst einmal ist Baumgartens Begriff der Schönheit einheitlich und damit als Gattungsbegriff für Natur- und Kunstschönheit tauglich. Ferner ist er, da er einen genuin attributiven Gebrauch des Prädikats ‚schön' rechtfertigt, eine Grundlage für das Verständnis des Phänomens, dass artverschiedene schöne

Gegenstände keine gemeinsamen Eigenschaften haben müssen, auf die ihre respektive Schönheit superveniert. Ein schöner Tiger muss mit einer schönen Eiche und einer schönen Sonate nichts weiter als die Schönheit gemeinsam haben, ohne dass Schönheit deswegen zu einem vieldeutigen Begriff würde. Auch innerhalb der Kunst lässt das Verständnis von Schönheit als Vollkommenheit Raum für die große Heterogenität und Vielfalt schöner Formen und für die Inkommensurabilität der Schönheit von Kunstwerken der verschiedenen Kunstgattungen und Genres. Baumgartens teleologische Ästhetik gibt daher eine gehaltvolle Antwort auf die Frage, warum der Schönheit einer schönen Komödie, einer schönen Tragödie, einer schönen Sonate und eines schönen monochromen Bildes keine übergreifenden Gemeinsamkeiten zu Grunde liegen müssen. Schließlich erlaubt dieses Verständnis des Schönen, obwohl es dessen Reichweite auf das Feld des sinnlich Wahrnehmbaren einschränkt, eine Rekonstruktion auch des platonisch-plotinischen Gedankens, dass sogar Übersinnliches wie die Tugend und das Laster schön oder hässlich sein können. Denn Tugenden sind Vollkommenheiten, Laster Unvollkommenheiten. Sinnlich wahrnehmbar sind sie nicht an sich, wohl aber in ihren Aktualisierungen, nämlich in tugendhaften bzw. lasterhaften Handlungen. Sinnlich wahrnehmbare Manifestation ist Tugenden und Lastern aber nicht äußerlich, sondern wesentlich. Denn eine Tugend ist als handlungsbezogene Haltung ihrem Wesen nach auf die Aktualisierung in entsprechenden Handlungen aus Tugend angelegt, und das Gleiche gilt für ein Laster. Die sinnlich wahrnehmbare Manifestation solcher Haltungen im Handeln hat aber zugleich, wie Platon und Plotin unterstreichen, eine ästhetische Dimension. Die gute Handlung, die Handlung aus Tugend, ist zugleich schön und macht den Akteur attraktiv für den sachkundigen Beobachter. Die böse, lasterhafte Handlung hingegen ist zugleich hässlich und wirkt auf den verständigen Beobachter abstoßend. Die These, dass Tugenden schön jenseits der Sinnlichkeit sind, und die These, dass Schönheit sinnlich wahrnehmbare Vollkommenheit ist, sind gegen den ersten Anschein miteinander vereinbar.

Dennoch ist auch Baumgartens Gedanke, Schönheit mit sinnlich erfahrbarer Vollkommenheit gleichzusetzen, nicht ganz frei von Schwierigkeiten. Nicht sehr schwer wiegt, dass die teleologische Ästhetik nicht die Schönheit der unbelebten Natur erfassen kann. Die platonistische Ästhetik könnte hier aushelfen, welche besagt, dass die unbelebte Natur in dem Maß schön ist, wie sie teilhat an der Schönheit geometrischer Formen und Muster. So hat die Rede von einem vollkommenen Stein oder einem perfekten Hügel wohl keinen bestimmten Sinn, sehr wohl aber die Rede, dass die Form eines schönen Steins oder die Gestalt eines schönen Hügels das anschauliche Bild einer vollkommenen Form ist, und zwar unbeschadet dessen, dass diese formale Schönheit der Existenz des Steins oder Hügels äußerlich ist. Es handelt sich um keine Vollkommenheit des Steins oder des Hügels. Ein solches Manöver würde intrinsische Vollkommenheit als das eigentliche Prinzip der teleologischen Ästhetik keineswegs in Frage stellen. Denn es ist vereinbar mit dem Gedanken, dass die Schönheit der unbelebten Natur lediglich eine niedere Form des Naturschönen ist.[21] Der Makel einer *Ad-hoc*-Lösung und damit einer gewissen theoretischen Inkonsequenz haftet einer solchen Auskunft allerdings durchaus an.

Baumgartens Ästhetik hat aber noch mit zwei weiteren Schwierigkeiten zu kämpfen, die sie selbst nicht ohne weiteres lösen kann. Die eine könnte man mit dem Stichwort ‚Redundanzverdacht' umreißen, die andere mit der Frage, welcher ontologische Status der Schönheit denn letztlich zukommt, der einer genuinen Objekteigenschaft oder aber der einer ontologisch ambivalenten sekundären Qualität im Sinne Lockes. Was den ersten Punkt angeht, so scheint es, als mache die teleologische Konzeption des Schönen diesen Begriff letztlich überflüssig. Denn anscheinend genügt der Begriff der Vollkommenheit voll und ganz, um auch zu erklären, was sinnlich wahrnehmbare Vollkommenheit ist. Eine nicht wahrnehmbare Vollkommenheit scheint nämlich dort, wo die Vollkommenheit überhaupt einen Bezug zum sinnlich Wahrnehmbaren hat, eher eine partielle Unvollkommenheit zu sein. Die zweite Schwierigkeit besteht darin, dass Baumgartens Explikation im Prinzip auch mit einer relationalen Deutung von Schönheit vereinbar ist, bei der Schönheit gerade keine genuine Objekteigenschaft wäre, sondern eine Relation zwischen den intrinsischen Eigenschaften bestimmter Objekte und den sinnlichen Vermögen bestimmter diese Objekte wahrnehmender endlicher Vernunftwesen. Entsprechend wäre der Ausdruck ‚sinnlich wahrnehmbare Vollkommenheit' dann, anders als hier unterstellt, nicht objektiv, d. h. als Bezeichnung einer intrinsischen Eigenschaft zu lesen, sondern relational. Dass ein bestimmter Gegenstand schön ist, hieße nicht, dass er vollkommen ist, sondern dass endliche Vernunftwesen, die so organisiert sind wie wir, nicht umhin können, ihn als vollkommen wahrzunehmen. Mit diesen beiden Problemen kann die teleologische Ästhetik deswegen so schwer umgehen, weil sich die beiden Einwände komplementär zueinander verhalten. Der Versuch, einen der beiden zu entkräften, ruft unweigerlich den anderen auf den Plan.

Wenn Baumgarten nämlich sagt, dass das Schöne deswegen kein redundanter Begriff sei, weil die Möglichkeit der sinnlichen Wahrnehmung von Vollkommenheit unseren epistemischen Zugang zu ontologischer Vollkommenheit als solcher sichere, dass wir von der Möglichkeit innerweltlicher Vollkommenheit deswegen wüssten, weil wir die Schönheit natürlicher und artifizieller Objekte wahrnähmen, dann kann eben diese Auskunft den Verdacht wecken, dass Schönheit nicht mehr ist als eine sekundäre Qualität. Denn dass wir Schönheit wahrnehmen, so folgert der von Locke und Hume inspirierte Schönheitsskeptiker, hängt offenbar von den kontingenten Bedingungen unserer Wahrnehmungsorgane und Wahrnehmungsvermögen ab. Dinge *erscheinen uns* als schön. Ob aber dem sinnlichen Schein von Vollkommenheit in den Objekten selbst intrinsische Schönheit entspricht, muss anscheinend unausgemacht bleiben. Die Lesart der Schönheit als einer sekundären Qualität geht zwar gegen die gesamte Tendenz von Baumgartens Metaphysik. Aber es ist nicht klar, was er tun könnte, um ihr einen Riegel vorzuschieben.[22] Denn jeder Versuch, das zu leisten, scheint seinerseits den Redundanzeinwand zu provozieren.

4. Schönheit als Transzendental

Von den bislang diskutierten objektivistischen Theorien des Schönen ist allein die platonisch-plotinische, ideenontologische Theorie gegen die Oszillation ihres Zielbegriffs zwischen Ontologie und Epistemologie gefeit. Weder Baumgartens Ästhetik noch die evolutionäre Theorie der natürlichen Schönheit kann den ontologischen Status der Schönheit mit ihren Mitteln befriedigend aufklären. Schönheit als Idee wäre ontologisch klar bestimmt. Der Platonismus unterscheidet nämlich Ideen terminologisch sowohl von Begriffen (logoi) als auch von Formen (eide).[23] Begriffe sind Denkbestimmungen, *mit denen* wir das Seiende zu erfassen versuchen, Formen aber Seinsbestimmungen, formale Eigenschaften der Dinge selbst. Das haben sie mit Ideen gemeinsam. Doch Ideen sind, anders als Formen, ontologisch allgemeiner und höherrangig. Ideen sind die ersten Ursachen (archai) der Formen und damit des Seins. Deswegen sind sie das erste und vornehmste Seiende, also dasjenige, was wir vor allem anderen denkend zu erfassen suchen müssen.[24] Der Ideenbegriff gehört in die platonische Ontologie, nicht in die Logik oder Erkenntnistheorie. Entsprechend ist die Idee selbst auch von dem Begriff einer Idee zu unterscheiden. Die Idee ist nämlich, als das im höchsten Maß Seiende, zugleich dasjenige, worauf man den entsprechenden Begriff am meisten und ohne jede Einschränkung anwenden kann. So ist die Idee des Schönen schön, wie die Idee des Wahren wahr und die Idee des Guten gut ist. Als höchstes und zugleich einfachstes Seiendes werden die Ideen von uns auch nicht durch schlussfolgerndes Denken erkannt, sondern müssen unmittelbar begriffen bzw. durch ‚geistige Schau' erfasst werden, damit schlussfolgerndes Denken überhaupt einen sicheren Gang gehen kann. Eben deswegen beschreibt Diotima den Glücklichen, der die Idee des Schönen erfasst, als einen Schauenden, nicht als einen Denkenden: Das Schöne ist *idea*, nicht *eidos*.

Platon selbst geht in seinen mittleren und späteren Dialogen mit der Ideenlehre wie gesagt sehr experimentell um. Dabei ist er sich der mit der Ideenlehre verbundenen Probleme durchaus bewusst, wie nicht zuletzt der Dialog *Parmenides* zeigt. Viele Verständnisschwierigkeiten rühren ebenso daher wie die in der Platonrezeption nicht abreißende Kette von Spekulationen über den möglichen Gehalt seiner esoterischen Lehre jenseits dessen, was er in der ‚enzyklischen', exoterischen Form des Dialogs davon mitteilt, einschließlich der Frage, wie zuverlässig die diesbezüglichen Referate des Aristoteles sind. Diese Fragen der Platonexegese sind hier nicht interessant. Hier geht es um die Frage, was eine Ideenontologie über das Schöne aussagt, nicht darum, ob Platon letztlich eine solche Ontologie vertreten hat. Wichtig ist dagegen die einfache Frage, was ihn motiviert, auch Schönheit – zumindest probehalber – zu den Ideen zu zählen. Dafür spricht, erstens, die in der ästhetischen Erfahrung zugängliche Objektivität des Schönen, welche, zweitens, auch den Widerfahrnischarakter der ästhetischen Erfahrung selbst erhellt, sowie, drittens, seine Universalität. Nun sind die Ideen innerhalb einer ideenbasierten Ontologie realstes Seiendes und Grundlage und Seinsbedingung von Objekten der Erfahrung. Eben deswegen kann das Schöne, sofern es eine Idee ist, auch universal sein und objektiv begegnen. Allerdings stehen diesen Vorzügen die oben angesprochenen grundsätzlichen Nachteile einer Ideenontologie entgegen, die im Lauf der Philosophiegeschichte nicht zuletzt im Anschluss an Aristoteles immer wieder benannt worden sind.

Der ästhetische Aristotelismus in der Scholastik versucht, ohne eine platonische Ideenontologie auszukommen, aber dabei die Objektivität und Universalität seines Schönheitsverständnisses zu bewahren.[25] Er tut dies, indem er das, was der Platonismus die höchsten Ideen nennt, z. B. das Eine, das Wahre, das Gute und eben auch das Schöne, als *Transzendentalien* deutet, d. h. als allgemeinste, transkategoriale Seins*bestimmungen* und nicht als *selbständig Seiende*. Die genannten Termini bezeichnen deswegen Transzendentalien, weil das Sein selbst transzendental ist. Der dabei zu Grunde liegende Gedanke stammt von der aristotelischen Doktrin her, dass ‚Sein' kein Gattungsbegriff ist, auch kein oberster, aus dem sich dann alle Arten des Seienden differenzierend ausfällen ließen. Aristoteles bezeichnet stattdessen die Kategorien als oberste Gattungen, wobei er zwischen der Kategorie der Substanz und den verschiedenen Akzidenzkategorien unterscheidet, welche die Beschaffenheit, Anzahl, den Zustand oder die Position von Substanzen bezeichnen.[26] Beide Kategoriearten fordern einander; keine Substanz ohne akzidentelle Bestimmungen, keine Akzidenzien ohne sie tragende Substanz. Die Kategorien insgesamt bilden ein System ganz allgemeiner formalontologischer Bestimmungen; die Frage, welche Arten des Seienden Substanzarten sind, ist dann eines der Themen der materialen Ontologie, wie Aristoteles sie in der *Metaphysik* entwickelt.[27] Die Kategorien sind deswegen die obersten Gattungen des Seienden, weil alles Seiende notwendig in eine der Kategorien fällt. Das Seiende ist durchgehend kategorial bestimmt. Daran zeigt sich aber umgekehrt, dass das Sein des Seienden selbst keine Kategorie, also kein ontologischer Gattungsbegriff ist, da es über die Kategoriengrenzen hinweg reicht und entsprechend ausgesagt werden kann. Sein kann in jeder Kategorie ausgesagt werden; deswegen kann es sich nicht um eine oberste Kategorie handeln. Die Kategorien bilden eine irreduzible Mannigfaltigkeit. Was ihnen Einheit gibt, ist das Sein. Diese Einheit wird in der Scholastik als die transzendentale Einheit des Seins bezeichnet und Sein entsprechend als Transzendental, d. h. als transkategoriale ontologische Bestimmung.

Entsprechend werden auch die obersten Ideen des Platonismus in Transzendentalien umgedeutet. Zunächst einmal gilt das für das Wahre, denn überall, wo Sein von einem Seienden ausgesagt wird, da kann auch Wahrheit ausgesagt werden und umgekehrt (ens et verum convertuntur). Das heißt nicht etwa, dass alle Aussagen wahr wären, sondern, ganz im Gegenteil, dass das, was ist, der Maßstab der Wahrheit oder Falschheit von Aussagen über das Seiende ist. Transzendental kann aber nur die Wahrheit sein; Falschheit ist lediglich deren Privation. Auch das Gute ist ein Transzendental, nicht weil alles Seiende gut wäre – das ist es nicht – , sondern weil das Seiende internen, gattungsgebundenen Maßstäben des Guten und Schlechten unterliegt, wobei – analog zur Unterscheidung zwischen Wahr und Falsch – der Vorrang des Guten vor dem Schlechten gilt, da das Schlechte nur die Privation des Guten sein kann. Hier hat Baumgartens Idee der metaphysischen Vollkommenheit ihren transzendentalen Ort. Nun stehen nicht nur das Sein und das Wahre in onto-logischen Beziehungen, sondern auch das Wahre und das Gute (verum est quoddam bonum, et vice versa).[28] Das wiederum heißt nicht, dass alles, was wahrhaft ist, auch gut oder alles, was gut ist, auch wahr wäre. Es heißt vielmehr, dass die Wahrheit ein (hohes) Gut ist, wie umgekehrt das Gute zum Seienden gehört, über das es wahre Aussagen geben kann. Wenn nun Ontologie das Denken des Seins, die erkennende Rede über das Sein ist und damit das Denken auf das Sein bezieht statt bloß auf Bezirke des Seins, dann gehört nach Thomas das Wahre, weil es das innere Maß von Gedanken und Aussagen ist, auf die Gedanken- und Aussagenseite dieser Relation, das Gute aber, weil es das innere Maß des Seienden selbst ist, eher auf die Seinsseite. ‚Das Wahre liegt eher im Intellekt, das Gute eher in den Dingen.‘[29]

Nun kann man, auch wenn Thomas zögert, das zu tun, das Schöne ebenfalls als Transzendental deuten, denn es weist ähnliche Bestimmungen auf. Es wird transkategorial ausgesagt, denn es gibt neben schönen Substanzen auch schöne Eigenschaften, Proportionen, Handlungen, Widerfahrnisse, Orte, Zeiten etc. Darin liegt auch der transzendentale Grund seiner Universalität. Ferner geht es mit dem Wahren und Guten einher, wie zumindest die obige Phänomenologie der ästhetischen Erfahrung nahelegt. Die bloß formale *Prima-facie*-Schönheit eines ‚unwahren‘, manipulativen Kunstwerks erweist sich ebenso als bloß scheinbare Schönheit wie das bloß äußere ‚gute Aussehen‘, welches auch ein schlechter Mensch aufweisen kann, oder wie die scheinbare Schönheit eines gesunden Aussehens, hinter dem sich keine tatsächliche Gesundheit verbirgt. Dass wir genötigt sind, genau dadurch zwischen tatsächlicher und bloß scheinbarer Schönheit zu unterscheiden, dass wir zugleich Bezug auf einen je spezifischen Maßstab des Wahren oder Guten nehmen, zeigt, so würde der scholastische Aristoteliker argumentieren, dass Schönheit gerade kein autonomer Wert ist, sondern ein Transzendental. Transzendentalien sind aber keine autonomen Seinsbestimmungen, sondern untereinander in wechselseitiger logischer Abhängigkeit verbunden. Wer dagegen die Autonomie des Schönen behaupten wollte, der könnte am Ende gar nicht mehr sinnvoll zwischen echter und bloß scheinbarer Schönheit unterscheiden. Das aber würde bedeuten, dass eine Ästhetik autonomer Schönheit schließlich in den ästhetischen Subjektivismus umschlagen muss.

Der Grund dafür, dass Thomas zögert, das Schöne neben das Sein, das Wahre und Gute als Transzendental zu stellen,[30] liegt darin, dass das Schöne nicht ganz die gleiche Universalität aufzuweisen scheint wie die anderen transzendentalen Bestimmungen. Denn für Thomas ist, wie später für Baumgarten, ein Schönes ein sinnlich wahrnehmbares, in die Sinne fallendes Gutes bzw. Vollkommenes; sinnlich wahrnehmbar sind aber nur Körper, Konstellationen von Körpern, wie z. B. in einer Landschaft, und Prozesse, die von bewegten Körpern ausgehen, z. B. Töne. Nun ist aber manches Gute weder ein Körper noch zusammenhängend mit körperlicher Bewegung. Also scheint es, als könne nicht alles Gute auch schön sein. Allerdings haben die in Kapitel 4 angestellten Überlegungen zur Beteiligung der Sinne und des Verstandes an der ästhetischen Erfahrung gezeigt, dass zumindest im Fall der ästhetischen Erfahrung von Kunst die Sinne als solche nicht die Schönheit eines Kunstwerks erfassen, sondern dass erst die verständig wahrnehmende Betrachtung dies zu leisten vermag. Zwar scheint es im Fall des Naturschönen anders zu sein, da offenbar auch die höheren Tiere Schönes von Hässlichem unterscheiden. Allerdings bleibt ihre ästhetische Wahrnehmung konspezifisch; universal ist lediglich die ästhetische Naturwahrnehmung des Menschen. Das ist ein starker Hinweis darauf, dass die Wahrnehmung des Schönen, zu der der Mensch fähig ist, nicht primär an seine sinnlichen Vermögen gebunden ist, sondern eher an seine geistigen. Anders ausgedrückt: Vermittels der Sinnlichkeit perzipiert der Mensch den schönen Gegenstand oder Sachverhalt, vermittels seiner Vernunft und seiner ästhetischen Urteilskraft apperzipiert er den schönen Gegenstand oder Sachverhalt als schön. Die bloß animalische Wahrnehmung des Schönen ließe sich dann im Rückgriff auf eine weitere thomistische Unterscheidung wie folgt von der humanen unterscheiden: Der Mensch als Vernunftwesen ist *per essentiam* fähig, Schönheit wahrnehmend zu erfassen, das Tier lediglich *per participationem*. Das heißt, das wahrnehmende Erfassen von Schönheit gehört zu den wesentlichen Vermögen des Menschen, während die animalischen Wahrnehmungsvermögen des Schönen und Hässlichen lediglich an den entsprechenden menschlichen Wahrnehmungsvermögen teilhaben. Animalische Wahrnehmungsvermögen sind unvollkommene Erkenntnisvermögen, und das gilt auch im Feld des Ästhetischen.[31]

Eine dieser Gedankenführung entsprechend liberalisierte Bestimmung des Schönen müsste lauten: Das Schöne ist erscheinendes Gutes; oder auch: Schönheit ist erscheinende Vollkommenheit.[32] Da nun aber auch nach thomistischer Lehre alles vollendet Seiende auch erscheint, und zwar innerweltlich und nicht bloß in einer intelligiblen Welt, wenn auch nicht alles vollendet Seiende unmittelbar erscheint, sondern manches, z. B. die Tugenden, nur in seinen Äußerungen und Wirkungen, ist die begriffliche Hürde, ein so definiertes Schönes als Transzendental gelten zu lassen, nicht mehr so hoch.

Die theoretische Stärke der Deutung von Schönheit als Transzendental liegt auf der Hand. Erstens sichert sie die Objektivität des ästhetischen Urteils, indem sie das Schöne als Seinsbestimmung und damit als real begreift. Zweitens kann sie die Universalität der ästhetischen Erfahrung erklären. Drittens vermeidet sie die Hypostasierung des Schönen zu einer Idee in einer lediglich metaphysisch postulierten Geisteswelt. Denn Transzendentalien unterscheiden sich eben von platonischen Ideen dadurch, dass sie keine an sich Seienden sind, sondern transkategoriale *Bestimmungen* des innerweltlich Seienden. Das Schöne ist ebenso wenig wie das Gute selbst ein Seiendes, an dessen Sein die schönen und guten Gegenstände, Eigenschaften und Prozesse in der Welt mehr oder weniger partizipieren, sondern beide sind innere Bestimmungen, *interne normative Maßstäbe* dieser Gegenstände, Eigenschaften und Prozesse selbst. Auf diese Weise sichert die transzendentale Explikation des Schönen dem Begriff der Schönheit eine robuste objektive Bedeutung.

Auch in kunsttheoretischer Hinsicht sind die Stärken dieser Deutung nicht zu übersehen. Zum einen teilt diese Deutung mit Baumgartens Vollkommenheitsästhetik den Vorzug, dass sie Raum für die Mannigfaltigkeit und Formenvielfalt des Kunstschönen lässt. Darüber hinaus aber kann sie, anders als Baumgarten, auch den besonderen Bezug der Kunst zur Darstellung des Guten, der für die aristotelische Ästhetik so entscheidend ist, theoretisch aufheben. Denn wenn das (wahrhaft) Schöne ein Gutes ist, dann muss die wahrhaft schöne Darstellung eines wahrhaft Schönen zugleich die gute Darstellung eines Guten sein. So wird hier auch der innere Bezug der Kunstphilosophie zur Ethik ontologisch abgesichert. Diese Überlegung wird im folgenden Abschnitt weiter verfolgt.

Oben hatte sich gezeigt, dass das Naturschöne, wenn man es auf geeignete Weise deutet, als Spezialfall von Baumgartens Schönheit als Vollkommenheit erscheint. Nun erscheint diese wiederum als Spezialfall der Deutung des Schönen als transzendentale Seinsbestimmung. Denn Baumgartens teleologische Ästhetik bleibt in ihrer Reichweite auf den Bereich der spezifischen Schönheit von Gegenständen oder, wie man in aristotelischer Terminologie sagen könnte, den Bereich *substantieller Schönheit* beschränkt. Das ist aber nur eine Spielart des Schönen, wenn auch eine besonders wichtige. Gerade für das Naturschöne ist jedoch auch akzidentelle Schönheit bedeutsam. Ohne einen entsprechenden Begriff ist die Schönheit einer Landschaft, einer Wolkenkonstellation oder eines Sonnenaufgangs nicht theoretisch beschreibbar. Akzidentelle Schönheit lässt sich nicht in jedem Fall auf substantielle Schönheit reduzieren. Der Grundgedanke der teleologischen Ästhetik, dass das Schöne das sich zeigende Gute ist, bleibt dagegen in der transzendentalen Deutung voll und ganz erhalten.

Allerdings kann man den theoretischen Gesamtrahmen einer philosophischen Ontologie wie der des Aristoteles und seiner Nachfolger, als deren Rückgrat sich die Unterscheidung zwischen Kategorien und Transzendentalien erweist, auch rundheraus ablehnen, wenn man bereit ist, den Preis einer bloß (inter-) subjektivistischen Auffassung des Guten und Schönen zu zahlen. Auf Prinzipien eines philosophischen Naturalismus kann man sich dabei allerdings dann nicht berufen, wenn der Naturalismus die Verpflichtung auf den theoretischen Respekt vor natürlichen Phänomenen einschließt. Zu diesen Naturphänomenen gehört es aber, dass bestimmte animalische Spezies selbst andere Organismen ihrer Umwelt in einem bestimmten Umfang gemäß den transzendentalen Bestimmungen des Guten und Schlechten, des Schönen und Hässlichen kategorisieren, dass diese Unterscheidungen also nicht allein in den intersubjektiv etablierten Formen menschlicher Rede über diese Spezies wurzeln. Eine ernsthafte, nicht theoretisch bornierte naturalistische Philosophie täte also gut daran, die Unterscheidung zwischen Transzendentalien und Kategorien und letztlich auch den darin gründenden Gedanken einer natürlichen Teleologie des Lebendigen affirmativ aufzunehmen.[33] Tut sie das aber, dann gibt es keinen besonderen Grund mehr, dem Schönen einen ontologischen Status zu verweigern.

5. Naturschönes und Kunstschönes

„Possunt turpia pulcre cogitari, ut talia, et pulcriora turpiter. – Hässliche Dinge können als solche schön gedacht [und dargestellt; H.T.] werden und schönere Dinge hässlich."[34] Dieser chiastische Lehrsatz Baumgartens markiert einen fundamentalen Unterschied zwischen der Schönheit der Natur und der Schönheit der Kunst. Naturgegenstände – und andere Nichtkunstwerke – sind schön, hässlich oder ästhetisch indifferent. Kunstwerke sind Darstellungen von Schönem, Hässlichem oder Indifferentem, die ihrerseits schön oder hässlich sind. Soweit Baumgartens Chiasmus. Aber eine der Kombinationsmöglichkeiten, die hässliche Darstellung des Schönen, kann theoretisch nicht interessant sein, weil sie poetisches Scheitern markiert, dessen Verständnis von einem vorgängigen Verständnis poetischen Gelingens abhängt. Eine andere, nämlich die der hässlichen Darstellung des Hässlichen, ist zumindest problematisch. Wenn sie aber problematisch ist, dann scheint das die dritte, die schöne Darstellung des Hässlichen, ebenso zu sein. Unproblematisch wäre daher der – theoretisch deswegen auch zu privilegierende – Fall der schönen künstlerischen Darstellung eines schönen Gegenstandes.

Die beiden anderen Fälle sind deswegen problematisch, weil hier anscheinend zwei interne Normen der Kunst miteinander konfligieren. Denn zum einen zielt Kunst auf Schönheit, was zu verbieten scheint, dass sie etwas hässlich darstellt, und zwar selbst dann, wenn das Dargestellte auch hässlich ist. Zum anderen zielt Kunst auf Darstellungsrichtigkeit, was zu verbieten scheint, dass sie ein Hässliches schön darstellt. Offenbar ist dieser Konflikt nicht zu vermeiden, wenn man Kunst nicht auf die Darstellung des Schönen einschränken will. Kunst, gerade auch bedeutende Kunst, stellt Hässliches dar. Nun kann man zwar, zunächst einmal verbal, unterscheiden zwischen der schönen Darstellung eines Hässlichen und der Darstellung eines Hässlichen als schön. Aber diese Disambiguierung löst das Problem noch nicht. Denn dass die Darstellung eines Hässlichen als schön dem Prinzip der Darstellungsrichtigkeit widerspricht, liegt auf der Hand. Im Licht des transzendentalen Zusammenhangs von Wahrheit und Schönheit lässt sich dann sogar sagen, dass eine solche Darstellung nicht einmal wirklich schön sein kann. Trotzdem ist nicht klar, wie man sich die schöne Darstellung eines Hässlichen als hässlich denken muss, denn das muss man offenbar, wenn man sie von der hässlichen Darstellung eines Hässlichen als hässlich unterscheiden will, wie es anscheinend erforderlich ist. Dass das keine philosophische Spitzfindigkeit ist, sondern eine wirkliche, im ästhetischen Diskurs virulente Schwierigkeit markiert, zeigt das so genannte Paradox des Hässlichen in der Kunst, als dessen Spezialfall das Paradox der Tragödie diskutiert wird. Die Tragödie stellt nämlich das Scheitern menschlicher Exzellenz dar; das Scheitern menschlicher Exzellenz ist aber nichts Schönes, sondern etwas Trauriges und Niederdrückendes und damit eher eine Spielart des Hässlichen. Wie kann dann seine angemessene Darstellung schön sein? Das Paradox der Tragödie ist oben im Anschluss an Aristoteles aufgelöst worden. Eine Auflösung der allgemeinen Paradoxie des Hässlichen in der Kunst ist darin eher implizit enthalten als schon expliziert.

Um hier weiterzukommen, sei an die oben entwickelte Grundunterscheidung von Bedeutung, Sinn und Form einer künstlerischen Darstellung erinnert. Angewendet auf Baumgartens Lehrsatz ergibt sie Folgendes: Das dargestellte Hässliche ist die *Bedeutungsseite* eines Kunstwerks der hier einschlägigen Sorte. Die Termini ‚als hässlich' bzw. ‚als schön' bezeichnen den *Werksinn*, die Termini ‚schöne' bzw. ‚hässliche Darstellung' beziehen sich hingegen auf die *Werkform*. Werkbedeutung und Werksinn müssen übereinstimmen, damit ein Werk schön ist. Deswegen kann die Darstellung eines Hässlichen als schön niemals ein schönes Werk ergeben. Anders verhält es sich mit der Werkform. Der Ausdruck ‚hässliche Darstellung' bezieht sich nämlich nicht unmittelbar auf die Inhaltsseite (Bedeutung und Sinn), sondern auf einen davon relativ unabhängigen Defekt der Form. Eine hässliche Darstellung ergibt, weil es sich um eine defekte Darstellung handelt, niemals ein gänzlich schönes Werk, und zwar ganz gleich, ob das Dargestellte selbst schön oder hässlich ist. Ein Defekt in der Darstellung ist nämlich ein kunstbezogener Defekt, der nicht in einem defekten Weltbezug des Werkes gründen muss. Das heißt aber nicht, dass die Werkform ein autonomer Aspekt des Werkes wäre. Die gegenteilige These markiert den Irrtum des ästhetischen Formalismus. Vielmehr soll die Form dem Inhalt angemessen sein, wie in Kapitel 4 festgehalten wurde. Das aber zeigt, dass das Paradox des Hässlichen in der Kunst noch nicht ganz aufgelöst ist.

Aristoteles löst das Problem, wie jetzt verallgemeinernd ausgeführt werden kann, indem er Restriktionen für das in der Kunst darstellbare Hässliche formuliert. Nicht jedes Hässliche ist in schöner Kunst auch als hässlich darstellbar, sondern nur dasjenige Hässliche, dessen Darstellung eine *indirekte Darstellung des Guten* sein kann. Das schlechthin und in jeder Beziehung Hässliche, Böse und Schlechte ist für künstlerische Darstellung ebenso ungeeignet wie das bloß zufällig Schlechte, denn in keinem von beiden zeigt sich in irgendeiner Weise das Gute und Schöne. Damit geht ihm aber auch jede begriffliche Allgemeinheit und jedes vernünftige Interesse ab. Diese aristotelische Lösung der Paradoxie ist nun durchaus keine externe, entmündigende Vorschrift der Philosophie für die Kunst, sondern ganz im Gegenteil ein internes Urteilskriterium, dem gemäß wir tatsächlich immer schon Kunstwerke beurteilen. So kritisieren wir sinnlose Gewaltdarstellungen, oder wir beurteilen umgekehrt ein Drama oder einen Film auch dann wegen seiner Humanität, wenn er drastische Gewaltdarstellungen enthält, wie etwa Martin Scorceses Filme *Casino* und *The Departed*. Damit ist der eigentliche Sinn der aristotelischen Grenzziehung zwischen dem darstellbaren und dem undarstellbaren Hässlichen in der Kunst ganz offensichtlich besser getroffen als von Interpretationen wie derjenigen Manfred Fuhrmanns, der meint, dass Aristoteles von der poetischen Darstellung des menschlichen Lebens eine gewisse Verklärung, Glättung oder Harmonisierung tatsächlicher Konflikte oder Gräuel verlange. Für eine solche Deutung gibt es nicht nur keinen Anhaltspunkt; sie steht vielmehr im Widerspruch zum fundamentalen Mimesis- und Realismusprinzip der aristotelischen *Poetik*.

Baumgartens Chiasmus benennt, wie gesagt, eine allgemeine Differenz zwischen Natur- und Kunstobjekten und damit auch zwischen Natur- und Kunstschönem. Schöne Naturobjekte sind, was sie sind. Kunstwerke sind selbst hergestellte Objekte oder Sachen und stellen, ob direkt oder indirekt, andere Objekte, Sachen oder Sachlagen dar. Diese Doppelnatur der Kunstwerke ist auch dafür verantwortlich, dass schöne Kunstwerke Schönes und Hässliches darstellen können. Doch anders als viele meinen, schließt sich an diese Kontrastierung nicht die Frage an, welchem von beiden der ästhetische Vorrang gebühre, dem Natur- oder dem Kunstschönen. Gerade die transzendentale Deutung des Schönen zeigt, dass die Vorrangfrage in ihrer Abstraktheit keinen klaren Sinn hat. Naturschönheit und Kunstschönheit sind zwei letztlich inkommensurable Bereiche generischer Schönheit, und zwar aus zwei Gründen: Zum einen sind Naturobjekte und Artefakte als solche ontologisch zu verschieden, als dass sie unter einen einheitlichen Maßstab der Qualität fallen könnten. Zum anderen steht die spezifische Doppelnatur der Kunstwerke als Objekt und als auf Objekte Bezug nehmender Träger von Bedeutung der Möglichkeit einer vergleichenden ästhetischen Bewertung von Naturobjekten und Kunstwerken im Weg. Doch wo Schönheiten inkommensurabel sind, da ist die Vorrangfrage gegenstandslos.

Anders verhält es sich mit der Frage, wie sich die philosophische Bedeutsamkeit des Schönen in der Kunst allgemein bestimmen lässt. Gerade wenn Schönheit als ein transzendentaler und universaler Zug des Seienden sowohl der Natur als auch der menschlichen Kultur aufgefasst wird, dann ist klar, dass die Bedeutsamkeit des Kunstschönen nicht einfach darin bestehen kann, dass es ein Teilbereich des Schönen neben anderen ist. Die Bedeutung des Kunstschönen liegt, wie Kant von den ästhetischen Ideen sagt, „höher hinauf in der Vernunft".[35] Sie ist geistig, denn die Kunst selbst ist ein geistiges Gebilde, und ihre Schönheit bewirkt, dass, wie Hegel sich ausdrückt, „der Geist irgendeine seiner Bestimmungen darin findet".[36] Kunst ist Ausdruck der Vernunftnatur des Menschen, Ausdruck seines nicht nur praktischen, sondern eben auch theoretischen Weltverhältnisses. Das impliziert zugleich, dass die Kunst nicht nur einen Bezug zur philosophischen Ethik hat, sondern auch einen Bezug zur theoretischen Philosophie. Denn wenn das Schöne transzendental ist, dann lässt es sich nicht ohne Bezugnahme auf den transzendentalen Begriff der Wahrheit erläutern. Schön kann nur das Wahre sein. Entsprechend kann nur die wahre und wahrhaftige poetische Darstellung einer Sache schön sein. Wahrheit und Schönheit sind nicht zwei konkurrierende Maßstäbe poetischen Gelingens, sondern – gegen den ersten Anschein – nur einer. Ohne ein recht verstandenes Realismusprinzip kann auch Kunstschönheit nicht gedacht und begriffen werden. Daher sind die bisher erarbeiteten Überlegungen zum Verhältnis von Kunst und Philosophie noch nicht zureichend.

Dass die künstlerische Darstellung auf Schönheit abzielt, impliziert, dass sie auf Anschaulichkeit abzielt. Das unterscheidet sie wie schon mehrfach betont von der Philosophie. Doch darin liegt noch eine weitere Einschränkung der Kunst gegenüber der Philosophie. Beide, Kunst wie Philosophie, sind Ausdruck des theoretischen Strebens des Menschen und damit auch seines formalen Selbstbewusstseins als eines Vernunftwesens. Alle philosophischen wie künstlerischen Darstellungen haben daher eine reflexive Seite, den Rückbezug der Darstellung auf das denkende und darstellende Subjekt selbst. Implizit sind solche Darstellungen daher in einem gewissen Sinn auch Selbstdarstellungen des Darstellenden, und zwar generische, nicht individuelle. In der Philosophie ist dieser implizit selbstreflexive Charakter der Darstellung vereinbar mit einer nahezu unbegrenzten Universalität und Allgemeinheit möglicher Themen des philosophischen Denkens und Darstellens, sofern es sich nur um hinreichend allgemeine Themen handelt.

Die Kunst ist in keiner vergleichbaren Lage, weil sie von Haus aus Allgemeines im Einzelnen oder als Einzelnes darstellt. Gerade wegen dieser Ungleichheit der Darstellungsformen muss die Kunst den reflexiven Bezug auf die *conditio humana* durch die Wahl ihrer Gegenstände sicherstellen, weil er, anders als in der Philosophie, durch die Form des Denkens nicht schon gesichert ist. Anders gesagt: der Kunst, und nicht erst der modernen, Formen zerstörenden, droht die beständige Gefahr der thematischen Zerstreuung. Das ist der tiefere Grund dafür, dass Hegel das Prinzip, dass Kunst schlichte nachahmende Darstellung der Natur sei, kritisiert.[37] Denn gemäß einer schlichten Deutung hieße das nichts anderes, als dass Kunst alles darstellen solle, was da kreucht und fleucht. Denkt man die Forderung mit den durch die Darstellungsform der Künste auferlegten Beschränkungen auf Anschauliches und Einzelnes hinzu, dann hätte man in der Tat die thematische Zerstreuung zum Prinzip gemacht und nicht etwa, wie man wohl gemeint hat, den Realismus der Kunst.

Umgekehrt bedeutet das, dass die menschlichen Angelegenheiten und alles, was zur menschlichen Sphäre gehört, das wichtigste Thema der Kunst sind. Das gilt wie gesagt auch für Darstellungen von Natur ohne Menschen. Künstlerisch interessant sind solche Darstellungen erst dann, wenn sie in geeigneter Weise auf den Menschen verweisen. Es liegt ferner in der Natur der Sache, dass die menschlichen Angelegenheiten vor allem hinsichtlich ihrer praktischen, ethisch-moralischen Seite zum Thema der Kunst werden, wenn auch in den verschiedenen Künsten in unterschiedlichem Maße, am meisten in Epos und Drama, am wenigsten in Lyrik, Musik und abstrakter Bildkunst. Insofern sind die oben angestellten Überlegungen zum Verhältnis von Kunst und Ethik nicht zu korrigieren. Das heißt umgekehrt aber nicht, dass der Mensch sich aus Sicht der Kunst auf seinen praktischen Weltbezug reduziert. Es heißt lediglich, dass der theoretische Weltbezug nicht unmittelbar dargestellt, sondern in der Darstellung des praktischen mitgemeint ist. Dass in Conrad Ferdinand Meyers novellistischer Darstellung der Bartholomäusnacht auch Michel de Montaigne als Nebenfigur auftritt, deutet Möglichkeiten einer solchen indirekten Darstellung an. Sie zu beachten heißt zugleich, sich vor der falschen Reduktion der *conditio humana* auf das Praktische und einer entsprechenden Verengung von Thema und Reichweite poetischer Darstellungen zu hüten.

6. Ästhetik und Kunstphilosophie

Dass in der Kunst primär das praktische Weltverhältnis des Menschen dargestellt wird, hat manche Kunstphilosophen zu dem Gedanken geführt, dass die Kunstphilosophie entsprechend eine Teildisziplin der praktischen Philosophie sein müsse. Dafür scheint auch der poetische, technisch-herstellende Charakter der Kunstproduktion zu sprechen. Der letztgenannte Gedanke war ein verbindendes Motiv eher in Teilen der marxistischen und psychoanalytischen Ästhetik;[38] ersterer bestimmt vor allem den gegenwärtigen Diskurs um den so genannten ästhetischen Moralismus in Teilen der Analytischen Ästhetik.[39] Aus naheliegenden Gründen kreisen die Debatten dabei in der Regel um Beispiele aus der narrativen Literatur, dem Drama oder dem Film.

Damit stünde die Stellung der Kunstphilosophie aber im Widerspruch zur Stellung der allgemeinen Ästhetik, deren Teil sie doch sein soll. Denn die allgemeine Ästhetik als Philosophie des Schönen hat sich in obiger Überlegung als ein Zweig der theoretischen Philosophie erwiesen, nämlich der Ontologie. Genau genommen, darauf verweist auch der Titel ‚Ästhetik', stellt die philosophische Ästhetik die Schnittstelle zwischen allgemeiner Ontologie und Erkenntnistheorie dar, sofern sie gerade über die Erscheinungs- und Gegebenheitsweise des Seienden und der ihm innewohnenden normativen Seinsbedingungen nachdenkt, welche unter dem transzendentalen Begriff des Guten angesprochen werden. Dass das Gute als Schönes erscheint, impliziert eben auch, dass es epistemisch zugänglich ist. Zumindest war das der gute Sinn von Baumgartens ganz allgemeinem Ästhetikprojekt, welches er allerdings von seinem speziellen Projekt einer Ästhetik als Philosophie der schönen Künste nie zureichend zu unterscheiden vermocht hat.

Baumgarten hat aber Recht, auf einem Zusammenhang zwischen allgemeiner Ästhetik als Vermittlerin zwischen Ontologie und Epistemologie einerseits und spezieller Ästhetik als Kunstphilosophie andererseits zu beharren. Denn die Deutung der Kunstphilosophie als Teil der praktischen Philosophie führt unweigerlich zu einer Verkürzung der theoretischen Kunstbetrachtung auf die Auseinandersetzung mit den ethischen Themen von Kunst. Damit kann aber nie mehr als eine Teilklasse der Kunstwerke in den Blick kommen. In der Produktionsästhetik führt die entsprechende Betrachtung ebenso unweigerlich zu einer Konzentration auf den demiurgischen oder kreativen Aspekt des Kunstschaffens auf Kosten des kontemplativ-theoretischen. Dass Schopenhauer in extremer Weise den entgegengesetzten Fehler begeht, macht die Sache nicht besser. Die schaffensfixierte Produktionsästhetik verliert schließlich mehr oder weniger aus dem Blick, dass das Kunstschaffen die mehr oder weniger theoretische Erfassung der allgemeinen Züge des darzustellenden Gegenstandes voraussetzt, oder sie substituiert diese theoretische Seite durch andere, stärker am Praktischen ausgerichtete Bestimmungen, z.B. wenn sie sagt, der Kunst gehe es um die Artikulation und Vorführung subjektiver Sichtweisen (Danto, Seel) oder den Ausdruck menschlicher Bedürfnisse (Koppe).[40] Ganz im Widerspruch zu der vorgeblich praktischen Orientierung dieser Spielart der Produktionsästhetik stößt die genuin poetisch-herstellende Seite, der Prozess des Machens von Kunst aber nur auf wenig theoretisches Interesse. Das ist zwar für eine philosophische Theorie richtig, aber nach eigenen Voraussetzungen inkonsequent.

Eine solche Zuordnung der Kunstphilosophie war der idealistischen Ästhetik von Kant bis zu Schelling und Hegel fremd. Die ästhetischen Ideen, um deren Darstellung es Kant zu Folge in der Kunst geht, entsprechen nicht nur Ideen der praktischen Vernunft, sondern auch und sogar der theoretischen. Für Hegel und Schelling ist Kunst eine Ausdrucksform des absoluten Geistes, der seinerseits über der Differenz zwischen theoretischem und praktischem Weltverhältnis steht. Das zeigt, dass die Kunst hier eher der theoretischen Seite des Geistes zugerechnet wird, denn das Verhältnis zwischen theoretischem und praktischem Weltverhältnis kann nur in theoretischer Reflexion geklärt werden. Analog dazu wird auch hier vorgeschlagen, die Kunst als Form generischer menschlicher Selbstdarstellung und Selbstreflexion viel stärker als bisher aus der Perspektive der theoretischen Philosophie, d. h. einer den Namen verdienenden, weder um das Theoretische noch um den wesentlich selbstreflexiven Charakter des menschlichen Weltbezugs verkürzten philosophischen Anthropologie zu betrachten. Erst dann kann Philosophie die Kunst wirklich als eine inhaltlich verwandte, der Darstellungsform nach aber grundverschiedene geistige Bemühung des Menschen würdigen.

Anmerkungen

Einleitung

1 Vgl. dazu auch Stekeler-Weithofer 2006, Kap. 6.1.

2 Vgl. dazu Hent de Vries, „Vom ‚Ghost in the Machine' zum ‚geistigen Automaten'. Philosophische Meditationen bei Wittgenstein, Cavell und Levinas", in: Horn / Menke / Menke 2006, S. 375-402. Für die hier verhandelte Problematik ist der gesamte Band ergiebig.

3 Wie alt die philosophische Frage nach dem Wesen der Kunst ist, wird von denen verkannt, die in der Nachfolge Paul Oswald Kristellers meinen, dass es vor 1700 gar keine Kunstphilosophie gegeben haben könne, weil es die Kunst im Sinne eines Systems der Künste erst seit dem 18. Jahrhundert gebe. Die antike und mittelalterliche Philosophie habe daher, wenn sie über *poiesis* und *ars poetica* nachgedacht habe, irgendetwas anderes reflektiert als Kunst. Die theoretische Taxonomie der Künste ist allerdings ein Werk der philosophischen Ästhetik, und diese ist als eigenständig betriebene Disziplin noch nicht sehr alt. Das heißt aber nicht, dass ihre Themen und Fragen der älteren Philosophie unbekannt gewesen wären.

4 Vgl. Tegtmeyer 2006a. Dort wird auch gezeigt, dass und warum eine philosophische Explikation des Kunstbegriffs sich nicht damit begnügen kann, notwendige und hinreichende Bedingungen dafür anzugeben, dass eine Praxis unter den Begriff der Kunst oder ein Gegenstand oder Prozess unter den Begriff des Kunstwerks fällt. Dass jede systematisch-ahistorische Explikation durch eine historisch-genealogische Rekonstruktion ergänzt werden muss, gilt im Übrigen nicht allein für den Begriff der Kunst, sondern für Praxisbegriffe im Allgemeinen.

5 Eine erwähnenswerte Ausnahme stellt Hindrichs 2005 dar.

6 *Symposion*, 205 St.

Kapitel 1

1 In Anwendung der aristotelischen Explikation des Wahrheitsbegriffs in *Met.*, 1011b.

2 Sicherlich ist bei Aristoteles noch nicht der volle Begriff der Geschichtswissenschaft bestimmt. Vgl. dazu Stekeler-Weithofer 2006, Kap. 2. Dies ist aber kein Einwand gegen den aristotelischen Begriff der Historiographie.

3 Der platonische Dialog, als literarische Darstellung eines Dialogs, nimmt diesbezüglich offensichtlich eine mittlere Position ein, da er sich, anders als die dargestellten Dialogpartner, *nicht* an ein begrenztes Publikum wendet.

4 Wer dieses Gedankens wegen Aristoteles Naivität vorwirft, urteilt m. E. übereilt. Denn die aristotelische These, dass Geschichtsschreibung auf historische Wahrheit zielt, ist durchaus vereinbar damit, dass auch ein durch und durch der historischen Wahrheit verpflichteter Text historische Zustände oder Ereignisse legitimieren oder delegitimieren kann. Er tut dies dann aber im Licht der Wahrheitsorientierung. Umgekehrt steht der Gedanke der ‚parteiischen', apologetischen Geschichtsschreibung nicht auf eigenen Füßen. Das sieht man daran, dass

die Entlarvung eines historiographischen Textes als parteiisch diesem die Glaubwürdigkeit entzieht. Es ist dann eine ziemlich hilflose Reaktion auf dieses Problem, wenn vom Historiker gefordert wird, er müsse seinen Standpunkt ‚offenlegen', d.h. eine Art Bekenntnis zu seiner Parteilichkeit ablegen, anstatt zu versuchen, sie zu überwinden. Die Wahrheitsverpflichtung als innerer Maßstab der Geschichtsschreibung zeichnet m.E. etwa Rankes Idee von Geschichtswissenschaft positiv vor den zahlreichen Projekten einer ‚nationalen' oder sonst wie ‚politischen' Geschichtsschreibung und Geschichtswissenschaft im späteren 19. und im 20. Jahrhundert aus.

5 Das ist eine kontrastierende Vereinfachung. Denn auch die Geschichtswissenschaft fragt manchmal nach Allgemeinem, wenn sie nämlich nach den institutionellen oder strukturellen Gründen für bestimmte Ereignisse, Prozesse und Entwicklungen sucht. Doch selbst dann bleibt das zu Erklärende, das Ziel der Erklärung das Einzelne und Kontingente. Darin unterscheidet sich die Geschichtsschreibung von einer von vornherein allgemein fragenden Geschichtsphilosophie – auch wenn neuere historische Forschungsrichtungen der Kultur-, Sozial- und Institutionsgeschichte zwischen Historiographie und Geschichtsphilosophie oszillieren.

6 *Politeia* X.

7 *Poetik* 9, 1451a, in der Übersetzung von Manfred Fuhrmann.

8 Ebd., 1451b.

9 Ebd.

10 Ebd., 1451a.

11 Ebd., 1451b.

12 Das soll nicht bedeuten, dass die entsprechende Passage aus der *Ilias* nur dies darstellt.

13 Es hilft nicht weiter, die Möglichkeit fiktionaler Darstellung mit Hilfe einer Mögliche-Welten-Semantik zu formulieren, also etwas zu sagen, dass die Dichtung mögliche Welten beschreibe, in denen die Namen ‚Achilles' oder ‚Sherlock Holmes' referieren.

14 Ebd.

15 Ebd., 1450b.

16 Nach Halliwell impliziert der Ausdruck *mythos* selbst schon einen Aspekt von darstellender Formung oder Gestaltung. Vgl. Halliwell 1998, S. 24. Sein Vorschlag, *mythos* mit ‚structured plot' ins Englische zu übersetzen, ist allerdings zweideutig, da er nicht zwischen der Struktur des Dargestellten und der Struktur der Darstellung unterscheidet. Die Unterscheidung ist aber selbst für fiktionale Handlungen einschlägig. Denn es ist möglich, dass zwei poetische Texte dieselbe fiktionale Handlung unterschiedlich darstellen. Nimmt man die Darstellungsstruktur in das *definiens* von *mythos* hinein, kann man diese Unterscheidung nicht mehr machen. Aristoteles scheint klarerweise davon auszugehen, dass das Dargestellte selbst schon geformt und nicht etwa amorph ist. Das *telos* oder der Zweck des *mythos* ist es, die Handlung eben so und in der Ordnung und Reihenfolge darzustellen, die ihr zukommt, so dass dem Begriff nach keine Differenz zwischen Handlung und Darstellung besteht. Daher kann er die Ausdrücke *mythos* und *praxis* im Kontext der Poetik häufig auch synonym verwenden. Vgl. dazu Halliwell, a.a.O., S. 140 ff.

17 Ebd., 1451b.

18 Zur *Odyssee* vgl. *Poetik* 1451a; dort wird erwähnt, dass die Einheit der *Ilias* ebenfalls durch das Prinzip eines einheitlichen Mythos definiert ist. Beide Einheitsprinzipien werden in *Ilias* und *Odyssee* jeweils zu Beginn, im jeweils ersten Gesang bei der Anrufung der Muse, explizit benannt. Eben deswegen scheint die Vermutung vieler Altphilologen seit Friedrich August Wolf, dass es sich bei den

beiden Epen jeweils um Kompilationen diverser mündlich tradierter Einzeldichtungen handelt, so abwegig.

19 Zum Begriff des ethisch Notwendigen vgl. auch Williams 1993.

20 Zum Begriff der Zeitallgemeinheit vgl. Rödl 2005, S. 188.

21 *Met.*, 1039b. Hegel bezeichnet gerade deswegen Aristoteles als wahrhaft spekulativen Geist, dem es gelungen sei, das Allgemeine und das Einzelne immer schon vermittelt zu denken. Vgl. *Wissenschaft der Logik*, Begriffslogik III 2, S. 195.

22 Vgl. Thompson 1995.

23 *Poetik*, 1451b.

24 *Met.*, 980a.

25 *Poetik*, 1448b. Vgl. damit auch die ausführliche Diskussion in Halliwell 1998, S. 63-81, insbesondere den Hinweis zu Parallelstellen in Platons *Philebos* und den *Nomoi* (S. 63).

26 Auch nicht bei Kendall Walton, der einigen Aspekten des aristotelischen Realismus in der Fiktionalitätstheorie durchaus nahe kommt. Vgl. Walton 1990.

27 Die Kontroverse zwischen Gottsched einerseits, Bodmer, Breitinger und später Lessing andererseits kreiste genau um die Frage, wie restriktiv diese Bedingung aufzufassen ist. Dabei wurde das aristotelische Realismusprinzip – was in der literaturwissenschaftlichen Rezeption der Debatte um ‚das Wunderbare' in der Poesie manchmal übersehen wird – von keinem der Diskutanten ernsthaft in Frage gestellt.

28 Aristoteles selbst nennt allerdings Typen von Fällen mit entsprechenden Beispielen, in denen eine entsprechende Kritik den Sinn eines poetischen Werkes verfehlen würde. Vgl. *Poetik*, XXV.

29 So Manfred Fuhrmann in seinem Nachwort zur *Poetik*, S. 172.

30 In der englischsprachigen Debatte wurde diese These wirkmächtig von Arthur Danto vertreten, in Deutschland von Rüdiger Bubner. Vgl. Danto 1986, Bubner 1989.

31 Der griechische Terminus *mimesis* bezeichnet wie das lateinische *imitatio* nicht notwendig eine bestimmte, ‚realistische' oder auf ‚täuschende Ähnlichkeit' ausgerichtete Weise der Darstellung. Das zeigt sich nicht zuletzt daran, dass Aristoteles der Poesie als solcher *mimesis* zuschreibt, obwohl zwischen der schriftlichen oder lautlichen Erscheinungsweise der Poesie und der sinnlichen Erscheinungsweise ihres Gegenstands keinerlei Ähnlichkeit bestehen muss. Daran zeigt sich, dass *mimesis* im allgemeinen Sinn eher eine semantische Entsprechungsrelation als eine sinnlich wahrnehmbare Ähnlichkeitsrelation bezeichnet. Deswegen ist ‚Darstellung' eine bessere Übersetzung von *mimesis* als das traditionelle ‚Nachahmung'. Die auf Gestaltähnlichkeit abzielende bildliche Darstellung in Skulptur und Malerei ist dann eine spezielle Weise der *mimesis* oder künstlerischen Darstellung.

32 Vgl. Bühler 1934. Zwar handelt es sich um eine in der Sprachphilosophie umstrittene These, da – häufig im Anschluss an Wittgensteins *Philosophische Untersuchungen* – versucht wurde, die darstellende Funktion sprachlicher Äußerungen auf angeblich basalere Funktionen wie Ausdruck oder Signal zu reduzieren. Ich kann die umfangreiche einschlägige Debatte hier nicht rekapitulieren. Ein grundsätzliches Argument gegen derlei Versuche findet sich in Brandom 1994, S. 5 ff.

33 Vgl. auch Liske 1996.

34 Zu Grunde gelegt ist dabei ein anspruchsvoller aristotelischer Begriff der (Wesens-) Definition, der eben dadurch eine Spezies aus einem übergeordneten Genus aussondert, dass er eine (1) spezifische und (2) grundlegende Eigenschaft angibt, also eine Eigenschaft, deren Besitz (1) Speziesangehörige von den Angehörigen anderer Spezies desselben Genus unterscheidet und (2) die Seinsweise der Spezies erklärt.

35 Anders als Kant meinte, der glaubte, dass sich Natur- und Sittengesetze komplementär zueinander verhalten und zusammen die vollständige Determination des Seins und seiner Veränderungen beschreiben. Es wäre eine eigene Darstellung wert zu zeigen, was an dieser Auffassung problematisch ist. Die Kritik an Kants Begriff des Gesetzes durchzieht etwa die Philosophie Hegels wie ein Leitmotiv, von *Glauben und Wissen* und der *Phänomenologie des Geistes* bis zu den *Grundlinien der Philosophie des Rechts*, kann hier aber nicht rekonstruiert werden.

36 Vgl. Adorno 1970, S. 354, mit Bezug auf die *Katharsis*-Lehre des Aristoteles. Dazu mehr im folgenden Abschnitt. Ironischerweise galt die künstlerische Bewegung des Realismus in Literatur und Malerei im 19. Jahrhundert gerade umgekehrt als politisch subversiv, progressiv und auf politische Veränderung dringend, und den gleichen Anspruch konnte auch der ursprüngliche sozialistische Realismus – vor seiner Kanonisierung und Domestizierung durch die sowjetische Kulturpolitik – erheben, also etwa bei Gorkij. Zum literarischen Realismus vgl. auch Auerbach 1946.

37 Man beachte auch, dass das aristotelische Realismusprinzip dem Weltbezug der Kunst eine sehr viel klarer artikulierte Fassung gibt als die in der Ästhetik der Gegenwart verbreitete vage Rede von Kunst als „Welterschließung" (vgl. etwa Bertram 2005, S. 156).

38 Das Verhältnis von Literatur und Ethik hat in den vergangenen Jahrzehnten wieder stärkeres Interesse bei Philosophen und Literaturwissenschaftlern geweckt, nachdem zuvor die Vorherrschaft der Autonomieästhetik keinen Raum für solche Untersuchungen gelassen hatte. Aus der Fülle der Literatur sei verwiesen auf Lovibond 1983, Nussbaum 1986 und 1990, Eldridge 1989, Williams 1993, Menke 1996 und 2005 sowie Pippin 2000. Vgl. dazu Tegtmeyer 2006b.

39 *Poetik*, 1453a. Vgl. dazu Menke 1996, S. 88-93.

40 Ebd., 1449b, die *Katharsis*-Lehre des Aristoteles behandele ich etwas ausführlicher in Tegtmeyer 2006a, S. 362-365. Vgl. auch die gründliche Untersuchung in Halliwell 1998, Kap. VI. Zur Möglichkeit von Mitleid mit fiktiven Personen vgl. ferner skeptisch Radford 1975 sowie affirmativ Neill 1993, dort allerdings ohne Überlegungen zur ethischen Dimension dieses Zuschaueraffekts.

41 *Poetik*, 1452b. Eben deswegen galten einige der Königsdramen Shakespeares wie *Macbeth* oder *Richard III.* auch lange Zeit nicht als echte Tragödien, da hier gerade der Aufstieg und Fall eines Ungerechten vorgeführt wird. Es lohnt sich, diesen Einwand nicht allzu rasch als ‚klassizistisch' wegzuwischen, sondern ihn zumindest *prima facie* ernst zu nehmen. Diese Dramen sind zu einem großen Teil auch deswegen interessant, weil sie Historiendramen sind und reale politische Verhältnisse und politische Probleme darzustellen versuchen. Die Konflikte, von denen diese Dramen handeln, sind aber nicht wirklich tragisch. Sie stehen den Lehrstücken und Bühnenparabeln Brechts näher als den Tragödien des Sophokles und Euripides.

42 Vgl. dazu Nussbaum 1986 sowie besonders Menke 1996 zum *Antigone*-Thema und seiner Bedeutung für Hegels ethisches Denken.

43 Die griechische Poesie spielt manchmal mit dieser Möglichkeit, indem sie eine poetische Darstellung mit dem scheinbaren Glück des Frevlers enden lässt. Der des mythischen Stoffes kundige Zuschauer ergänzt dann von sich aus die Fortsetzung der Handlung. Schiller benutzt dieses Verfahren der Aussparung der Fortsetzung in der Ballade vom *Ring des Polykrates*, indem er den Machtverlust und Tod des Polykrates ausspart.

44 In diesem Zusammenhang stellen sich auch Fragen nach der angemessenen ethischen Haltung des Dichters als Autors eines poetischen Werkes. Ich verschiebe die Behandlung dieser Frage auf Kap. 3.

45 Vgl. KU, § 2. Autonomieästhetiker der Kunst, die sich diesbezüglich auf Kant berufen, übersehen allerdings in der Regel, dass Kant selbst interesseloses Wohlgefallen als angemessene ästhetische Einstellung vor allem der schönen *Natur* gegenüber ansah. Das ästhetische Urteil über Kunst ist Kant zu Folge weder rein noch interesselos. Vgl. KU, § 16.

46 So etwa Manfred Fuhrmann im Kommentar zu seiner *Poetik*-Übersetzung, *Poetik*, Anm. 3 und 4 zu Kap. 13, S. 117 f. Dort auch die irreführende Berufung auf den vorletzten Absatz von Kap. 18 der *Poetik*, der gerade nicht mit den Gerechtigkeitsgefühlen der Zuschauer, sondern mit der Unterscheidung des Wahrscheinlichen (eikos) und Unwahrscheinlichen argumentiert.

47 Vgl. *Met.*, 1065a. Entsprechend wäre Nussbaums These (Nussbaum 1986), dass es in der griechischen Tragödie um die Fragilität des Guten angesichts der Möglichkeit moralischer Zufälle geht, zu modifizieren. Dabei können nicht dem Handeln gänzlich äußerliche Zufälle gemeint sein, sondern es muss um die – unverfügbaren und damit in gewissem Sinn kontingenten – Bedingungen und Folgen eigenen Handelns gehen. Der Zufall spielt in Literatur und Film der Gegenwart eine große Rolle, etwa bei Garcia Marquez oder Tom Tykwer; häufig als Unglücksfall, als plötzliche schwere Erkrankung oder schwerer Unfall, der von außen in das Leben der Protagonisten einbricht. Das ist wohl weniger ein Ausdruck erhöhten Kontingenzbewusstseins in der Moderne – das Kontingenzbewusstsein war in Antike und Mittelalter sicherlich so ausgeprägt wie heute –, sondern eher eines Verzichts auf Kohärenz in der Handlungsentwicklung und damit auf Tragik. Anders verhält es sich im Fall solcher Handlungen, bei denen ein Zufall am *Beginn* einer dann stringenten Geschichte steht wie in K. Kieslowskis Film *Bleu*.

48 Deswegen ist Lessings *Emilia Galotti* kein Beispiel für eine vollkommene Tragödie.

49 Der eigentliche Gegenspieler Philipps ist denn auch nicht Karlos, sondern der Marquis de Posa, dessen republikanische Intrige und vergebliche Selbstaufopferung allerdings nicht zu den stärksten Seiten des Dramas gehört, wie schon zeitgenössische Kritiker bemerkt haben. Schiller selbst hat offenbar im Zuge der mehrjährigen Arbeit am *Don Karlos* bemerkt, dass Karlos nicht zum tragischen Helden taugt. Vgl. seine Bemerkung, Karlos sei „in meiner Gunst gefallen“, während der Marquis gestiegen sei, und seine anschließende Verteidigung dieser Figur gegen deren Kritiker im ersten und zweiten der *Briefe über „Don Karlos“* in Schiller 2005, Bd. 3, S. 736 ff.

50 Halliwell betont, dass *hamartia* nicht nur im antiken moralischen Vokabular vor Aristoteles, sondern auch in dessen ethischer Terminologie ein relativ breites Spektrum verkehrter Handlungen abdeckt, welches von Unfällen und Handlungen aus Unwissenheit über solche aus Leidenschaft, aus Willensschwäche oder Kleinmut bis hin zu genuin bösen Handlungen reicht. Entsprechend breit ist auch das Spektrum möglicher Verfehlungen, die in Tragödien thematisch werden können. Allerdings fallen die Extreme, nämlich Unfälle und Verfehlungen aus Bosheit, notwendig aus. Vgl. Halliwell 1998, S. 220 ff., bes. Anm. 28.

51 Dass das Zulassen einer Totenehrung als Ausdruck herrschaftlicher Milde und Mäßigung häufig deswegen viel mehr zur Befriedung eines politischen Konflikts beitragen kann, weil es gar nicht die Billigung der Taten des unterlegenen Verstorbenen beinhalten muss, ist ein Gedanke, der einem christlichen oder muslimischen Herrscher vermutlich eher in den Sinn kommen kann als einem antiken.

52 Hegel spricht deshalb auch von der geistigen Kraftlosigkeit des Chores in der *Antigone* und anderen antiken Tragödien. Vgl. dazu Menke 1996, S. 87.

53 Wie die Antigone ist auch der *Don Karlos* oft vor allem als Kritik an despotischer Alleinherrschaft verstanden worden. Dass es sich mit Bezug auf Schiller auf ein Missverständnis handelt, verdeutlicht dessen eigene Charakterisierung seines

vermeintlichen Helden, des Infanten Don Karlos als „zusammengedrückt, ohne Energie, geschäftlos, hinbrütend in sich selbst, von schweren fruchtlosen Kämpfen ermattet, zwischen schreckhaften Extremen herumgescheucht, keines eigenen Aufschwungs mehr mächtig". (Schiller 2005, Bd. 3, S. 742)

54 In I 5 der Fassung von 1787, ebd., S. 174. In der Fassung von 1805 ist die Erwähnung der politischen Umstände ganz getilgt. Aber schon 1787 wird der Umstand, dass die Heirat eine Bedingung für einen Friedensschluss mit Frankreich war, nur angedeutet. Offenbar setzt Schiller auf das historische Wissen seines Publikums.

55 Vgl. *Don Karlos*, III 5.

56 Vgl. dazu Menke 2005, Kap. I 2.

57 Diese Bedingung bezieht sich nur auf die Handlung und damit den Gehalt, nicht auf die Darstellungsweise einer Tragödie. Sie ist damit notwendig, nicht hinreichend für das Gelingen einer Tragödie. Man muss die These ferner gegen trivialisierende Verallgemeinerungen schützen, nach der jedes idiosynkratische Problem per Implikation unter ein allgemeines fällt und somit etwas Allgemeines darstellt. Für einen solchen Bezug auf etwas Allgemeines muss der Text des poetischen Kunstwerks selbst Hinweise enthalten.

58 Soviel lässt sich unbeschadet der Tatsache, dass der Text der *Poetik* nicht vollständig überliefert ist, sagen, da selbst die anderen poetischen Gattungen, die in der *Poetik* angesprochen werden, vor allem Epos, Komödie und dithyrambische Lyrik, zur Tragödie ins Verhältnis gesetzt werden.

59 Ich halte Bestimmungen der Moral, die moralische Probleme auf den Bereich interpersoneller Beziehungen einschränken und Selbstverhältnisse aus dem Bereich des Moralischen ausschließen – wie etwa Achim Lohmar in seiner Polemik gegen Kants Begriff der Pflicht gegen sich selbst – für reduktionistisch und unakzeptabel. Vgl. Lohmar 2005 und 2007 und, dagegen, Tiedemann 2007. Rein terminologische Manöver wie z. B. eine definitorische Trennung von Ethik und Moral im Sinne von Habermas lösen die hier angesprochene Schwierigkeit nicht auf. Für die hier geführte Diskussion hängt allerdings nicht viel davon ab, ob man etwa Knut Hamsuns Roman *Hunger*, in dem es in erster Linie um das Selbstverhältnis des existentielle Not leidenden Protagonisten geht, als auf ein im weiteren oder im engeren Sinn ethisches Problem bezogen auffasst. Ich werde daher nicht ausführlich für die Möglichkeit von Letzterem argumentieren.

60 In der Regel deswegen, weil Fälle wie Ein-Personen-Dramen, z. B. Süskinds *Der Kontrabass*, oder Ein-Personen-Erzählungen wie Frischs *Der Mensch erscheint im Holozän* keine ethischen Probleme im Sinne eines engen Ethik- oder Moralbegriffs darstellen.

61 Denn das, was zur Abwehr eines Übels notwendig ist, ist selbst – *ceteris paribus*, d. h. wenn es nicht seinerseits intrinsisch übel ist – ein Gutes.

62 Dieser Einwand ist zu einem Gemeinplatz der Ästhetik und Literaturwissenschaft des 20. Jahrhunderts geworden. Eine gemäßigte Variante findet sich bereits bei Kant, KU § 7. Vgl. aber auch § 59 und Kants These, dass das Schöne ein „Symbol der Sittlichkeit" sein könne.

63 Diesen Gedanken versucht auch Walton in Walton 2002 zu artikulieren; allerdings vor dem Hintergrund eines insgesamt von Hume geprägten Moral- und Kunstverständnisses, welches es letztlich nicht erlaubt, einen Begriff der adäquaten ethisch-ästhetischen Beurteilung eines Kunstwerks zu formulieren. Vgl. dazu auch Tanner 2002 sowie allgemeiner Tegtmeyer 2006b.

64 Vgl. zur Unterscheidung interner und externer moralischer Standards auch Halliwell 1998, S. 4. Die Anerkennung der Möglichkeit ethischer Ambivalenz von Charakteren, Handlungen und Situationen ist nicht bloß vereinbar mit der Möglichkeit eines klaren ethischen Standpunkts bei Autor und Rezipient, sondern setzt letzteren als Verstehensbedingung voraus. Dazu mehr unten in Kap. 3.

65 In Tegtmeyer 2006a, Kap. 3.4 wird dieser Fall nicht klar genug von dem trivialer oder platter Literatur unterschieden. Deren Problem ist nicht so sehr Eindeutigkeit, wie ich dort behaupte, sondern falsche, irreführende oder oberflächliche Allgemeinheit.

66 Die rezeptionsästhetische Position wird entfaltet in Iser 1994, I B.

67 Ein Dramentext muss sich notwendig auf Figurenrede beschränken und es dem Zuschauer oder Leser überlassen, welche der sprechenden und handelnden Figuren glaubwürdig oder zuverlässig in Reden und Tun ist und welcher, etwa wegen ihrer Bosheit, Leichtfertigkeit, Voreingenommenheit oder ideologischen Verblendung, nicht zu trauen ist. Wer *Don Karlos* als Stück über – berechtigte – jugendliche Auflehnung gegen herrschende Verhältnisse deutet, wird gegenläufige Argumente der Königin oder des Marquis für ihrerseits ideologisch ausgeben müssen, was sicher nicht für eine solche Deutung spräche.

68 Die Disanalogien sollten dabei nicht übersehen werden. So ist die *Satzordnung* eines Textes, anders als die eines Hauses, linear. Auch wenn die *Sinnordnung* eines Textes nicht der Ordnung der Sätze entsprechen muss, aus denen er besteht, so muss jede angemessene Textdeutung eine solche abweichende Sinnordnung zur linearen Satzordnung ins Verhältnis setzen. Dazu gibt es in der Architektur, trotz allen Möglichkeiten einer Raumdramaturgie, welche die Baukunst nutzen kann, keine genaue Entsprechung.

69 Dies gilt nicht nur für die Interpretation literarischer Texte, sondern für Textinterpretation schlechthin. Ich beschränke mich in der Diskussion allerdings auf literarische Texte, weil ich hier nicht zu Gunsten der allgemeineren These argumentieren kann. Ein Hinweis muss genügen: Es ist kein Einwand gegen einen normativ starken Begriff der Interpretationswahrheit, dass es Texte gibt, die keine klare Bedeutung haben, etwa aus Unvermögen oder rhetorischer Absicht ihres Autors. Eine Interpretation, die für sich beansprucht, wahr zu sein, hätte in einem solchen Fall eben dies zu konstatieren.

70 Zum Begriff der Exemplifikation vgl. vor allem Goodman 1968, Kap. II 3.

71 Obige Unterscheidungen sind offensichtlich nicht unmittelbar auf Texte anwendbar, die weder Protagonisten noch Mythos haben, wie z. B. viele lyrische Texte. Allerdings kehrt die Unterscheidung zwischen ‚Wer' und ‚Was' hier auf einer anderen Ebene der Interpretation wieder, nämlich als Frage ‚Wer spricht?' bzw. ‚Was sagt er?'. Dazu mehr unten in Kap. 2.2.

72 Wobei mit ‚real' und ‚Realität' hier, dem scholastischen, bis Kant und Hegel reichenden Sprachgebrauch folgend, die Eigenschaften zusammengefasst werden, welche der jeweilige Rede- und Darstellungsgegenstand tatsächlich hat. So gehört der Scharfsinn des Sherlock Holmes zu dessen Realität ebenso, wie die Winkelsumme von 180° zur Realität des Dreiecks gehört. Die Nichtunterscheidung von Realität und Wirklichkeit ist neueren Datums.

73 Als ‚realistisch' könnte man dann solche Darstellungen bezeichnen, bei denen die Beschränkung auf real deutungsoffene Repräsentationen zum ästhetischen Programm erhoben wird. Kompliziert werden die Dinge allerdings dadurch, dass im literaturhistorischen Realismus solche Beschränkungen kaum mehr als ein Oberflächenphänomen sind, während sich darunter verborgene symbolisch oder allegorisch aufgeladene Darstellungen verbergen. Wenn etwa Fontane als Literaturkritiker wie in Kommentaren zu seiner eigenen Erzählpraxis häufig davon spricht, dass eine Darstellung vor allem ‚poetisch' sein müsse, dann sind damit solche verdeckt symbolischen oder allegorischen Darstellungen gemeint. Zu der Möglichkeit mehrfacher Auslegung sowie zur Lehre vom mehrfachen Schriftsinn mehr unten in Kap. 2.1.

74 Ein spezieller Fall real deutungsoffener Beschreibung ist die Synekdoche, bei der die Beschreibung einer besonders charakteristischen Eigenschaft des Gegenstands der Bezugnahme an der Stelle einer umfassenden Beschreibung desselben steht. Man denke etwa an Homers Kennzeichnungen der griechischen und trojanischen Heroen, z.B. des ‚Dulders' Odysseus. Die hiermit vorgeschlagene terminologische Zuordnung der Synekdoche zur Beschreibungsseite ermöglicht eine präzisere Unterscheidung zwischen Synekdoche und Metonymie als in der traditionellen Rhetorik und Poetik.

75 Der dabei zu Grunde gelegte Begriff der Metonymie ist etwas strenger gefasst als in der Rhetorik üblich. Eine sprachliche Darstellung ist im hier einschlägigen Sinn dann eine Metonymie, wenn sie, per ‚Namensvertauschung', auf einen anderen Gegenstand Bezug nimmt als den in der Darstellung benannten. In Bildmetonymien bezieht sich die piktoriale Darstellung entsprechend auf einen anderen Gegenstand als den abgebildeten. Zu unterscheiden von metonymischer Deutungsoffenheit ist allegorische Deutungsoffenheit, bei der Personen für abstrahierte Eigenschaften stehen. Dazu mehr unten in Kap. 2.3. Ein Problem der hermeneutischen Praxis ist die Frage, wie man eine Darstellung als Metonymie erkennt. Faktisch wird das entweder aus dem äußeren Zusammenhang ersichtlich, in welchem die Darstellung steht – wie im Fall der Panegyrik – oder daraus, dass Metonymien zu den Darstellungskonventionen der Werkform gehören, welche die fragliche Darstellung aktualisiert, z.B. der Fabel oder der Parabel.

76 Der hier verwendete Begriff der Metapher ist ebenfalls enger gefasst als üblich. Eine Darstellung ist dem gemäß dann eine Metapher, wenn sie, obwohl buchstäblich falsch, auf einer Analogie beruht, die zwischen der buchstäblich richtigen Darstellung des so dargestellten Gegenstandes und der buchstäblich richtigen Beschreibung eines anderen Gegenstandes besteht. So beruht die Metapher ‚Achilles mäht die Trojaner nieder' auf einer Analogie zwischen dem, was Achilles mit den Trojanern auf dem Schlachtfeld tut, und dem, was ein Schnitter mit dem Getreide auf einem Kornfeld tut. Zum Verhältnis von Metapher und Analogie vgl. Tegtmeyer 2006a, Kap. 2. So wird eine deutliche Unterscheidung zwischen Metapher und Metonymie möglich: Metonymien sind Namensvertauschungen, Metaphern Beschreibungsvertauschungen.

77 Nennen könnte man auch all die Jims und Johns, Smiths und Jones, welche die Gedankenexperimente der englischsprachigen analytischen Philosophie bevölkern.

78 Vgl. Iser 1994, IV B 2.

79 Das Beispiel der Anrede verweist darauf, dass auch Metonymien ironisch eingesetzt werden können, etwa wenn ein Mensch mit geringer Körperkraft als Herkules angesprochen wird. Insofern ist Ironie nicht notwendig eine Sache der *Beschreibung*, sondern kann auch eine Sache der *Benennung* sein. Allerdings stehen ironische Metonymien – gewissermaßen als Abkürzung – an Stelle von ironischen Beschreibungen, setzen also die Möglichkeit ironischer Beschreibungen schon voraus.

80 Dessen scharfe Verurteilung der Ironie in den *Vorlesungen über die Philosophie der Kunst* steht in einem eigentümlichen Kontrast zu der Tatsache, dass es in derselben Vorlesung eine gründliche Darstellung der tragischen Ironie bei Sophokles gibt. Vgl. dazu auch Pöggeler 1998, S. 54-62. Die Nichtunterscheidung von subjektiver und objektiver Ironie kennzeichnet auch Menkes ansonsten subtile Analyse von Hegels Ästhetik der Tragödie in Menke 1996, bes. S. 187-192. Dass der Begriff der Ironie „unlösbar mit dem der subjektiven Freiheit verknüpft" sei, (S. 187) erscheint im Lichte dieser Unterscheidung jedenfalls als zumindest erläuterungsbedürftig.

81 So argumentieren Ästhetiker in der Tradition Baumgartens wie Ortland oder Groß, aber auch Kulturphilosophen in der Tradition Cassirers wie Birgit Recki oder Heinz Paetzold.

82 Relativ unabhängig deshalb, weil die Frage ‚Wirklich oder fiktiv?' im Fall vager Bezugnahme häufig nicht recht entscheidbar ist.

83 In einem anderen Sinn gedankenlyrisch sind auch etliche Gedichte Schillers, Hölderlins oder Celans. Doch dabei geht es um ethische Themen und weniger um theoretische Spekulationen, wie sie für Goethes Dichtung charakteristisch sind.

84 Vgl. unten, Kap. 5.

85 Vgl. Bubner 1989.

86 Das bleibt, bei aller berechtigten Kritik an deren überzogenen Deutungen, der richtige Grundgedanke von Emil Staigers Theorie der werkimmanenten Interpretation.

87 Als Beispiel ließe sich Nietzsches Deutung der Tragödien des Aischylos, Sophokles und Euripides in der *Geburt der Tragödie* anführen. Dass es sich dabei um eine eklatante Fehldeutung handelt, hat Wilamowitz-Moellendorff in seiner Polemik gegen Nietzsche zu Recht behauptet, ganz gleich welche persönlichen Motive er dabei gehabt haben mag. Eklatant verfehlt war auch, um ein weniger prominentes Beispiel aus der Filmkritik zu nennen, Andreas Kilbs Einschätzung von Emir Kusturicas *Underground* als eines angebliche Falles von serbischer Kriegspropaganda.

Kapitel 2

1 Vgl. etwa STh I q. 1, a. 10.

2 Hans Georg Gadamer hat daher zu Recht auf die Parallele zwischen der Idee des moralischen Schriftsinns in der theologischen Hermeneutik und der der *applicatio* oder Anwendung eines Gesetzestextes auf einen neuen Fall in der juristischen Hermeneutik hingewiesen. Vgl. Gadamer 1960, Teil 2, II 2 b.

3 Vor diesem Hintergrund zeigt sich, dass der Sinn von ‚sola scriptura', der Hauptmaxime Lutherscher Hermeneutik, alles andere als klar und Luthers Absage an die Lehre vom mehrfachen Schriftsinn dementsprechend zumindest übereilt ist.

4 Ich habe andernorts eine anthropologisch-personalitätstheoretische Lesart des Sündenfall-Mythos vorgeschlagen; vgl. Tegtmeyer 2007.

5 Vgl. dazu auch Bloch 1968, S. 98-111.

6 Der Samariter bleibt zwar namenlos, aber die Bezugnahme ist dennoch nicht vage. Denn der Samariter ist keine durchschnittliche oder typische Figur (auch wenn in der Rezeptionsgeschichte allmählich der Typ ‚des Samariters' entsteht), sondern ein individuierter Protagonist, dessen Name lediglich deswegen nicht genannt wird, weil er nicht zur Sache gehört. Andere der jesuanischen Parabeln enthalten aber auch vage Bezugnahmen, etwa die Parabel von ‚dem Reichen', dessen größte Sorge es ist, wie er seinen Reichtum sichern und mehren kann. (Lk. 12)

7 Universalistisch orientierte Schriftauslegung ist der jüdischen Tradition durchaus nicht fremd, wie schon Moses Mendelssohn und Martin Buber und neuerdings u. a. Michael Walzer und Joseph Ratzinger betont haben. Sie konnte allerdings nicht dominant werden.

8 *Poetik* 7 und 8, 1450b-1451a.

9 Vgl. die Bemerkung, die Natur sei nicht „unzusammenhängend wie eine schlechte Tragödie", *Met.*, 1090b.

10 Es braucht allerdings wohl nicht eigens betont werden, dass ein Text wie die Bibel nicht ohne weiteres die Art von formaler und inhaltlicher Einheit exempli-

fiziert, von der die *Poetik* des Aristoteles handelt. Denn dieser betont, dass das Prinzip der Einheit dem Umfang und der Ausdehnung eines Werkes Grenzen setzt. (*Poetik* 7) Diese Einschränkung soll nicht nur für die Tragödie, sondern genauso fürs Epos gelten. An der gleichen Stelle (1451a) fügt Aristoteles allerdings einschränkend hinzu, dass die Handlung, also die inhaltliche Einheit des Textes, zugleich bestimme, welcher Textumfang angemessen sei. Der ‚zu großen' inhaltlichen Einheit des biblischen Textes entspricht denn auch der Mangel an formaler Einheit und Geschlossenheit, welcher der Bibel im Unterschied zu den homerischen Epen eigen ist. Die formale Offenheit und Fragmentierung der Bibel ließ sie den Frühromantikern Schlegel, Novalis und Schleiermacher umgekehrt geradezu als das formale Paradigma des modernen Romans erscheinen.

11 Wie sich bei vergleichender Betrachtung der jesuanischen Gleichnisreden zeigt, ist der Ausdruck ‚Gleichnis' hier eher ein Sammelname als ein Gattungsbegriff. Denn die logische Form dieser Reden ist höchst vielfältig, teils exemplarisch, teils metonymisch, teils vage Bezug nehmend, teils allegorisch in einem engeren, unten noch genauer zu erläuternden Sinn.

12 Für die Diskussion über den hermeneutischen Zirkel im 20. Jahrhundert haben Heideggers und Gadamers einschlägige Überlegungen eine zentrale Rolle gespielt. Zur Problemgeschichte des hermeneutischen Zirkels in Antike, Mittelalter und früher Neuzeit vgl. auch Scholz 1998.

13 Das Paradigma der Standarderläuterung des hermeneutischen Zirkels ist das Verhältnis des Textsinns zum Sinn der Sätze, aus denen er besteht. Im einfachsten Fall eines narrativen Textes, nämlich der chronologischen Darstellung eines Geschehens, gibt es aber keinen Grund, den Akt des Verstehens nicht als linear aufzufassen, und das heißt gerade: nicht als nicht zirkelhaft. Der narrative Satz als Element des Textes ist zwar grammatisch gesehen ein Ganzes; semantisch betrachtet ist er jedoch nicht autonom, sondern trägt zur Bedeutung des ganzen Textes lediglich bei, und zwar abhängig von der Bedeutung der vorausgehenden Sätze, wie die Bedeutung der nachfolgenden Sätze ihrerseits von seiner Bedeutung abhängen. Dass die manifeste narrative Ordnung des Textes im Vergleich mit der grundlegenden chronologischen oder allgemeiner: logischen Ordnung auch absichtsvoll umgestellt sein kann, ist ebenso wenig ein Einwand, wie dass sich alle Sätze eines Textes grammatisch zu einem einzigen Satz verknüpfen lassen. Beide Beobachtungen stützen vielmehr die These von der semantischen Nicht-Eigenständigkeit des Satzes als Textbaustein. Es trifft einfach nicht zu, dass der Interpret eines Satzes den gesamten Text schon verstehen muss, dessen Bestandteil der Satz ist, um den Satz verstehen zu können. Wäre dies der Fall, dann wären Satz- wie Textverstehen unmöglich. Die Unklarheit darüber, was paradigmatische Fälle hermeneutischer Zirkularität sein könnten, mag ein Grund dafür gewesen sein, dass Gadamer später die Rede vom hermeneutischen Zirkel in Reaktion auf Nachfragen Stegmüllers als missverständliche logische Metapher bezeichnet hat. Vgl. Gadamer 1960, S. 271, Anm. 187.

14 Es sollte klar sein, dass diese formale Möglichkeit nur von Werken aktualisiert wird, in denen die Einbettung gelingt. Auf keinen Fall handelt es sich um eine schematisch handhabbare Regel. Nicht jede Einbettung jedes beliebigen Textes in einen anderen führt zu dem hier angesprochenen Verhältnis von Erweiterung und Restriktion der Deutungsmöglichkeiten.

15 Andererseits scheint Wilhelm am Ende seiner Lehrjahre ganz auf die weitere Verfolgung seiner künstlerischen Neigungen zu verzichten. Darin liegt eine starke Disanalogie zum Bildungsweg der schönen Seele, deren alles bestimmende Religiosität sich entwickelt, aber nie aufhört, bestimmend zu sein. Dieser Ausgang war es, der Novalis dazu veranlasste, in seiner Rezension des *Wilhelm Meister*

den Bildungsweg des Protagonisten sarkastisch als Entwicklung vom Schöngeist zum Philister zu beschreiben.

16 Zu Lyrik als drittem Formbereich der Poesie neben Epik und Dramatik mehr unten.

17 Ich entnehme den Ausdruck ‚panoptisch' einem noch unveröffentlichten Manuskript Richard Raatzschs über den Jago in Shakespeares *Othello.*

18 Vgl. Jolles 1930.

19 So bei Hegel; vgl. Hegel 1823, S. 297.

20 Bühler 1934. Vgl. dazu auch Koppe 2004.

21 Ein markantes Beispiel dafür ist A.W. Schlegels *Sonett*, welches die Sonettform zugleich beschreibt und exemplifiziert.

22 Leonard Cohen, *Book of Mercy*, Toronto 1984.

23 Prosagedichte finden sich schon in der Lyrik des 19. Jahrhunderts, so etwa in der religiösen Lyrik Paul Claudels oder bei Rimbaud. Dabei handelt es sich formal um lyrische Texte in freier Metrik, die im Schreib- oder Druckbild nicht versartig strukturiert sind. Cohens Psalmen haben, anders als die meisten seiner sonstigen Gedichte, allesamt diese Form und sind, wie die Psalmen des biblischen Psalters, durchnummeriert.

24 Vgl. Black 1983 sowie Stekeler-Weithofer 2000.

25 *Poetik* 22. Vgl. auch Halliwell 1998, S. 89 f. Zum allgemeinen Begriff poetischer bzw. künstlerischer Kompetenz mehr im folgenden Kapitel.

26 Vgl. Tegtmeyer 2006a, Kap. 2.1. Dass Aristoteles den fraglichen Zusammenhang deutlich sieht, zeigt sich daran, dass er Metapher und Analogie in Kap. 22 der *Poetik* in unmittelbar aufeinander folgenden Abschnitten, wenn auch in der für seine Vorlesungen typischen gedrängten Form, behandelt.

27 Wie in Goodmans Versuch, den Begriff der wahrnehmbaren Ähnlichkeit aus der Bildtheorie zu entfernen in Goodman 1968, Kap. I 2.

28 Vgl. dazu die gedrängte, aber sehr instruktive Darstellung bei Halliwell 1998, Kap. X. Ähnliche Neigungen zeigen auch strukturalistisch orientierte Tropentheorien der Gegenwart, einschließlich der so genannten Meta-Historik Hayden Whites.

29 Vgl. Seel 1991, S. 71. Seels Kennzeichnung der ästhetischen Wirkung poetischer Expressivität schillert, wie nicht nur die Verlockungsmetapher zeigt, permanent zwischen einer kognitivistischen und einer emotivistischen Auffassung des Phänomens, ohne dass die Ambiguität wirklich aufgeklärt würde.

30 Die Ursprünge dieser Auffassung sind in allgemeinen emotivistischen Theorien der Wertung bzw. des Werturteils zu finden, etwa bei Charles L. Stevenson und Alfred J. Ayer. In der Ästhetik wird eine Ansteckungstheorie des Expressiven (im Englischen unter der Bezeichnung *arousal theory*) prominent etwa von Derek Matravers vertreten, vgl. Matravers 1998. Eine emotivistische Theorie der affektiven Wirkungen von Erzählungen vertritt Carroll 1997; eine modifizierte emotivistische Theorie musikalischer Expressivität, die mit einer moderaten Kritik von Ansteckungstheorien einhergeht, findet sich bei Davies 1994.

31 Vgl. etwa, was die Möglichkeit der affektiven Wirkung expressiver Musik angeht, die Position Levinsons in Levinson 1996, Abschnitte IX-XI. Levinson erwägt dort auch, inwiefern die Entfaltung der expressiven Kraft einer – hier musikalischen – Äußerung Sympathie mit der Sprecher-Persona auf Seiten des Hörers voraussetzt oder zumindest durch das Vorliegen einer entsprechenden Pro-Einstellung begünstigt werden kann.

32 Levinson will seine Leser entsprechend daran erinnern, dass die Ansteckungstheorie der expressiven Kraft niemals ganz und gar unplausibel gewesen sei. Vgl. Levinson, ebd., S. 113.

33 Bertram 2005, S. 176.

34 Vgl. zum Folgenden die ausführliche historisch-systematische Darstellung Peter Nickls in Nickl 2001.

35 Dies ist eine begriffliche Aussage. Es verträgt sich mit der Einsicht, dass faktisch die Haltungen von Menschen oft schematisch, starr und durch Gründe nicht mehr zu beeinflussen sein können. Dabei handelt es sich um Privationen des vollen Phänomens einer Haltung, die biographisch, genauer aus der Geschichte des Erwerbs und der Verfestigung der entsprechenden Haltung heraus zu erklären sind. Derartige privative Haltungen sind immer auch Privationen der Vernunft, d.h. der Bereitschaft zur praktischen Überlegung und der Zugänglichkeit für Gründe.

36 Auch das Phänomen der *akrasia* oder Willensschwäche stellt den Zusammenhang zwischen Haltung und Handlung nicht in Frage, denn der willensschwache Akteur hat eben keine gefestigte Haltung zu einer Sache.

37 Der durch Donald Davidson prominent gewordene Terminus Pro-Einstellung (pro-attitude) kann nicht mehr sein als ein verdünntes Surrogat für den Begriff der *hexis*, des *habitus* oder der Haltung.

38 Es ist daher im Grundsatz zu begrüßen, dass in den vergangenen Jahrzehnten das Verhältnis von Logik und Rhetorik und damit auch das Verständnis von Metaphern und anderen Tropen neu bewertet worden ist, und zwar in Rückbesinnung auf die aristotelische Einsicht, dass Tropengebrauch deswegen nichts Irrationales sein kann, weil Tropen logische und entsprechend mit logischen Mitteln analysierbare Strukturen aufweisen. Vgl. etwa Goodman 1968, Kap. II, Mengel 1995, Gabriel 1997. Leider wird die philosophische Auseinandersetzung mit Tropen üblicherweise unter dem äußerst irreführenden Titel ‚nicht-propositionale Erkenntnis' betrieben. Vgl. dazu auch Schildknecht 1999.

39 Stekeler-Weithofer spricht in diesem Zusammenhang auch von „bildgestützten Vorurteilen". (Stekeler-Weithofer 2000, S. 56 f.)

40 Auf eine vollständige Analyse und Interpretation der Besonderheiten des 23. Psalms, etwa die Einführung der Anrede im vierten Vers oder den Wechsel ins Futur am Schluss, kann hier verzichtet werden. Der Psalm wird exemplarisch behandelt; die übergreifende Fragestellung geht auf das Wesen der Lyrik.

41 Blacks so genannter Interaktionstheorie der Metapher zu Folge wirkt die Bedeutungsübertragung interaktiv, d.h. nicht nur vom metaphorisch gebrauchten Prädikat auf das Subjekt, sondern auch umgekehrt. Vgl. Black 1983, S. 75. Das leuchtet aber nicht ein. Die Metapher von Gott als gutem Hirten sagt etwas über Gott aus und nicht über Hirten. Von semantischen Interaktionen kann viel eher im Bereich von Analogien die Rede sein. Die beiden Seiten einer Analogie erhellen sich gegenseitig, wie sich z.B. in Platons Analogie von Seele und Staat zeigt. Vgl. dazu auch Stekeler-Weithofer 2000. Für Metaphern und Sprachbilder gilt nichts Vergleichbares.

42 Die Leseerfahrung lehrt aber, dass keineswegs jede metaphorische Beschreibung von Seelischem expressive Kraft entfaltet, sei es weil die Metapher nicht anschaulich ist oder weil Sprachbild und intendiertes seelisches Phänomen nicht übereinstimmen. Beispiele für beide Arten des Scheiterns an der Metaphorik finden sich reichhaltig in der pietistischen Literatur des 18. Jahrhunderts. Diese Beobachtung stellt einen gravierenden Einwand gegen Davidsons Theorie der Metapher dar, der zu Folge eine Metapher nichts anderes ist als ein gewisser Gebrauch falscher Sätze. Vgl. Davidson 1984. Nicht jeder falsche Satz ist eine Metapher, und manche Metapher ist so schlecht, dass sie zu nichts zu gebrauchen ist.

43 Durs Grünbein, *Nach den Satiren*, Frankfurt a.M.: Suhrkamp 1999.

44 Zitiert nach: Gerhard Wolf / Franz Josef Czernin / Hil de Gard (Hg.), *Fuszspuren: Füsze*, Berlin: Janus Press 1994.

45 Vgl. zum Folgenden ausführlicher Tegtmeyer 2006a, Kap. 6.2.3.

46 Die klassische Reflexion auf derartige Titelwörter findet sich bei Aristoteles, NE, 1096a-b. Vgl. dazu auch Stekeler-Weithofers an Heidegger anschließende Darstellung in Stekeler-Weithofer 2002, S. 23 f.

47 Wie in Joseph von Eichendorffs allegorischer Novelle *Libertas und ihre Freier.*

48 So kritisiert Rüdiger Bittner den buchstäblichen und metaphorischen Gebrauch der Rede von einer Sprache der Bilder. Eine solche Sprache sieht er allenfalls in von ihm so genannten ‚Gebrauchsbildern', z. B. Piktogrammen. Vgl. Bittner 2005.

49 Für Schiller, Goethe und Hegel war diese These verbunden mit einer Geringschätzung allegorischer Darstellungen im Allgemeinen, bildlicher Allegorien im Besonderen. Vgl. Hegel 1823, S. 146.

50 Die Debatte über das rechte Verständnis von Phänomenen des Sehens-als sowie der Darstellung-als beschäftigen Theorien der Wahrnehmung und Repräsentation spätestens seit Wittgensteins einschlägigen Überlegungen zum Aspektsehen. Vgl. dazu auch Wollheim 1980, Essay V: „Seeing-as, seeing-in, and pictorial representation", sowie Wiesing 2000, Kap. III. Was Darstellung-als betrifft, so wird darüber gestritten, welche Arten von Verbindung die Relation ‚*x* wird dargestellt als *y*' bezeichnen kann. In Fällen, in denen für *y* ein evaluativ beladener Begriff einsetzbar ist, mag man versucht sein, die Relation als Ausdruck einer *subjektiven Stellungnahme* des Sprechers bzw. des Darstellenden zu deuten. Man sollte dieser Versuchung jedoch widerstehen. Denn ‚Die Liebe ist gefährlich' und ‚Ich halte die Liebe für gefährlich' sind zwei semantisch klar verschiedene Aussagen, und folglich bedarf der Versuch, die Semantik der einen auf die der anderen zu reduzieren, einer speziellen Rechtfertigung.

51 Die Möglichkeit einer Bildaussage hängt nicht an der Darstellung-als an sich. Zwar lässt sich jede Nominalphrase der Form ‚*x*-als-*y*' in einen Satz der Form ‚*x* erscheint als *y*' bzw. ‚*x* wird repräsentiert als *y*' transformieren. Aber nicht jeder bildlichen Darstellung-als entspricht eine Bildaussage. So entspricht einer bildlichen Darstellung Napoleons als Reiter in der Regel keine Bildaussage über Napoleon als Reiter.

52 Hier interessieren nur die Grundzüge. Die Darstellung allegorischer Personen und Sachen lässt unbegrenzte Modifikationen zu. So kann die Justitia stehen, sitzen, das Schwert beiseite stellen, etc., und jeder dieser allegorisch zu deutenden Handlungen und Haltungen entspräche dann eine bestimmte Bildaussage.

53 Diese Anforderung entfällt bei außerkünstlerischen kumulativen Allegorien, wie man sie etwa im Gebiet der Heraldik kennt. Denn hier stehen ggf. vorkommende allegorische Gegenstände für Eigenschaften, die sich die das Wappen tragende Gemeinschaft zuschreibt. Im Wappen selbst gibt es daher kein Prinzip der Einheit, weswegen Wappen *ad libitum* durch Ergänzungen oder Tilgungen verändert werden können. Die Einheit des Wappens liegt außerhalb, nämlich im kontingenten Selbstverständnis des Trägers.

54 Vgl. dazu auch Kutschera 2005, S. 87 f.

55 Gegen Goodman 1968, Kap. I 9. Vgl. ausführlicher Tegtmeyer 2006a, Kap. 2.1.

56 Vgl. Goodman 1968, Kap. IV.

57 Der Tendenz nach m.E. auch bei Christel Fricke, vgl. Fricke 2001.

58 Hegel drückt diese Einsicht auf seine Weise aus, wenn er sagt, dass die Poesie die Räumlichkeit negiere. Vgl. Hegel 1823, S. 271.

59 Vgl. Redner 2007, Kap. 6.

60 Das heißt nicht, dass die Metapher falsch wäre. Sie beruht auf der durchaus erhellenden Analogie zwischen dem Erklären und Verstehen von innerweltlichen Phänomenen und dem verstehenden Lesen eines Textes, wobei das *tertium comparationis* die je spezifische Ordnung ist, deren Erfassen jeweils verstehensermöglichend ist. Dass es sich überhaupt um eine Metapher, also eine verkürzte Analogie handelt, wird aber häufig übersehen.

61 Vgl. zum Folgenden Goodman 1968, Kap. I.
62 Anders verhält es sich mit Bildern einer historischen Person, die nach deren Tod und in Unkenntnis ihres Aussehens angefertigt werden, wie etwa Ernst von Bandels *Hermannsdenkmal* im Teutoburger Wald bei Detmold zeigt. Die historische Person wird hier wie eine fiktionale Figur gestaltet. Dennoch sind solche Werke in der Regel nicht als Fiktionalisierung intendiert, sondern als Beitrag zur Geschichtskultur.
63 Hans Belting geht von unterschiedlichen Arten des künstlerischen ‚Blicks' aus, die für perspektivische bzw. aperspektivische Bilder verantwortlich sein sollen, Christoph Landerer hingegen von kognitiven Defekten als Ursachen aperspektivischer oder perspektivisch falscher Darstellung. Beide Positionen werden hier gleichermaßen zurückgewiesen. Vgl. Landerer 2000, Belting 2008.
64 Gehlen vertritt eine solche Auffassung von der neueren Geschichte der Bildkunst ebenso wie letztlich auch Lyotard. Vgl. Gehlen 1960 sowie zu Lyotard Zima 2005, Kap. V.
65 Dies gilt ganz offensichtlich auch für Selbstportraits von Bildkünstlern, z.B. Rembrandts oder Böcklins. Auch diese Bilder sind primär repräsentational, nämlich Bilder von einer Person. Expressiv sind an solchen Bildern wie an Portraits und anderen Bildern von Menschen ggf. Gesichtsausdruck und Körperhaltung, also primär der Gegenstand und nicht der Akt der bildlichen Darstellung.
66 Vgl. dazu ausführlicher Tegtmeyer 2006a, Kap. 6.2.4.
67 Der scheinbare Widerspruch zwischen dieser These und der offensichtlichen Tatsache, dass die nichtmenschliche Natur darstellende Bildkunstwerke gerade nicht den Menschen darstellen, kann erst unten in Kap. 5 aufgehoben werden.
68 Vgl. Rentsch 1991.
69 Vgl. Kutschera 2005, S. 90.

Kapitel 3

1 Vgl. neben den einschlägigen Schriften Schopenhauers, Nietzsches und Freuds Fiedler 1887, Dessoir 1923, Richards 1924, Croce 1987, Collingwood 1938.
2 Schelling 1960, § 23.
3 Ebd., S. 104.
4 Die folgenden Überlegungen greifen teilweise auf Überlegungen zurück, welche im Rahmen des XX. Deutschen Kongresses für Philosophie an der Technischen Universität Berlin vorgetragen wurden. Vgl. Tegtmeyer 2005.
5 Schopenhauer 1819, S. 266. Schopenhauer rückt damit den genialen Künstler nicht so sehr an den kreativen, sondern vielmehr an den kontemplativen Gott heran, der die Welt *sub specie aeternitatis* sehen kann. Vgl. § 36.
6 Ebd., S. 268.
7 Ebd., S. 278.
8 Ungeachtet der Tatsache, dass Künstler wie Thomas Mann sich in der Erläuterung ihres künstlerischen Selbstverständnisses auf Schopenhauer berufen haben.
9 Vgl. Dewey 1934.
10 Ebd., S. 16.
11 Gegen Shustermans von Dewey inspirierte Kritik an einem deutlicher ausdifferenzierten Kunstbegriff. Vgl. Shusterman 1994.
12 Dewey 1934, S. 17.
13 Ebd., S. 42.
14 „In a world like ours, every living creature that attains sensibility welcomes order with a response of harmonious feeling whenever it finds a congruous order about it." (Ebd., S. 20) „To grasp the sources of esthetic experience it is, therefore, necessary to have recourse to animal life below the human scale." (S. 24)

15 Das evolutionstheoretische Erklärungsmodell ist mittlerweile zu einem Gemeinplatz ästhetischer Theorien der Gegenwart insbesondere aus dem englischen Sprachraum geworden. Ich werde darauf in Kap. 5 zurückkommen.
16 Ebd., S. 60.
17 Die Omnipräsenz ästhetischer Erfahrung ist allerdings ebenfalls keine Besonderheit Deweys mehr, sondern ein in den gängigen Theorien ästhetischer Erfahrung sehr verbreitetes Theorem.
18 Ebd., Kap. 10.
19 Obendrein durchaus ambivalent. Vgl. ebd., S. 113: „A new poem is created by every one who reads poetically – not that its raw material is original for, after all, we live in the same old world, but that every individual brings with him, when he exercises his individuality, a way of seeing and feeling that in its interaction with old materials creates something new, something previously not existing in experience."
20 Vgl. ebd., S. 299: „Schopenhauer [...] shows [...] more, not less sensitiveness to works of art than most philosophers. But his version of esthetic intuition is worth referring to as another instance of complete failure of philosophy to meet the challenge that art offers to reflective thought."
21 Mit Blick auf die Poesie bei den russischen Formalisten um Viktor Schklowski und Jurij Lotman sowie den Prager Strukturalisten um Roman Jakobson; mit Blick auch auf andere Künste bei Eco; vgl. Eco 1977. Eine ausführliche Kritik der formalistischen und strukturalistischen Ästhetik formuliert Koppe 2004, I 2.
22 Psychologische, v.a. psychoanalytische Theorien künstlerischer Kreativität verlegen die Triebkräfte künstlerischer Produktivität ins Unbewusste des Künstlersubjekts. Neben den Arbeiten Freuds sind hier in erster Linie die Schriften Richard Wollheims zu nennen. Vgl. dazu ausführlicher Tegtmeyer 2006a, Kap. 1.2.2.
23 Vgl. Descartes 1637, Kap. 1.
24 Ob ‚Verstand' tatsächlich die richtige deutsche Übersetzung für den scholastischen Terminus *intellectus* ist, sei hier dahingestellt. Dafür spricht, dass *ratio* das Vermögen zu schließen und schlussfolgernd zu denken bezeichnet, also die Kantsche Vernunft. Dagegen spricht, dass der *intellectus* auch für solche kognitiven Leistungen der Seele verantwortlich ist, die nach Kant eher Sache der Vernunft sind, z.B. Selbstbewusstsein und praktisches Denken.
25 *Aesthetica*, § 29. Die Übersetzung weicht z.T. von der verwendeten Ausgabe ab.
26 Ebd., § 47.
27 Ebd., § 62.
28 Ebd., § 78.
29 Ebd., § 43.
30 KU, § 46. Kant gibt Genie und *ingenium* als gleichbedeutende Begriffe aus (§ 46, B 181). *De facto* wird damit aber der Terminus *ingenium* verabschiedet.
31 KU, § 49.
32 Vgl. KrV, B 173, Anm.
33 KU, § 48. Dieser Überlegung widerspricht folgende Unterscheidung nur scheinbar: „Zur Beurteilung schöner Gegenstände, als solcher, wird Geschmack, zur schönen Kunst selbst aber, d.i. der Hervorbringung solcher Gegenstände, wird Genie erfordert." (Ebd.) Denn die Fähigkeit, kunstvolle schöne Gegenstände hervorzubringen, setzt ihrerseits die Fähigkeit, die Resultate solcher Produktivität zu beurteilen, voraus, und dies ist der Geschmack, wie aus § 50 hervorgeht.
34 Auch Weiß' Einschätzung, dass Kants Ästhetik eine „kopernikanische Wende zum Genie" darstelle, ist zumindest qualifikationsbedürftig. Vgl. Weiß 2007, S. 380 ff.
35 „Die Kunst ruht auf dem Wissen, und die Wissenschaft der Kunst ist ihre Geschichte." *Gespräch über die Poesie*, SA 190.

36 Dazu haben allerdings spätere Apologeten der Romantik beigetragen. Wenn Autoren von Baeumler bis Ritter behaupten, es gehe der Romantik darum, das Gefühl und das Irrationale gegen Vernunft und Wissenschaft geltend zu machen, so ist dies, zumindest mit Blick auf die Frühromantik, eine durch Textlektüre nicht zu untermauernde Darstellung.

37 Die Analogien zwischen Kunst und Wissenschaft sind ein zentrales Thema der *Athenäum-Fragmente*. Doch auch Kant selbst unterscheidet ja zwischen einem für die Wissenschaft geeigneten „Kopf" und einem bloßen „Pinsel", der es zu einigen methodisch ausgebildeten Fertigkeiten, nicht aber zu genuinen wissenschaftlichen Leistungen bringen kann. Vgl. KU, B 183.

38 Vgl. das Zitat in Anm. 35. Kants Auffassung des Verhältnisses von Kunst und Regelhaftigkeit ist allerdings nicht ganz stringent. Denn er behauptet zugleich, dass das originale Kunstwerk nachfolgenden Künstlern die Regel gebe. (KU, B 200) Was dann den Kunststatus der Werke dieser Nachfolger angeht, bleibt offen. (Vgl. dazu auch Ortland 2004, Kap. 2) Auch behauptet schon Kant die Bedeutsamkeit klassischer Werke für die künstlerische Produktion, ohne allerdings einen Grund dafür zu nennen.

39 Zugleich zeigen diese Überlegungen, dass es bei der Idee einer progressiven Universalpoesie gerade nicht darum geht, die Gattungsgrenzen zwischen Philosophie und Wissenschaft einerseits und Literatur andererseits einzuebnen, wie Habermas meint; vgl. Habermas 1985, S. 219-247. Vgl. zu den Hintergründen dieses Vorwurfs auch Millán-Zaibert 2005.

40 Hegel 1823, S. 21.

41 „Verehrt werden die Werke, nicht der Meister, der sie verfertigt hat." (Ortland 2001, S. 668)

42 Die Vorgeschichte des damit verbundenen Personenkultes um das künstlerische Genie zeichnet Ortland nach, vgl. Ortland 2004.

43 Damit übernimmt die Produktionsästhetik allerdings einige Begründungslasten hinsichtlich der Rezeptionsästhetik. Sie legt sich nämlich, zumindest was die Kunst betrifft, auf einen gewissen ästhetischen Wertrealismus, d. h. auf die These fest, dass kunstästhetische Standards den Werken selbst immanent sind und nicht lediglich im bloß subjektiven Geschmack bzw. der je persönlichen Wertschätzung des Rezipienten gründen. Dem entspräche dann ein Objektivismus der kunstästhetischen Urteile. Dazu mehr in den Kapiteln 4 und 5.

44 Vgl. auch dazu Ortland 2001 und 2004.

45 Vgl. damit die sehr viel differenziertere Darstellung in Majetschak 2007, S. 121-132.

46 „Man sieht hieraus, dass Genie 1) ein Talent sei, dasjenige, wozu sich keine bestimmte Regel geben lässt, hervorzubringen: nicht Geschicklichkeitsanlage zu dem, was nach irgend einer Regel gelernt werden kann; folglich dass Originalität seine erste Eigenschaft sein müsse." (KU, B 182)

47 Vgl. Ortland 2001, S. 678.

48 Dass die mimetischen oder repräsentationalen Künste dennoch grundlegend sind, da nichtrepräsentationale Kunst nicht anders als Kunst begriffen werden kann, als indem sie formal Bezug nimmt auf repräsentationale Kunst, habe ich zu zeigen versucht in Tegtmeyer 2006a, Kap. 6 und 7. Insofern bleibt mimetische Originalität auch kunsttheoretisch grundlegend, und der traditionelle Originalitätsbegriff wird in sein Recht gesetzt.

49 Im Zuge einer weiter gehenden künstlerischen Arbeitsteilung zwischen dem die Werkidee fixierenden Autorkünstler und dem die Werkidee performativ aktualisierenden Aufführungskünstler etablieren sich notwendig differenziertere Standards künstlerischer Originalität für die transitorischen oder Ereigniskünste. Die Originalität eines Autors, eines Dichters oder Komponisten, bemisst sich an der

Originalität seiner Werkidee, die Originalität seines ‚Interpreten', des aufführenden Schauspielers oder musikalischen Virtuosen, an der Treue zu Werk und Idee des Autors. Ob und in welchem Umfang der nachgeordnete, ‚dienende' Performator des Werkes selbst als Künstler angesehen werden muss, ist immer ebenso eine Frage terminologischer Großzügigkeit oder Strenge wie eine Frage der sich wandelnden Kategorisierung menschlicher Tätigkeiten überhaupt. Die Möglichkeit künstlerischer Arbeitsteilung zwischen leitenden Meistern und ausführenden Gesellen ist nicht an die Unterscheidung zwischen Ding- und Ereigniskünsten gebunden. Historisch gesehen haben sich solche Arbeitsteilungen nahe liegender Weise zuerst im Drama entwickelt. Wo ein Stück mehr als eine Figur vorsieht, kann der Autor sein Drama nicht mehr gut allein aufführen. Wie in der Dichtung eröffnet auch in der Musik die Verfügbarkeit einer Notation die Arbeitsteilung zwischen Komponist und Interpret. Dass sie nicht musiknotwendig ist, zeigt u. a. der Jazz. Parallele Arbeitsteilungen kennen ebenso die Architektur und die Malerei in Renaissance und Barock. Hier wird der ausführende Steinmetz, Holzschnitzer oder Kolorator meist nicht selbst als Künstler angesehen, sondern als Handwerker. Anders steht es bei einem Gesamtkunstwerk wie der gotischen Kathedrale, die als Gemeinschaftswerk von selbständigen Meistern der verschiedenen Künste und ihren jeweiligen Gesellen oder Gehilfen gestaltet wird.

50 Was Dickens betrifft, so hat Richard Rorty das Gegenteil behauptet, wenn auch gebrochen dadurch, dass er das Prädikat ‚tief' als metaphysisch belastet nicht offiziell verwendet. Vgl. Rorty 1991.

51 Dickens selbst hat sein Publikumserfolg bekanntlich zunehmend verbittert und zynisch gemacht; ein bemerkenswerter biographischer Zug, den Rorty stillschweigend übergeht.

52 Dass Platons Kritik der Rhetorik und der Poesie im *Gorgias* und in der *Politeia* nicht gegen Rede- und Dichtkunst als solche geht, sondern gegen die Versuchung zu oberflächlich wirkungsvollen, manipulativen Darstellungen, betont Collingwood 1938, Buch I, Kap. III, § 3.

53 Vgl. Williams 2002.

54 Der Gegensatz zwischen ästhetischer Einsicht in das Wesentliche einer Kunst und bloß auf Wirkung berechneter Virtuosität ist Thema des Films *Die siebente Saite* (*Tous les matins du monde*, 1991) von Alain Corneau, in dem das spannungsvolle Verhältnis des Gambenvirtuosen, späteren Hofmusikers Ludwigs XIV. und Kapellmeisters der Académie Royale de Musique, Marin Marais, zu seinem Lehrer Sainte-Colombe dargestellt wird.

55 Vgl. Kivy 1991, Kap. 10.

56 Subjektive Hörerassoziationen und ‚innere Bilder' beim Anhören abstrakter Musik sind dagegen zwar verständliche, von manchen Komponisten immer wieder ermutigte und durch die Verbreitung von Filmmusik begünstigte Rezeptionsaktivitäten, für den Gehalt abstrakter Musik als solcher aber unwesentlich. Anders mag das bei Programmmusik wie Vivaldis *Vier Jahreszeiten* oder Liszts *Les Préludes* sein.

57 Hegel sieht hier inhaltliche Beziehungen zwischen Religion und Kunst, aber auch formale, d. h. auf die Art der Darstellung bezogene. Vgl. Hegel 1823, S. 4. Ich versuche hier eine von Hegels Kunstphilosophie unabhängige Erläuterung.

58 Und nicht bloß eines gemeinsamen ästhetischen Ethos, wie Harry Redner meint; vgl. Redner 2007, Kap. I 1.

59 Bei Monteverdi der Hinweis, dass der Textgehalt des Madrigals durch körperliche Bewegungen der Sänger unterstrichen werden solle, bei Bach und Haydn eine Theorie der Musik als Sprache menschlicher Affekte, bei Picasso und Braque die These, dass die kubistische Malweise die simultane Darstellung eines Gegenstandes aus mehreren Perspektiven erlaube.

60 Genau genommen hat Händel dieses Problem in Kooperation mit seinem Librettisten gelöst. Aber die historisch-biographischen Einzelheiten sind hier nicht wichtig.

61 „The operation of divine grace on a group of diverse but closely connected characters", aus Evelyn Waugh, *Brideshead Revisited*, [1945], Vorwort zur revidierten Auflage, London: Penguin 1960.

62 Unterstrichen durch die vorangestellte Notiz des Autors: „I am not I: thou art not he or she – they are not they." Waugh hält diesen Hinweis vielleicht auch deshalb für notwendig, weil Charles Ryder gewisse Züge seines Autors trägt.

63 Vgl. Heidegger 1935/36, aber auch die Gegenüberstellung von Nietzsche und Hölderlin in *Was heißt Denken?*, Heidegger 1954.

64 *Poetik*, 1447b.

65 Gegen Danto 1986.

66 Bei Lawrence ist das deterministische Denken verbunden mit einem subjektiven Bekenntnis zum Christentum, wobei es sich allerdings wie auch bei Schopenhauers Christentum um eine ganz private Auslegung des tradierten Denkens handelt.

67 In letzter Konsequenz zeigt das hier gezeichnete Bild poetischer Meisterschaft viele Parallelen zu der noch immer allzu sehr unterschätzten produktionsästhetischen Theorie Collingwoods; vgl. Collingwood 1938, insbesondere Buch III. Das ist insofern bemerkenswert, als einige seiner Grundaussagen dem hier vertretenen Theorieansatz diametral entgegen stehen. Collingwood lehrt, dass Kunst nicht darstellend, sondern primär emotional expressiv und dass ein Kunstwerk kein realer, sondern ein imaginärer Gegenstand sei. Beides ist unvereinbar mit einer Theorie des deutungsoffenen Kunstwerks. Gemeinsamkeiten und Unterschiede können hier nicht im Detail diskutiert werden.

Kapitel 4

1 Vgl. zum Themenkomplex dieses und des folgenden Kapitels einführend auch Reicher 2005, Kap. III.

2 Vgl. Hume 1740, Book III, Part I, Section I, sowie Hume 1751, Appendix I.

3 Hume selbst spricht auch von einem – zu kritisierenden – Übergang von einem Sein zu einem Sollen; vgl. Hume 1740, ebd.

4 Vgl. Hume 1757, S. 139.

5 Ebd., S. 141.

6 Vgl. Mackie 1977.

7 Da Kant den Begriff des Interesses mit dem des Begehrungsvermögens verknüpft und das Interessante definitorisch an das Praktische knüpft, besteht hier eher eine terminologische als sachliche Differenz. Vgl. KU, § 2. Dennoch ist die Enge des Kantschen Interessebegriffs kritikwürdig, da sie keinen Raum lässt für ein theoretisches Interesse im Allgemeinen, ein kontemplatives im Besonderen. Kants eigener Gebrauch des Interessebegriffs scheint ohnehin nicht ganz konsistent mit seiner hier kritisierten Explikation.

8 KU, B 192.

9 Das bedeutet, dass die Unterweisung nicht unbedingt durch Unterricht von Seiten Dritter erfolgen muss. Ein Betrachter kann sich über den Bildgegenstand ggf. auch durch eigenständige Nachforschung informieren und sich unvertraute Darstellungsprinzipien selbst erschließen. Das allerdings setzt so etwas wie eine gewisse Anfangsfaszination voraus, die zu solchen Anstrengungen motiviert.

10 Vgl. Collingwood 1938, S. 103.

11 Letztlich ist dies auch der Dissenspunkt in der Kontroverse zwischen Jorge Semprún und Imre Kertesz über die angemessene Art der literarischen Präsentation eigener Erinnerungen an die Lager.
12 Zumindest gilt dies für die Phantasie im engeren Sinn, d. h., in Kants Terminologie, für die produktive Einbildungskraft. Reproduktive Einbildungskraft oder Erinnerungsvermögen, also die Fähigkeit, Sinneseindrücke zu behalten und mit neuen oder sich wiederholenden zu verknüpfen, besitzen auch viele der höheren Tierspezies.
13 In Wahrheit verhält es sich mithin mit ästhetischer und kreativer Kompetenz gerade umgekehrt zu dem, was Dewey meint. Dieser glaubt, dass jeder Rezipient kreative Vermögen brauche. Tatsächlich braucht jeder Künstler ästhetisch-rezeptive.
14 Stellvertretend für viele Autoren, bei denen dies nicht der Fall ist, sei hier Robert Stecker genannt, bei dem der Begriff des Verstehens keine eigene terminologische Stellung neben den Begriffen der Interpretation und der Bewertung von Kunstwerken einnimmt. Vgl. Stecker 1997.
15 Die Kritik an einer sensualistischen Verkürzung des ästhetischen Verstehens ist das Hauptmotiv für Collingwoods *prima facie* seltsam anmutende These, dass Kunstwerke keine Gegenstände der Wahrnehmung, sondern der Vorstellung (imagination) seien. Vgl. Collingwood 1938, Buch I, VII, § 3.
16 KU, § 18.
17 KU, § 22.
18 Vgl. Hume 1740, S. 167.
19 Vgl. ebd., S. 469.
20 KU, § 27.
21 KU, § 9.
22 KU, § 16.
23 Vgl. Kern 2000 und 2006.
24 Kern 2006, S. 59 ff.
25 Ebd., S. 63.
26 Ebd.
27 Ebd.
28 Ebd., S. 66.
29 Ebd., S. 72.
30 Ebd., S. 74.
31 Ebd., S. 78.
32 In Scholz' Stufenmodell des Verstehens entspräche dieser Akt der zweiten und dritten Stufe des Verstehens, nämlich des Verstehens einer Äußerung im weiten Sinn als Zeichen im Medium eines bestimmten Zeichensystems, z. B. einer Sprache. Vgl. Scholz 1998, S. 296ff.
33 Vgl. Gadamer 1960, S. 302.
34 Eine Theorie kollektiver Auslegung vertritt z.B. Stanley Fish; vgl. Fish 1980, Kap. 15.
35 Ebd., S. 338. Man vergleiche nur diese konstruktivistische mit Kerns scheinbar ganz analoger Phänomenbeschreibung der Situation hermeneutischer Unentscheidbarkeit, um zu sehen, dass das so beschriebene Phänomen bei Fish von der dann folgenden konstruktivistischen Erklärung zum Verschwinden gebracht wird.
36 Ebd.
37 Als ein sprechendes Beispiel wähle ich ein Zitat aus einer Milton-Interpretation Stanley Fishs: „Milton [...] *chooses* to sacrifice that strength [of the pastoral] in order to secure the peculiar flatness of effect that makes reading L'Allegro so effortless." Fish 1980, S. 121 (Hervorhebung von mir; H.T.)

38 Etwas anders steht es mit gewissen Praktiken musikalischer Komposition in der Gegenwart, die sich auf die Definition eines Kompositionsalgorithmus beschränken und die resultierende Werkgestalt nicht mehr beeinflussen. Denn hier unterliegt das Werkprinzip durchaus noch der intentionalen Planung und Kontrolle des Komponisten. Die obigen Überlegungen markieren aber die Gefahr, der ein solches Kompositionsverfahren ausgesetzt ist.

39 Vgl. Gadamer 1960, S. 312.

40 Gegen den hermeneutischen Konstruktivismus zu argumentieren bedeutet nicht, zu bestreiten, dass Autor- und Künstlerintentionen wie alle Intentionen in hohem Maße generisch geformt und bedingt sind, nämlich durch allgemeine Sprach- und Handlungsformen. Diese beiden Debatten, nämlich die zwischen Konstruktivismus und Intentionalismus in der Hermeneutik sowie die zwischen Individualismus und Kulturalismus in der Sprechakt- und Handlungstheorie, sollten nicht miteinander vermischt werden.

41 Vgl. Gadamer 1960, S. 299 f.

42 Vgl. Tegtmeyer 2006a, Kap. 3.1.

43 Prägnant zusammengefasst ist dieser Zusammenhang auch in Kutscheras Formel: „Ein Kunstwerk ist ein gelungener Ausdruck […] eines bedeutsamen Gehalts.“ (Kutschera 1998, S. 208) Die innere Verfassung von Kunstwerken wird bei Kutschera aber anders als hier im Rückgriff auf den expressivistisch gedeuteten Begriff des Ausdrucks erläutert, der nach meinem Verständnis zum besonderen Analyseinstrumentarium für Lyrik und Musik gehört, nicht aber für das gesamte Feld der Kunst einschlägig ist.

44 Ein m.E. besonders gelungenes Beispiel für eine erschließende Kafka-Interpretation liefert Psarros' Deutung des *Berichts für eine Akademie* als Darstellung eines Ringens um Anerkennung. Psarros deutet an, dass dieses Thema sich als ein Leitmotiv von Kafkas Werk überhaupt erweisen könnte. Sollte sich diese Vermutung in der Durchführung bestätigen, dann wäre hier eine Schlüsselinterpretation gelungen. Vgl. Psarros 2007.

45 Damit fallen sie noch immer nicht mit Werken wie z.B. dem *Faust* zusammen, die durch die Verworrenheit der Werkidee den Anschein ästhetischer Komplexität und Tiefe erwecken.

46 Im Unterschied zu verrätselten Werken, die nicht schöne, sondern eher ärgerliche Gegenstände sind. Eine entsprechende Grenze verläuft etwa zwischen älteren und neueren Arbeiten Neo Rauchs.

47 Deswegen ist die Rede von der Deutungsoffenheit auch streng von der verbreiteten Redeweise, dass die Deutung von Kunstwerken ‚unabschließbar‘ sei, zu unterscheiden. Unabschließbarkeit der Deutung muss Deutungsversuche eher frustrieren und ist mit Schönheit nicht vereinbar. In Tegtmeyer 2006a, Kap. 3.4 wird dieser Kontrast noch nicht hinreichend verdeutlicht.

48 Vgl. etwa Hume 1740, Introduction.

49 Vgl. Ziff 1977, S. 75. Meine Darstellung vereinfacht Ziffs Position ein wenig. Ziff selbst bezieht sich nämlich nicht speziell auf das Prädikat ‚schön‘, sondern auf blassere Ausdrücke wie ‚ästhetisch gelungen‘ oder ‚ästhetisch wertvoll‘. An seiner systematischen These ändert das aber nichts. Vgl. zum Zusammenhang zwischen ästhetischer Beschreibung und Bewertung auch Kivy 1977 und 2001.

50 KU, § 9.

51 Aus analogen Gründen scheitern auch soziologische Theorien des Schönen in der Kunst wie diejenige Bourdieus. Denn sie können nicht erklären, warum der Besitz von oder die Beschäftigung mit *bestimmten* Kunstwerken Sozialprestige einträgt und ‚symbolisches Kapital‘ darstellt. Allgemein neigen kunstsoziologische Theorien dazu, Folgeerscheinungen und nachgeordnete Phänomene als grundlegend auszugeben.

52 KU, § 49.
53 KrV, § 16.
54 Davon handelt die Theorie der moralischen Gefühle von Adam Smith; vgl. Smith 1759.
55 Religion ist keine dritte Darstellungsform, sondern, was die Formen der Repräsentation des Wesens des Menschen angeht, teils (proto-) philosophisch, teils künstlerisch. Religion ist aber mehr als Darstellung, und ihr Verhältnis zu Philosophie und Kunst lässt sich nicht allein in dieser Dimension erörtern. Von den Wissenschaften reflektiert allein die Philosophie das Wesen des Menschen als solche. Alle anderen Wissenschaften thematisieren allenfalls Aspekte des Menschseins.
56 Vgl. Adorno 1970, S. 26. Später auf S. 205 heißt es dann enigmatisch: „Kunst ist das Versprechen des Glücks, das gebrochen wird."
57 Man beachte, dass dies noch eine vorläufige Bestimmung der Schönheit in der Kunst ist. Den vollen Begriff des Kunstschönen kann erst die Explikation des Begriffs der Schönheit im folgenden Kapitel ergeben. Es sollte aber deutlich sein, was den hier vorgeschlagenen selbstbewusstseinstheoretischen Ansatz von dem bedürfnistheoretischen Ansatz Koppes unterscheidet; vgl. Koppe 2004, II 2.
58 Hegel 1823, S. 35.
59 Vgl. NE, 1106b, STh. I - II, q. 18.
60 *Met*, 1006a.
61 Vgl. etwa Bloch 1954-59, Kap. 27 f., sowie Adorno 1970, S. 465.

Kapitel 5

1 Vgl. Kösser 2006, Kap. 5.
2 *Symposion*, 207 f. St.
3 Ebd., 211 St.
4 „Sehergabe gehört dazu, sagte ich, um deine Worte zu deuten: ich fasse sie nicht." (206 St.)
5 Vgl. *Enneaden* I 6. Die Darstellung dieses Erkenntnisaufstiegs, welcher die Ordnung der Emanation des endlichen Seienden aus dem Einen umkehrt, wird hier insofern vereinfacht, als es nur um dessen ästhetische Seite geht.
6 Ebd., I 6, 7.
7 Ebd., I 6, 1.
8 Für die platonisch-plotinische Schönheitssauffassung scheint zu sprechen, dass generische Aussagen über Schönheit wie ‚Das Pferd ist ein schönes Tier' oder ‚Hyänen sind hässlich' einen verständlichen Sinn haben. Aus dieser Beobachtung folgt aber, erstens, noch nicht, dass sich alle Spezies hinsichtlich ihrer generischen Schönheit in eine universale Ordnung des Mehr oder Weniger rücken ließen. Es bedeutet, zweitens, gerade umgekehrt, dass man an dem für Plotin so problematischen Begriff der spezifischen Schönheit nicht vorbei kommt.
9 Vgl. dazu KU, § 17.
10 Vgl. dazu auch Rowe 2004. Rowe versucht letztlich, das von Hume geprägte und von Wittgenstein in gewisser Weise unterstützte Bild der ästhetischen Erfahrung in eine evolutionstheoretische Sicht auf menschliche Erfahrung einzupassen.
11 Vgl. auch Rowe 2003, S. 182 f., sowie McMahon 2007.
12 Hume erklärt diese Art von ästhetischer Bewunderung für Artefakte, die für uns persönlich keinen Nutzen haben, als einen Effekt unserer Sympathie für andere Menschen und unserer Einbildungskraft, mit deren Hilfe wir uns den Nutzen vorstellen, den diese von den entsprechenden Gegenständen haben. Vgl. Hume 1751, Section V, Part II. Diese Rekonstruktion scheint aber deswegen abwegig, weil sie Fragen der genuinen Schönheit oder Hässlichkeit gar nicht berührt.

13 Genau genommen schillert die evolutionäre Ästhetik allerdings zwischen einer *naturalistischen Fundierung des Subjektivismus* und einer naturalistischen Erklärung für das subjektive Interesse an objektiver Schönheit. Dass diese beiden Positionen sich ausschließen, wird in naturalistischen Ansätzen der Ästhetik meist jedoch nicht bemerkt. Diese Ambivalenz haben evolutionäre Theorien des Schönen mit Theorien in der Nachfolge Lockes gemeinsam, welche Farben zu sekundären Qualitäten erklären. Vgl. zu dem Zusammenhang zwischen sekundären und ästhetischen Eigenschaften McDowell 1998.

14 Vgl. *Aesthetica*, §§ 14-19. Zumindest fasse ich die Genitivkonstruktion „Vollkommenheit der sinnlichen Erkenntnis" (perfectio cognitionis sensitivae) im Sinne von ‚Vollkommenheit für die sinnliche Erkenntnis', also als *genitivus objectivus* auf. So gelesen stimmt die Definition mit der Schönheitsdefinition aus seiner *Metaphysica*, § 662 überein. Vgl. dazu die Bemerkungen der Herausgeberin in der Einleitung zur *Aesthetica*, S. LIII ff.

15 Vgl. Caygill 2001 oder Groß 2001.

16 Eben wegen dieser für Baumgarten charakteristischen engen Koppelung der Fähigkeit, alle Arten von Schönheit sinnlich zu erfassen, an das menschliche Vernunftvermögen halte ich den seit Mendelssohn immer wieder erhobenen Vorwurf, dass Baumgartens Ästhetik zu sensualistisch sei, für nicht triftig.

17 KU, § 15.

18 Vgl. oben, Kap. 4.3.

19 Geach 1956.

20 Vgl. KU, B 50.

21 Genau dies ist die Position Hegels; vgl. Hegel 1823, S. 64 f.

22 Dass die erkenntnistheoretisch abgeschwächte Deutung des Schönen Baumgarten unwillkommen wäre, ist m.E. klar. Dass aber Autoren wie Howard Caygill gerade diese Lesart Baumgartens als zukunftsweisend und systematisch fruchtbar ansehen, zeigt zugleich ein Problem von Baumgartens Ästhetik.

23 Platon selbst gebraucht die Ausdrücke *idea* und *eidos* in manchen Zusammenhängen als Synonyme, nämlich dann, wenn es um bestimmte, definitorisch abgrenzbare Seinsformen geht. Im Hinblick auf die allgemeinsten und höchsten Ideen kann es es eine solche Synonymie aber nicht geben, weil diesen keine Formen mehr entsprechen.

24 Auch wenn unsere Erkenntnis dieses ontologisch Ersten, wie das Höhlengleichnis zeigt, epistemisch später ist als die Erkenntnis des mit den Sinnen wahrnehmbaren Seins. Aristoteles drückt den gleichen Gedanken ähnlich aus, wenn er sagt, dass unsere Erkenntnis mit dem für uns Bekannten beginnen müsse und nicht mit dem an sich Bekannten. Vgl. NE, 1095a.

25 Vgl. vor allem STh, I-II, q. 27, a. 1. Thomas folgt hier seinem Lehrer Albert. Inwiefern er tatsächlich bereit war, auch das Schöne als Transzendental anzusehen, ist strittig.

26 *Met.*, 1017a.

27 Vgl. *Kategorien*; *Met.* IV und VII.

28 Vgl. *De Veritate*, q. 1.

29 Ebd.

30 Um die Darstellung nicht unnötig zu komplizieren, lasse ich die Erörterung der übrigen thomistischen Transzendentalien (res, unum, aliquid) hier aus.

31 Das steht nicht im Widerspruch zu der offensichtlichen Tatsache, dass die je sinnesspezifischen perzeptiven Vermögen mancher Tierspezies viel besser entwickelt sein können als die entsprechenden menschlichen. Thomas selbst nennt als Beispiele den überlegenen Geruchssinn mancher Tiere, z.B. des Hundes. Aber gerade die Dominanz je eines Sinnes verhindert, dass die so erworbenen Sinneseindrücke zur Erkenntnis des Gegenstandes führen. Vgl. STh I, q. 91, a 3.

[32] Ausgesprochen ist damit zugleich die verbreitete antike Vorstellung der *kalogagathia*, des Zusammenfallens des Guten mit dem Schönen. Nicht zufällig erinnert eine solche Bestimmung des Schönen ferner an die Hegel zugeschriebene Definition des Schönen als des ‚sinnlichen Scheinens der Idee'. Zur Geschichte dieser Zuschreibung vgl. Annemarie Gethmann-Siefert, Einleitung zu Hegel 1823. Dabei entspricht die Formulierung durchaus dem Geist von Hegels Kunstphilosophie, deren Konzeption des Schönen platonisch-ideentheoretische Aspekte mit aristotelisch-thomistischen und mit Baumgartens teleologischer Bestimmung vereint.

[33] Wie das Philippa Foot und Michael Thompson in ihrem Projekt einer reformierten naturalistischen Philosophie versuchen. Vgl. Thompson 1995; Foot 2001.

[34] *Aesthetica*, § 18.

[35] KU, B 193.

[36] Hegel 1823, S. 82.

[37] Ebd.

[38] Vgl. dazu Koppe 2004, I 3 und 4.

[39] Vgl. dazu Tegtmeyer 2006b.

[40] Vgl. Danto 1981, Seel 1991, Koppe 2004. Koppes Terminus Bedürfnisartikulation könnte dann als nur elliptisch durchgehen, wenn mitgesagt wäre, dass der Mensch auch ein theoretisches Bedürfnis besitzt und nicht bloß praktische.

Literatur

Adorno 1970: Theodor W. Adorno, *Ästhetische Theorie*, in: ders., *Gesammelte Schriften*, Rolf Tiedemann (Hg.), Bd. 7, Frankfurt a.M.: Suhrkamp.

Aristoteles, *Metaphysik*, übers. von Hermann Bonitz, Horst Seidl, 3. Aufl., Hamburg: Meiner 1991. [Met.]

Aristoteles, *Nikomachische Ethik*, übers. von Olof Gigon, 2. Aufl., Düsseldorf: Artemis und Winkler 2007. [NE]

Aristoteles, *Poetik*, übers. von Manfred Fuhrmann, Stuttgart 1982. [Poetik]

Auerbach 1946: Erich Auerbach, *Mimesis. Dargestellte Wirklichkeit in der abendländischen Literatur*, Bern.

Baumgarten 1750/58: Alexander Gottlieb Baumgarten, *Ästhetik*, [1750/58] übers. von Dagmar Mirbach, Hamburg: Meiner 2007. [Aesthetica]

Belting 2008: Hans Belting, *Bagdad und Florenz. Eine westöstliche Geschichte des Blicks*, München: Beck.

Bertram 2005: Georg W. Bertram, *Kunst. Eine philosophische Einführung*, Stuttgart: Reclam.

Bittner 2005: Rüdiger Bittner, *Bilder sprechen oft nicht*, in: Christoph Jäger / Georg Meggle (Hg.), *Kunst und Erkenntnis*, Paderborn: mentis, S. 62–72.

Black 1983: Max Black, *Die Metapher* [1962], in: Anselm Haverkamp (Hg.), *Theorie der Metapher*, Darmstadt: WBG, S. 55–105.

Bloch 1954-59: Ernst Bloch, *Das Prinzip Hoffnung* [1954-59], Kap. 1–32, in: ders., *Gesamtausgabe*, Bd. 5, Frankfurt a.M.: Suhrkamp 1977.

Bloch 1968: Ernst Bloch, *Atheismus im Christentum. Zur Religion des Exodus und des Reichs* [1968], in: ders., Gesamtausgabe, Bd. 14, Frankfurt a. M. 1977.

Brandom 1994: Robert B. Brandom, *Making It Explicit. Reasoning, Representing, and Discursive Commitment*, Cambridge, Mass.: Harvard University Press.

Bubner 1982: Rüdiger Bubner, *Ästhetische Erfahrung*, Frankfurt a.M.: Suhrkamp.

Bühler 1934: Karl Bühler, *Sprachlehre*, Jena.

Carroll 1997: Noël Carroll, *Art, Narrative, and Emotion*, in: Mette Hjort / Sue Laver (Hg.), *Emotion and the Arts*, Oxford; New York: Oxford University Press, S. 190–211.

Caygill 2001: Howard Caygill, *Zur Aktualität Baumgartens. Erfindung und Neuerfindungen der Ästhetik*, in: Deutsche Zeitschrift für Philosophie 49, 2, S. 233–241.

Collingwood 1938: Robin George Collingwood, *The Principles of Art* [1938], Oxford: Oxford University Press 1958.

Croce 1987: Benedetto Croce, *Was ist die Kunst?*, übers. von Theodor Poppe, Berlin: Alexander.

Danto 1981: *The Transfiguration of the Commonplace. A Philosophy of Art*, Cambridge, Mass.: Harvard University Press.

Danto 1986: Arthur C. Danto, *The Philosophical Disenfranchisement of Art*, New York.

Davidson 1984: Donald Davidson, *What Metaphors Mean*, in: ders., *Inquiries into Truth and Interpretation*, Oxford; New York: Oxford University Press, S. 245–264.

Davies 1994: Stephen Davies, *Musical Meaning and Expression*, Ithaca: Cornell University Press.

Descartes 1637: René Descartes, *Discours de la méthode* [1637], übers. von Lüder Gäbe, 2. Aufl., Hamburg : Meiner 1997.
Dessoir 1923: Max Dessoir, *Ästhetik und allgemeine Kunstwissenschaft*, 2. Aufl., Stuttgart.
Dewey 1934: John Dewey, *Art as Experience* [1934], in: ders., *The Later Works 1925–1953*, Bd. 10, Carbondale; Edwardsville 1989.
Eco 1977: Umberto Eco, *Das offene Kunstwerk*, übers. von Günter Memmert, Frankfurt a.M.: Suhrkamp.
Eldridge 1989: Richard Eldridge, *On Moral Personhood. Philosophy, Literature, Criticism, and Self-Understanding*, Chicago.
Fiedler 1887: Konrad Fiedler, *Der Ursprung der künstlerischen Thätigkeit*, Leipzig.
Fish 1980: Stanley Fish, *Is There A Text In This Class? The Authority of Interpretive Communities*, Cambridge, Mass: Harvard University Press.
Foot 2001: Philippa Foot, *Natural Goodness*, Oxford: Oxford University Press.
Fricke 2001: Christel Fricke, *Zeichenprozess und ästhetische Erfahrung*, München: Fink.
Gabriel 1997: Gottfried Gabriel, *Logik und Rhetorik der Erkenntnis*, Paderborn: Schöningh.
Gadamer 1960: Hans Georg Gadamer, *Wahrheit und Methode. Grundzüge einer philosophischen Hermeneutik*, Tübingen: Mohr.
Geach 1956: Peter Geach, *Good and Evil*, in: Analysis 17, S. 33–42.
Gehlen 1960: Arnold Gehlen, *Zeit-Bilder. Zur Soziologie und Ästhetik der modernen Malerei*, Frankfurt a.M.: Athenäum.
Goodman 1968: Nelson Goodman, *Languages of Art. An Approach to a Theory of Symbols*, Indianapolis: Hackett.
Groß 2001: Steffen W. Groß, *Felix aestheticus. Die Ästhetik als Lehre vom Menschen*, Würzburg: Königshausen und Neumann.
Habermas 1985: Jürgen Habermas, *Der philosophische Diskurs der Moderne*, Frankfurt a.M.: Suhrkamp.
Halliwell 1998: Stephen Halliwell, *Aristotle's Poetics*, 2. Aufl., Chicago; London: University of Chicago Press.
Hegel 1981: Georg Wilhelm Friedrich Hegel, *Wissenschaft der Logik, Zweiter Band: Die subjektive Logik oder Lehre vom Begriff*, Friedrich Hogemann, Walter Jaeschke (Hg.), *Gesammelte Werke*, Bd. 12, Hamburg: Meiner.
Hegel 1823: Georg Wilhelm Friedrich Hegel, *Vorlesungen über die Philosophie der Kunst*, [1823] Annemarie Gethmann-Siefert (Hg.), Hamburg: Meiner 2003.
Heidegger 1935/36: Martin Heidegger, *Der Ursprung des Kunstwerks* [1935/36], in: ders., *Holzwege*, Friedrich-Wilhelm von Herrmann (Hg.), 7. Aufl., Frankfurt a. M.: Klostermann 1994, S. 1–74.
Heidegger 1954: Martin Heidegger, *Was heißt denken?*, Tübingen: Niemeyer.
Hindrichs 2005: Gunnar Hindrichs, *Der schöpferische Winkel*, in: Günter Abel (Hg.), *Kreativität. XX. Deutscher Kongress für Philosophie. 26.–30. September 2005 in Berlin. Sektionsbeiträge*, Bd. 2, S. 593–603.
Horn / Menke / Menke 2006: Eva Horn / Bettine Menke / Christoph Menke (Hg.), *Literatur als Philosophie – Philosophie als Literatur*, München: Fink.
Hume 1740: David Hume, *A Treatise on Human Nature* [1740], 2. Aufl., Oxford 1978.
Hume 1751: David Hume, *An Enquiry Concerning the Principles of Morals* [1751], 20. Aufl., Oxford 2002.
Hume 1757: David Hume, *Of the Standard of Taste* [1757], in: ders., *Selected Essays*, Stephen Copley / Andrew Edgar (Hg.), Oxford 1998, S. 133-154.
Iser 1994: Wolfgang Iser, *Der Akt des Lesens. Theorie ästhetischer Wirkung*, 4. Aufl., München: Fink.

Jolles 1930: André Jolles, *Einfache Formen. Legende, Sage, Mythe, Rätsel, Spruch, Kasus, Memorabile, Märchen, Witz*, Halle: Niemeyer.
Kant 1787: Immanuel Kant, *Kritik der reinen Vernunft*, 2. Aufl., Riga. [KrV]
Kant 1793: Immanuel Kant, *Kritik der Urteilskraft*, 2. Aufl. Berlin. [KU]
Kern 2000: Andrea Kern, *Schöne Lust. Eine Theorie der ästhetischen Erfahrung nach Kant*, Frankfurt a.M.: Suhrkamp.
Kern 2006: Andrea Kern, *Zwei Seiten des Verstehens. Die philosophische Bedeutung von Kunstwerken*, in: Horn / Menke / Menke 2006, S. 57–79.
Kivy 1977: Peter Kivy, *Gibt es keine Bedingungen für ästhetische Termini?*, in: Rüdiger Bittner / Peter Pfaff (Hg.), *Das ästhetische Urteil*, Köln: KiWi, S. 206–236.
Kivy 1991: Peter Kivy, *Music Alone. Philosophical Reflections on the Purely Musical Experience*, Ithaca; London: Cornell University Press.
Kivy 2001: Peter Kivy, *Sibley's Last Paper*, in: Emily Brady / Jerrold Levinson (Hg.), *Aesthetic Concepts. Essays after Sibley*, Oxford: Oxford University Press, S. 199–212.
Koppe 2004: Franz Koppe, *Grundbegriffe der Ästhetik*, Frankfurt a.M.: Suhrkamp 1983, erweiterte Neuausgabe Paderborn: mentis 2004.
Kösser 2006: Uta Kösser, *Ästhetik und Moderne. Konzepte und Kategorien im Wandel*, Erlangen: filos.
Kutschera 1998: Franz von Kutschera, *Ästhetik*, 2. Aufl., Berlin; New York: de Gruyter.
Kutschera 2005, Franz von Kutschera, *Kunst und Erkenntnis*, in: Christoph Jäger / Georg Meggle (Hg.), *Kunst und Erkenntnis*, Paderborn: mentis, S. 73–92.
Landerer 2000: Christoph Landerer, *Kunstgeschichte als Kognitionsgeschichte. Ein Beitrag zur genetischen Kulturpsychologie*, Salzburg: Universitätsdissertation.
Levinson 1996: Jerrold Levinson, *Musical Expressiveness*, in: ders., *The Pleasures of Aesthetics*, Ithaca: Cornell University Press, S. 90–125.
Liske 1996: Michael-Thomas Liske, *Inwieweit sind Vermögen intrinsische dispositionelle Eigenschaften?*, in: Christof Rapp (Hg.), *Aristoteles, Metaphysik. Die Substanzbücher (Z, H, O)*, Berlin: Akademie, S. 253–287.
Lohmar 2005: Achim Lohmar, *Gibt es Pflichten gegen sich selbst?*, in: Allgemeine Zeitschrift für Philosophie 30, 1, S. 47–65.
Lohmar 2007: Achim Lohmar, *Warum es keine Pflichten gegen sich selbst gibt. Antwort auf Paul Tiedemann*, in: Allgemeine Zeitschrift für Philosophie 32, 2, S. 291–297.
Lovibond 1983: Sabina Lovibond, *Realism and Imagination in Ethics*, Oxford.
Mackie 1977: John L. Mackie, *Ethics. Inventing Right and Wrong*, London: Penguin.
Majetschak 2007: Stefan Majetschak, *Ästhetik zur Einführung*, Hamburg: Junius.
Matravers 1998: Derek Matravers, *Art and Emotion*, Oxford: Oxford University Press.
McDowell 1998: John McDowell, *Values and Secondary Qualities*, in: ders., *Mind, Value, and Reality*, Cambridge/Mass.; London: Harvard University Press, S. 131–150.
McMahon 2007: Jennifer Anne McMahon, *Aesthetics and Material Beauty. Aesthetics Naturalized*, London; New York: Routledge.
Mengel 1995: Peter Mengel, *Analogien als Argumente*, Frankfurt a.M.: Lang.
Menke 1996: Christoph Menke, *Tragödie im Sittlichen. Gerechtigkeit und Freiheit nach Hegel*, Frankfurt a.M.: Suhrkamp.
Menke 2005: Christoph Menke, *Die Gegenwart der Tragödie. Versuch über Urteil und Spiel*, Frankfurt a.M.
Millán-Zaibert 2005: Elisabeth Millán-Zaibert, *Romanticism and Postmodernism. Misunderstood Variations on a Critique of Modernity*, in: *Prospettive sul Postmoderno*, N. Limantis / L. Pastore (Hg.), Mailand.

Neill 1993: Alex Neill, *Fiction and the Emotions*, American Philosophical Quarterly 30, 1, S. 1–13; Nachdruck in: Alex Neill / Aaron Ridley (Hg.), *Arguing about Art. Contemporary Philosophical Debates*, 2. Aufl., London; New York: Routledge 2002, S. 250–266.

Nickl 2001: Peter Nickl, *Ordnung der Gefühle. Studien zum Begriff des habitus*, Hamburg: Meiner.

Nussbaum 1986: Martha C. Nussbaum, *The Fragility of Goodness. Luck and Ethics in Greek Tragedy and Philosophy*, Cambridge.

Nussbaum 1990: Martha C. *Nussbaum, Love's Knowledge. Essays on Philosophy and Literature*, Oxford.

Ortland 2001: Eberhard Ortland, Art. „Genie“, in: *Ästhetische Grundbegriffe*, Bd. 2, Weimar, S. 661–709.

Ortland 2004: Eberhard Ortland, Art. „Genieästhetik“, in: Helga de la Motte-Haber (Hg.), *Musikästhetik* (Handbuch der systematischen Musikwissenschaft, Bd. 1), Laaber, S. 263–285.

Pippin 2000: Robert B. Pippin, *Henry James and Modern Moral Life*, Cambridge.

Platon 1926: Platon, *Gastmahl*, übers. von Otto Apelt, Leipzig: Meiner. [Symposion]

Platon 1923: Platon, *Der Staat*, übers. von Otto Apelt, Leipzig: Meiner. [Politeia]

Plotin 2001: Plotin, *Ausgwählte Schriften*, hrsg. und übers. von Christian Tornau, Stuttgart: Reclam. [Enneaden]

Pöggeler 1998: Otto Pöggeler, *Hegels Kritik der Romantik*, München: Fink.

Psarros 2007: Nikos Psarros, *Rotpeters Verwandlung*, in: ders., *Facetten des Menschlichen. Reflexionen zum Wesen des Humanen und der Person*, Bielefeld: transcript, S. 39–57.

Radford 1975: Colin Radford, *How can we be moved by the fate of Anna Karenina?*, in: Proceedings of the Aristotelian Society, supplementary volume 49, S. 67–80; Nachdruck in: Alex Neill / Aaron Ridley (Hg.), *Arguing about Art. Contemporary Philosophical Debates*, 2. Aufl., London; New York: Routledge 2002, S. 239–249.

Redner 2007: Harry Redner, *Aesthetic Life. The Past and Present of Artistic Cultures*, Lanham: University Press of America.

Reicher 2005: Maria E. Reicher, *Einführung in die philosophische Ästhetik*, Darmstadt: WBG.

Rentsch 1991: Thomas Rentsch, *Ästhetische Anthropomorphie. Die Konstitution des Schönen und die transzendental-anthropologische Bestimmung thaumatisch-auratischer Weltverhältnisse*, in: Franz Koppe (Hg.), *Perspektiven der Kunstphilosophie*, Frankfurt a.M.: Suhrkamp, S. 27–35.

Richards 1926: Ivor Armstrong Richards, *Principles of Literary Criticism*, 2. Aufl., London.

Rödl 2005: Sebastian Rödl, *Kategorien des Zeitlichen. Eine Untersuchung der Formen des endlichen Verstandes*, Frankfurt a. M.: Suhrkamp.

Rorty 1991: Richard Rorty, *Heidegger, Kundera, and Dickens*, in: ders., *Essays on Heidegger and others, Philosophical Papers, Vol. 2*, Cambridge: Cambridge University Press, S. 66–82.

Rowe 2003: Mark W. Rowe, *Wittgenstein, I.A. Richards, and Psychological Aesthetics*, in: Wilhelm Lütterfelds / Andreas Roser / Richard Raatzsch (Hg.), *Wittgenstein-Jahrbuch 2001/2002*, Frankfurt a.M.: Lang, S. 173–190.

Rowe 2004: Mark W. Rowe, *Criticism Without Theory*, in: Peter B. Lewis (Hg.), *Wittgenstein, Aesthetics and Philosophy*, Aldershot: Ashgate.

Schelling 1960: Friedrich Wilhelm Joseph Schelling, *Philosophie der Kunst* [Esslingen 1859], Nachdruck Darmstadt.

Schildknecht 1999: Christiane Schildknecht, *Aspekte des Nichtpropositionalen*, Bonn: Bouvier.

Schiller 2005: Friedrich Schiller, *Sämtliche Werke*, Berliner Ausgabe, Hans-Günther Thalheim / Peter Fix / Jochen Golz / Waltraud Hagen / Matthias Oehme / Regine Otto / Barthold Pelzer (Hg.), Berlin: Aufbau.

Schlegel 1988: Friedrich Schlegel, *Kritische Schriften und Fragmente 1798–1801*, Studienausgabe, Ernst Behler / Hans Eichner (Hg.), Paderborn; München; Wien; Zürich 1988. [SA]

Scholz 1998: Oliver R. Scholz, *Verstehen und Rationalität. Untersuchungen zu den Grundlagen von Hermeneutik und Sprachphilosophie*, Frankfurt a.M.: Klostermann.

Schopenhauer 1819: Arthur Schopenhauer, *Die Welt als Wille und Vorstellung*, Bd. 1 [1819], Leipzig 1979.

Seel 1991: Martin Seel, *Kunst, Wahrheit, Welterschließung*, in: Franz Koppe (Hg.), *Perspektiven der Kunstphilosophie*, Frankfurt a.M.: Suhrkamp, S. 36–80.

Smith 1759: Adam Smith, *The Theory of Moral Sentiments* [1759], London 1854.

Shusterman 1994: Richard Shusterman, *Pragmatist Aesthetics. Living Beauty, Rethinking Art*, Oxford.

Stecker 1997: Robert Stecker, *Artworks. Definition, Meaning, Value*, University Park, PA: Pennsylvania State University Press.

Stekeler-Weithofer 2000: Pirmin Stekeler-Weithofer, *Bildgestütztes Folgern. Nietzsche und die metaphorische Tiefenstruktur von Sprache und Wissenschaft*, in: *Dialektik* 1, S. 53–67.

Stekeler-Weithofer 2002: Pirmin Stekeler-Weithofer, *Zur Dekonstruktion gegenstandsfixierter Seinsgeschichte bei Heidegger und Derrida*, in: Andrea Kern / Christoph Menke (Hg.), *Philosophie der Dekonstruktion*, Frankfurt a.M.: Suhrkamp, S. 17–42.

Stekeler-Weithofer 2006: Pirmin Stekeler-Weithofer, *Philosophiegeschichte*, Berlin; New York: de Gruyter.

Tanner 2002: Michael Tanner, *Morals in Fiction and Fictional Morality – A Response, in:* Alex Neill / Aaron Ridley (Hg.), *Arguing about Art. Contemporary Philosophical Debates*, 2. Aufl., London; New York: Routledge 2002, S. 358–371.

Tegtmeyer 2005: Henning Tegtmeyer, *Genial oder kreativ? Zu einigen selbstverschuldeten Aporien kompetenztheoretischer Ansätze in der Produktionsästhetik*, in: Günter Abel (Hg.), *Kreativität. XX. Deutscher Kongress für Philosophie. 26.-30. September 2005 in Berlin. Sektionsbeiträge*, Bd. 2, S. 581–591.

Tegtmeyer 2006a: Henning Tegtmeyer, *Formbezug und Weltbezug. Die Deutungsoffenheit der Kunst*, Paderborn: mentis.

Tegtmeyer 2006b: Henning Tegtmeyer, *Gegen den Formalismus. Konvergenzen zwischen Ethik und Ästhetik in der Analytischen Philosophie*, in: Allgemeine Zeitschrift für Philosophie 31, 2, S. 131–152.

Tegtmeyer 2007: Henning Tegtmeyer, *Sünde und Erlösung. Die Konstitution von Personalität im jüdisch-christlichen Denken*, in: Frank Kannetzky / Henning Tegtmeyer (Hg.), *Personalität. Studien zu einem Schlüsselbegriff der Philosophie*, Leipzig, S. 187–212.

Thomas 1960: Thomas von Aquin, *Summa Theologiae*, Madrid. [STh]

Thomas 1986: Thomas von Aquin, *Von der Wahrheit*, übers. von Albert Zimmermann, Hamburg: Meiner. [De Veritate]

Thompson 1995: Michael Thompson, *The Representation of Life*, in: Rosalind Hursthouse / Gavin Lawrence / Warren Quinn (Hg.), *Virtues and Reasons*, Oxford, 247–296.

Tiedemann 2007: Paul Tiedemann, *Gibt es Pflichten gegen sich selbst?–Ja! Eine Replik auf Achim Lohmar*, in: Allgemeine Zeitschrift für Philosophie 32, 2, S. 179–192.

Walton 1990: Kendall L. Walton, *Mimesis as Make-Believe. On the Foundations of Representational Arts*, Cambridge, Mass.

Walton 2002: Kendall L. Walton, *Morals in Fiction and Fictional Morality*, in: Alex Neill / Aaron Ridley (Hg.), *Arguing about Art. Contemporary Philosophical Debates*, 2. Aufl., London; New York: Routledge 2002, S. 339–357.

Weiß 2007: Michael Bastian Weiß, *Der Autor als Individuum. Die Wende zum Subjekt in Ästhetik und Kunst des achtzehnten Jahrhunderts*, Hildesheim: Olms.

Wiesing 2000: Lambert Wiesing, *Phänomene im Bild*, München: Fink.

Williams 1993: Bernard Williams, *Shame and Necessity*, Berkeley.

Williams 2002: Bernard Williams, *Truth and Truthfulness. An Essay in Genealogy*, Princeton.

Wollheim 1980: Richard Wollheim, *Art and Its Objects*, 2. Aufl., Cambridge: Cambridge University Press.

Ziff 1977: Paul Ziff, *Gründe in der Kunstkritik*, in: Rüdiger Bittner / Peter Pfaff (Hg.), *Das ästhetische Urteil*, Köln: KiWi, S. 63–80.

Zima 2005: Peter V. Zima, *Ästhetische Negation. Das Subjekt, das Schöne und das Erhabene von Mallarmé und Valéry zu Adorno und Lyotard*, Würzburg: Königshausen und Neumann.

Personenregister

Sachregister

www.ingramcontent.com/pod-product-compliance
Lightning Source LLC
LaVergne TN
LVHW091129080826
845145LV00008B/2088

* 9 7 8 3 1 1 0 2 0 4 6 2 9 *